[Wissen für die Praxis]

Weiterführend empfehlen wir:

Grundlagen der Eingruppierung TVöD und TV-L
ISBN 978-3-8029-1523-9

Das Stelleninterview zur Eingruppierung
ISBN 978-3-8029-1526-0

TV-L Kommentar 2024
ISBN 978-3-8029-7911-8

Das gesamte Eingruppierungsrecht
ISBN 978-3-8029-7999-6

Stellenbeschreibung für den öffentlichen und kirchlichen Dienst
ISBN 978-3-8029-1524-6

E-Mail: WALHALLA@WALHALLA.de
http://www.WALHALLA.de

Walhalla Fachverlag · Haus an der Eisernen Brücke · 93042 Regensburg
Telefon 0941 5684-0 · Telefax 0941 5684-111

WALHALLA

Annett Gamisch · Thomas Mohr

Eingruppierung TV-L in der Praxis

Die wesentlichen Tätigkeitsmerkmale nach der Entgeltordnung der Länder

6., aktualisierte Auflage

Bibliografische Information der Deutschen Nationalbibliothek
Die Deutsche Nationalbibliothek verzeichnet diese Publikation in der Deutschen Nationalbibliografie; detaillierte bibliografische Daten sind im Internet über www.dnb.de abrufbar.

Zitiervorschlag:
Annett Gamisch, Thomas Mohr, Eingruppierung TV-L in der Praxis
Walhalla Fachverlag, Regensburg 2024

Hinweis: Unsere Werke sind stets bemüht, Sie nach bestem Wissen zu informieren. Alle Angaben in diesem Buch sind sorgfältig zusammengetragen und geprüft. Durch Neuerungen in der Gesetzgebung, Rechtsprechung sowie durch den Zeitablauf ergeben sich zwangsläufig Änderungen. Bitte haben Sie deshalb Verständnis dafür, dass wir für die Vollständigkeit und Richtigkeit des Inhalts keine Haftung übernehmen.
Bearbeitungsstand: Februar 2024

6., aktualisierte Auflage

Produktion: Walhalla Fachverlag, 93042 Regensburg
Printed in Germany
ISBN 978-3-8029-1521-5

Schnellübersicht

Evolution statt Revolution: Neu und doch alt?!

Die Länder hatten im Jahr 2012 endlich den Schritt nach vorne gewagt und eine neue Entgeltordnung beschlossen.

Nachdem die Reform des Tarifrechts ins Stocken geraten ist, warteten die Praktiker bislang vergeblich auf ein neues Eingruppierungsrecht. Der viel gescholtene Bundes-Angestelltentarifvertrag (BAT) sollte von einem neuen, schlankeren System abgelöst werden.

Verfolgt man die Diskussion um den „leistungshemmenden BAT", darf man sich über den Fortgang der Reform wundern: Die Länder – aber auch der Bund mit seiner seit 2014 gültigen neuen Entgeltordnung sowie die Kommunen mit ihrer neuen Entgeltordnung aus dem Jahr 2017 – knüpfen ausdrücklich an das alte Recht an. Andere Systeme, zum Beispiel der Tarifvertrag für Versorgungsbetriebe, wurden nicht aufgegriffen. Insofern ist den Tarifvertragsparteien nicht viel Neues eingefallen:

- Es bleibt (fast) alles beim Alten.
- Das wenige Neue birgt Überraschungen!

So zeigen die ab 2020 bzw. 2021 in Kraft getretenen Neuerungen deutlich, dass sich die Länder ihrem alten Tarifpartner – dem Bund – inhaltlich wieder annähern. Die seit dem 01.01.2021 geltenden Neuregelungen für die Beschäftigten in der Informations- und Kommunikationstechnik zeigen aber auch, dass die Länder sich auch am TVöD-VKA orientieren. Alles in allem ist eine weitere Annäherung der Eingruppierungsregeln bei Ländern, Bund und Kommunen zu verzeichnen, was die Rechtsanwendung und die Personalwirtschaft in der Praxis in Zukunft hoffentlich vereinfacht.

In diesem Praxis-Handbuch erklären wir verständlich die Regelungen für den Verwaltungsdienst (Teil I) sowie ausgesuchte Tätigkeitsmerkmale für körperlich-handwerkliches Tun, sog. Arbeitertätigkeiten (Teil III). Schnelle ergänzende Orientierung bietet die kompakte Zusammenfassung „Grundlagen der Eingruppierung TVöD und TV-L", ebenfalls erschienen im Walhalla Fachverlag.

Ausschließlich im Interesse der Lesefreundlichkeit verwenden wir die männliche Sprachform.

Fulda

Annett Gamisch *Thomas Mohr*

Abkürzungen

a. A.	anderer Ansicht
a. a. O.	am angegebenen Ort
Abs.	Absatz
Anm.	Anmerkung
AP	Arbeitsrechtliche Praxis, Nachschlagewerk des Bundesarbeitsgerichts (Zeitschrift)
ArbG	Arbeitsgericht
ArbSchG	Arbeitsschutzgesetz
AuA	Arbeit und Arbeitsrecht (Zeitschrift)
AVO	Arbeitsvertragsordnung
AVR.Caritas	Richtlinien für Arbeitsverträge in den Einrichtungen des Deutschen Caritasverbandes
BAG	Bundesarbeitsgericht
BAT-(O)	Bundes-Angestelltentarifvertrag (Ost)
BAT-B/L	Bundes-Angestelltentarifvertrag (Bund, Länder)
BAT-VKA	Bundes-Angestelltentarifvertrag (Gemeinden)
BayPersVG	Bayerisches Personalvertretungsgesetz
BMT-G	Bundesmanteltarifvertrag für Arbeiter gemeindlicher Verwaltungen und Betriebe
BBiG	Berufsbildungsgesetz
BetrVG	Betriebsverfassungsgesetz
BGB	Bürgerliches Gesetzbuch
BHO	Bundeshaushaltsordnung
BMT-G II	Bundesmanteltarifvertrag für Arbeiter gemeindlicher Verwaltungen und Betriebe
BPersVG	Bundespersonalvertretungsgesetz
BSG	Bundessozialgericht
BSHG	Bundessozialhilfegesetz
BVerwG	Bundesverwaltungsgericht
BW	Baden-Württemberg
Dipl.	Diplom
DÖD	Der Öffentliche Dienst (Zeitschrift)
EG	Entgeltgruppe
EGO	Entgeltordnung
EzBAT	Entscheidungssammlung zum BAT
f./ff.	folgende/fortfolgende
FG	Fallgruppe
FH	Fachhochschule
GewO	Gewerbeordnung

Hess.	Hessisch
HRG	Hochschulrahmengesetz
HwO	Handwerksordnung
IMK	Innenministerkonferenz der Länder
i. V. m.	in Verbindung mit
KMK	Kulturministerkonferenz der Länder
KSchG	Kündigungsschutzgesetz
LAG	Landesarbeitsgericht
LG	Lohngruppe
LPVG BW	Landespersonalvertretungsgesetz Baden-Württemberg
LPVG NRW	Landespersonalvertretungsgesetz Nordrhein-Westfalen
MTArb	Manteltarifvertrag für Arbeiterinnen und Arbeiter des Bundes und der Länder
MTL II	Manteltarifvertrag für Arbeiter der Länder
M-V	Mecklenburg-Vorpommern
m. w. N.	mit weiteren Nachweisen
Nds.	Niedersachsen
NPersVG	Niedersächsisches Personalvertretungsgesetz
Nr./Nrn.	Nummer/n
NZA	Neue Zeitschrift für Arbeitsrecht (Zeitschrift)
NZA-RR	Neue Zeitschrift für Arbeitsrecht – Rechtsprechungs-report (Zeitschrift)
[O]	Orientierungssatz
o. g.	oben genannt
OVG	Oberverwaltungsgericht
PE	Protokollerklärung
PersR	Der Personalrat (Zeitschrift)
PersV	Die Personalvertretung (Zeitschrift)
PN	Protokollnotiz
RGBl.	Reichsgesetzblatt
RiA	Recht im Amt (Zeitschrift)
Rn.	Randnummer
rkr.	rechtskräftig
S.	Seite
SächsPersVG	Sächsisches Personalvertretungsgesetz
SGB IV	Sozialgesetzbuch Viertes Buch (Gemeinsame Vorschriften für die Sozialversicherung)
SGB V	Sozialgesetzbuch Fünftes Buch (Gesetzliche Krankenversicherung)
SGB XII	Sozialgesetzbuch Zwölftes Buch (Sozialhilfe)
SLH	Schleswig-Holstein

s. o.	siehe oben
sog.	sogenannt
s. u.	siehe unten
TVAL II	Tarifvertrag für die Arbeitnehmer bei den Stationierungsstreitkräften im Gebiet der Bundesrepublik Deutschland
TV EntgO-L	Tarifvertrag über die Eingruppierung und die Entgeltordnung für die Lehrkräfte der Länder
TVG	Tarifvertragsgesetz
TV-H	Tarifvertrag für den öffentlichen Dienst im Land Hessen
TV-L	Tarifvertrag für den öffentlichen Dienst der Länder
TVöD	Tarifvertrag für den öffentlichen Dienst
TVöD-VKA	Tarifvertrag für den öffentlichen Dienst – Vereinigung der kommunalen Arbeitgeberverbände
TVÜ-Länder	Tarifvertrag zur Überleitung der Beschäftigten der Länder in den TV-L und zur Regelung des Übergangsrechts
TVÜ-VKA	Tarifvertrag zur Überleitung der Beschäftigten der kommunalen Arbeitgeber in den TVöD und zur Regelung des Übergangsrechts
TV-V	Tarifvertrag für Versorgungsbetriebe
TzBfG	Teilzeit- und Befristungsgesetz
u. a.	unter anderem
Unterabs.	Unterabsatz
u. U.	unter Umständen
VG	Vergütungsgruppe
VGO	Vergütungsordnung
VGH	Verwaltungsgerichtshof
vgl.	vergleiche
WKRS	Wolters Kluwer Rechtsprechungsdatenbank, Online-Ressource
ZMV	Die Mitarbeitervertretung (Zeitschrift)
zit.	zitiert
ZPO	Zivilprozessordnung
ZTR	Zeitschrift für Tarifrecht (Zeitschrift)

Das Eingruppierungsrecht im Überblick

1

1. Das Neue im Alten

Die Eingruppierungsregelungen im TV-L sind überwiegend von der Fortführung des alten BAT geprägt, aber es gibt auch wichtige Neuregelungen:

Checkliste: (Alte) Neuregelungen in § 12 TV-L	
§ 22 BAT – Altregelung	**§ 12 TV-L – Neuregelung**
Tarifautomatik: Der Beschäftigte „ist" eingruppiert... ... nach Maßgabe der auszuüben-den Tätigkeit ... die auf Dauer und nicht nur vorübergehend übertragen worden ist Maßgeblich ist die gesamte Tätigkeit.	
... gegliedert nach Arbeitsvorgängen ... und mit Zeitanteilen Bestimmender Zeitanteil ist die Hälfte (= 50 Prozent) ... sofern kein abweichender Zeitanteil bestimmt wird (1/3 usw.) Zusammenfassende Betrachtung	auch für Arbeiter und die Entgeltgruppe 1
Die Vergütungsgruppe ist im Arbeitsvertrag (deklaratorisch) anzugeben.	Die Entgeltgruppe ist im Arbeitsvertrag (deklaratorisch) anzugeben.
Faktisch kann ohne tarifkonforme Stellenbeschreibung nicht eingruppiert werden ...	... wobei der Tarifvertrag die Regelung der Stellenbeschreibung weiterhin unterlässt

Checkliste: (Alte) Neuregelungen in Teil I und II der Entgeltordnung	
Anlage 1a zu § 22 BAT – Altregelung	**Anlage A zu § 12 TV-L – Neuregelung**
	Einheitliche Entgeltordnung für alle Beschäftigten …
Lehrer sind von den Eingruppierungsregeln ausgenommen (Vorbemerkung Nr. 5 zu allen Vergütungsgruppen der Anlage 1a zu § 22 BAT)	Für Lehrer im Sinne des § 44 TV-L ist ausschließlich die Entgeltordnung Lehrkräfte anzuwenden. Andere Lehrkräfte sind nach der Entgeltordnung TV-L einzugruppieren, wenn in Teil II oder IV ein besonderes Tätigkeitsmerkmal vereinbart ist (Vorbemerkung Nr. 4 zu allen Teilen der Entgeltordnung des TV-L).
Die Anlage 1a gilt nicht für Arbeitertätigkeiten	… für Arbeitertätigkeiten gilt ausschließlich Teil III der Entgeltordnung
Der Allgemeine Teil (Teil I) der Vergütungsordnung enthält nicht nur allgemeine Tätigkeitsmerkmale, sondern auch Beispiele für bestimmte Berufsgruppen (Archiv- und Bibliotheksdienst, Ingenieure, Forscher)	Der Teil I der Entgeltordnung enthält nur noch allgemeine Tätigkeitsmerkmale für den Verwaltungsdienst. Alle Tätigkeitsmerkmale für bestimmte Berufsgruppen (Ingenieure, Forscher) werden in Teil II gesondert geregelt. Seit dem 01.01.2020 gibt es keine speziellen Tätigkeitsmerkmale mehr für den Archiv- und Bibliotheksdienst. Es ist Teil I der Entgeltordnung anzuwenden.

Checkliste: (Alte) Neuregelungen in Teil I und II der Entgeltordnung	
EDV-Tarifvertrag mit sieben Unterabschnitten: 1. Angestellte als Leiter von DV-Gruppen 2. Angestellte in der DV-Organisation 3. Angestellte in der Anwendungsprogrammierung 4. Angestellte in der DV-Systemtechnik 5. Angestellte in der Datenerfassung 6. Angestellte in der Produktionssteuerung 7. Angestellte in der Maschinenbedienung	Mit der Tarifeinigung vom 23.08.2012 traten folgende Neuregelungen in Kraft: Aktualisierung der Unterabschnitte 1. bis 5. und Wegfall von eigenen Eingruppierungsregeln für die Bereiche Produktionssteuerung und Maschinenbedienung (Unterabschnitte 6. und 7.) Diese galten bis zum 31.12.2020. Seit dem 01.01.2021 gelten auch bei den Ländern die Eingruppierungsregelungen, die für die IT-Beschäftigten im TVöD-VKA bereits seit dem 01.01.2017 gelten und bis auf die Entgeltgruppen 6 und 10 auch den Regelungen des TVöD-Bund entsprechen.

Die Entgeltordnung zum TV-L führt endgültig die neue Leichtlohngruppe Entgeltgruppe 1 ein (vgl. Gamisch/Mohr, gEG, IV D.1.2, IV D.3.2). Damit sollen die besonderen wirtschaftlichen Rahmenbedingungen berücksichtigt werden.

Outsourcing gehört(e) auch im öffentlichen Dienst zur Normalität. Der Kostendruck beim Personal führt(e) zur Auslagerung einfacher Tätigkeiten an externe Dienstleister. Die neue Leichtlohngruppe Entgeltgruppe 1 in den reformierten Tarifverträgen soll diese Tendenz stoppen, und mehr noch, umkehren: Ziel der neuen Entgeltgruppe 1 im TV-L ist sogar das Insourcing. Nunmehr liegen erste Entscheidungen der Arbeitsgerichte vor. Zweifel am Erfolg der Idee sind durchaus berechtigt. Mit der Entgeltgruppe 1 im TV-L bzw. TVöD wurde eine Leichtlohngruppe geschaffen, die unterhalb der bislang niedrigsten Lohngruppe der alten Tarifverträge der Arbeiter angesiedelt ist.

Neue Tätigkeitsmerkmale finden sich darüber hinaus im Allgemeinen Teil der Entgeltordnung vor allem in den Entgeltgruppen 2 bis 4. Ansonsten wurde das Bestehende reformiert. Neu sind darüber hinaus die ausbildungsbezogenen Tätigkeitsmerkmale in den Entgeltgruppen 5 und 9b des Teil I der Entgeltordnung, die seit dem

01.01.2020 gelten. Hier zeigt sich die Annäherung der neuen Entgeltordnungen von Bund, Ländern und Kommunen am deutlichsten. Ansonsten blieb die befürchtete (oder erhoffte) Revolution aus. Das spiegelt sich insbesondere in der faktischen Trennung der Belegschaft in „Angestellte" und „Arbeiter" wider. Für Letztere gilt ausschließlich der Teil III der Entgeltordnung mit eigenständigen Regelungen. Gleichwohl wurde mit der Neuregelung die Chance genutzt, den bislang recht unübersichtlichen Allgemeinen Teil des BAT-B/L um alle berufsgruppenspezifischen Merkmale „zu erleichtern" (z. B. [Tier-, Zahn-]Ärzte, Apotheker, Forschung, Kanzlei- und Kassendienst, Registraturen, Ingenieure). Diese Tätigkeitsmerkmale sind jetzt – strukturell überzeugender – ebenfalls im Teil II der Entgeltordnung verankert, der nun einheitlich alle berufsbildbezogenen Tätigkeiten außerhalb des Pflegedienstes und der Lehrkräfte (s. u.) umfasst.

Damit gliedert sich die Entgeltordnung in vier Teile:

Teil I	Allgemeine Tätigkeitsmerkmale für den Verwaltungsdienst
Teil II	Tätigkeitsmerkmale für bestimmte Beschäftigtengruppen
Teil III	Beschäftigte mit körperlich/handwerklich geprägten Tätigkeiten
Teil IV	Beschäftigte im Pflegedienst

eingerahmt durch die Vorbemerkungen zu allen Teilen der Entgeltordnung.

Die neuen Eingruppierungsregelungen für Lehrkräfte im Sinne des § 44 TV-L wurden im Rahmen eines eigenen Tarifvertrags geregelt (Tarifvertrag über die Eingruppierung und die Entgeltordnung für die Lehrkräfte der Länder – TV EntgO-L).

Die Zuordnung der Tätigkeitsmerkmale des BAT-B/L in die bereits vorhandene Entgeltstruktur des TV-L selbst ist von einem wesentlichen Grundgedanken geprägt:

Die Eingruppierung nach altem BAT-Recht sah die Möglichkeit von Zeit- und Bewährungsaufstiegen vor, die der TV-L nicht weitergeführt hat. Dies führte teilweise zu unterschiedlichen Ergebnissen in der Überleitung in die Entgelttabelle des TV-L (vgl. Zuordnung der Vergütungsgruppe zu den Entgeltgruppen des TV-L gemäß Anlagen 2 und 4 zum TVÜ-Länder).

1

Beispiel 1:

Eingruppierung des Beschäftigten nach BAT-B/L: Vergütungsgruppe VII Fallgruppe 1a Teil I

Überleitung nach Anlage 2 TVÜ-Länder: Entgeltgruppe 6

Überleitung nach Anlage 4 TVÜ-Länder: Entgeltgruppe 5

Beispiel 2:

Eingruppierung des Beschäftigten nach BAT-B/L: Vergütungsgruppe Vc Fallgruppe 1a Teil I

Überleitung nach Anlage 2 TVÜ-Länder: Entgeltgruppe 9

Überleitung nach Anlage 4 TVÜ-Länder: Entgeltgruppe 8

Um diese Unterschiede wieder auszugleichen, haben sich die Tarifvertragsparteien darauf geeinigt, dass in der TV-L-Entgeltordnung alle alten BAT-Tätigkeitsmerkmale, aus denen ein Aufstieg nach bis zu sechs Jahren bestand, im TV-L sofort der nächsthöheren Entgeltgruppe zugeordnet wurden (vgl. Geyer/Baschnagel, ZTR 2011, S. 331, 333).

Weiterführung des Beispiels 1:

Die Tätigkeitsmerkmale der Vergütungsgruppe VII Fallgruppe 1a Teil I BAT-B/L wurden in Teil I Entgeltgruppe 6 TV-L überführt. Die Zuordnung entspricht damit der Zuordnung gemäß Anlage 2 zum TVÜ-Länder.

Weiterführung des Beispiels 2:

Die Tätigkeitsmerkmale der Vergütungsgruppe Vc Fallgruppe 1a Teil I BAT-B/L wurden in Teil I Entgeltgruppe 9 Fallgruppe 3 TV-L (jetzt Entgeltgruppe 9a) überführt. Die Zuordnung entsprach damit der Zuordnung gemäß Anlage 2 zum TVÜ-Länder.

Wichtig: Bewährungsaufstiege kennt die Entgeltordnung des TV-L nicht! Berufserfahrung wird über die Stufensteigerung innerhalb der Entgeltgruppe honoriert. Hingegen wurden mit der Entgeltordnung im TV-L die alten Vergütungsgruppenzulagen nach bis zu sechsjähriger Bewährung als Entgeltgruppenzulagen in den TV-L übernommen.

2. Geltungsbereich des TV-L

Der TV-L regelt das Arbeits- und Eingruppierungsrecht der Länder, mit Ausnahme des Landes Hessen. Für Hessen gilt der TV-H, der sich stark am TV-L orientiert. Seit dem 01.01.2013 zählt das Land Berlin wieder zur Tarifgemeinschaft deutscher Länder (zur Rechtslage in Berlin siehe Bochmann, Die Entwicklung des Tarifrechts im Land Berlin seit dem Ausschluss aus den Arbeitgeberverbänden 1994, ZTR 2011, S. 459–471). 1

Der TV-L ist nicht allgemeinverbindlich. Er gilt für das Arbeitsverhältnis nur, wenn die Parteien des Arbeitsvertrags tarifgebunden sind oder der TV-L im Arbeitsvertrag in Bezug genommen wird.

§ 1 Abs. 2 TV-L legt abschließend diejenigen Beschäftigten fest, für die der Tarifvertrag keine Anwendung findet. Das sind gemäß § 1 Abs. 2 b) TV-L zunächst die außertariflich vergüteten Arbeitnehmer. Anstelle einer Entgeltgruppe gilt das im Arbeitsvertrag vereinbarte Arbeitsentgelt.

Für geringfügig Beschäftigte gemäß § 8 Abs. 1 Nr. 1 SGB IV gilt der TV-L uneingeschränkt. Diese müssen deshalb eingruppiert werden. Die Regelung des 77. Änderungs-TV zum BAT, wonach Beschäftigungszeiten von geringfügig Beschäftigten nicht gelten, wenn sie vor dem 01.01.2002 zurückgelegt worden sind, verstößt gegen § 4 TzBfG und ist unwirksam (vgl. BAG 25.04.2007, 6 AZR 746/06, AP Nr. 14 zu § 4 TzBfG, ZTR 2007, S. 492 = NZA 2007, S. 881). Umstritten ist, ob der nach § 1 Abs. 2 i) TV-L vorgesehene Ausschluss von kurzfristig Beschäftigten gemäß § 8 Abs. 1 Nr. 2 SGB IV rechtmäßig ist. Deren Herausnahme soll nicht gegen § 4 Abs. 1 TzBfG verstoßen, weil diese Mitarbeiter nicht zwingend Teilzeitbeschäftigte sein müssen. Nach a. A. verstößt diese Regelung gegen das Teilzeit- und Befristungsgesetz. Sollte der Ausschluss rechtmäßig sein – was wir bezweifeln – würde das allgemeine Arbeitsrecht Anwendung finden.

Der TV-L gilt nicht für kirchliche Arbeitgeber. Die Diakonie der evangelischen Kirche hat sich ein eigenständiges Eingruppierungsrecht gegeben, das bewusst vom BAT abweicht und die Eingruppierungsregeln des TV-L nicht nachvollzieht. Demgegenüber folgt die katholische Kirche mit der Caritas weiterhin dem öffentlichen Dienst. Die

AVR.Caritas orientieren sich am TVöD. Tarifwerke der verfassten Kirche folgen aber auch dem TV-L, so zum Beispiel die Arbeitsvertragsordnung für den kirchlichen Dienst in der Erzdiözese Freiburg (AVO). Diese stellt eine Wiedergabe des Tarifvertrags dar, die nur vereinzelt eigenständige Regelungen enthält. Dementsprechend bestimmt § 42 Abs. 1 AVO:

§ 42 Abs. 1 AVO

1 Soweit die Vorschriften dieser Ordnung mit denen des Tarifvertrages für den öffentlichen Dienst der Länder (TV-L) in der Fassung des Landes Baden-Württemberg übereinstimmen, werden sie in gleicher Weise ausgelegt.

Bei dieser Rechtslage gelten die Ausführungen zum TV-L entsprechend.

Praxis-Tipp:

Der kirchliche Arbeitgeber muss prüfen, ob sein Tarifwerk ebenfalls die Bildung von Arbeitsvorgängen fordert.

3. Die Entgeltordnung

Die Entgeltordnung des TV-L gliedert sich in vier Teile:

Vorbemerkungen zu allen Teilen der Entgeltordnung

Teil I	**Allgemeine Tätigkeitsmerkmale für den Verwaltungsdienst**
Teil II	**Tätigkeitsmerkmale für bestimmte Beschäftigtengruppen**
1.	Beschäftigte in Archiven, Bibliotheken, Büchereien und Museen (Es findet Teil I Anwendung.)
2.	Ärzte, Apotheker, Psychotherapeuten, Tierärzte und Zahnärzte
2.1	Apotheker
2.2	Ärzte und Zahnärzte
2.3	Tierärzte
2.4	Psychotherapeuten
3.	Beschäftigte in Bäderbetrieben
4.	Berechner von Dienst- und Versorgungsbezügen sowie von Entgelten, Beschäftigte in Landesversorgungsämtern

5.	Beschäftigte im fernmeldetechnischen Dienst und im Fernmeldebetriebsdienst
5.1	Beschäftigte im fernmeldetechnischen Dienst
5.2	Beschäftigte im Fernmeldebetriebsdienst
6.	Beschäftigte in der Forschung
7.	(nicht besetzt)
8.	Beschäftigte im Fremdsprachendienst
8.1	Konferenzdolmetscher
8.2	Überprüfer und Übersetzer
8.3	Fremdsprachenassistenten (Fremdsprachensekretäre)
9.	Beschäftigte im Gartenbau, in der Landwirtschaft und im Weinbau
9.1	Gartenbau-, landwirtschafts- und weinbautechnische Beschäftigte
9.2	Pflanzenbeschauer und staatliche Fischereiaufseher
9.3	Leiter von landwirtschaftlichen Betrieben
10.	Beschäftigte in Gesundheitsberufen
10.1	Lehrkräfte in Schulen für Gesundheitsberufe
10.2	Audiologie-Assistenten
10.3	Amtliche Fachassistenten, Desinfektoren, Gesundheitsaufseher, Seehafengesundheitsaufseher
10.4	Diätassistentinnen
10.5	Ergotherapeuten
10.6	Logopäden
10.7	Masseure und medizinische Bademeister
10.8	Medizinische Fachangestellte, zahnmedizinische Fachangestellte
10.9	Präparationstechnische Assistenten, Sektionsgehilfen
10.10	Medizinisch-technische Assistentinnen, medizinisch-technische Gehilfinnen
10.11	Orthoptistinnen
10.12	Pharmazeutisch-kaufmännische Angestellte
10.13	Pharmazeutisch-technische Assistenten
10.14	Physiotherapeuten
10.15	Zahntechniker
11.	Beschäftigte in der Informations- und Kommunikationstechnik
12.	Beschäftigte im Justizdienst
12.1	Beschäftigte bei Gerichten und Staatsanwaltschaften
12.2	Beschäftigte im allgemeinen Justizvollzugsdienst
13.	Beschäftigte im Kanzleidienst

14.	Beschäftigte im Kassendienst
15.	Meister, technische Beschäftigte mit besonderen Aufgaben, Grubenkontrolleure
15.1	Technische Beschäftigte mit besonderen Aufgaben, Grubenkontrolleure
15.2	Handwerksmeister, Industriemeister und Meister mit Sonderausbildung
15.3	Maschinenmeister
15.4	Gärtnermeister, Meister im gärtnerischen oder landwirtschaftlichen Betrieb
15.5	Meister
16.	Beschäftigte in Registraturen
17.	Beschäftigte mit Restaurierungs-, Präparierungs- und Konservierungsarbeiten
18.	Beschäftigte im Rettungsdienst
18.1	Beschäftigte in Leitstellen
18.2	Beschäftigte im Rettungsdienst
18.3	Beschäftigte an Rettungsdienstschulen
19.	Beschäftigte in der Schifffahrt
20.	Beschäftigte im Sozial- und Erziehungsdienst
20.1	Leiterinnen von Erziehungsheimen oder von Wohnheimen für erwachsene Menschen mit Behinderung
20.2	Leiterinnen von Kindertagesstätten
20.3	Leiterinnen von Kindertagesstätten für Menschen mit Behinderungen oder von Tagesstätten für erwachsene Menschen mit Behinderung
20.4	Sozialarbeiter/Sozialpädagogen, Kinder- und Jugendlichenpsychotherapeuten/Psychagogen, Bewährungshelfer, Heilpädagogen
20.5	Beschäftigte im handwerklichen Erziehungsdienst
20.6	Erzieherinnen, Kinderpflegerinnen
21.	Beschäftigte in der Steuerverwaltung
22.	Ingenieure, Beschäftigte in technischen Berufen
22.1	Ingenieure
22.2	Techniker
22.3	Technische Assistenten
22.4	Laboranten
22.5	Zeichner
22.6	Baustellenaufseher (Bauaufseher)
22.7	Modelleure
22.8	Vermessungstechniker, Landkartentechniker, Planungstechniker

1

1

3.2	Beschäftigte im Gartenbau
3.3	Beschäftigte im Gesundheitswesen
3.4	Beschäftigte in der Landwirtschaft
3.5	Beschäftigte in Lehr-, Forschungs- und Materialprüfungseinrichtungen
3.6	Beschäftigte in der Polizeiverwaltung
3.7	Beschäftigte im Straßenbetriebsdienst und Straßenbau
3.8	Beschäftigte im Vermessungswesen
3.9	Beschäftigte im Wasserbau in den Ländern Baden-Württemberg und Bayern
3.10	Beschäftigte im Wasserbau in den übrigen Ländern (gilt nicht für die Freie und Hansestadt Hamburg)
3.11	Beschäftigte im Weinbau
3.12	Beschäftigte in Gestüten
3.13	Beschäftigte in Münzen
3.14	Beschäftigte in der Wilhelma
3.15	Beschäftigte in Häfen im Land Niedersachsen
3.16	Beschäftigte in Kraftfahrzeugwerkstätten des Landes Berlin

Anhang zu Teil III der Entgeltordnung
Richtlinien für verwaltungseigene Prüfungen

Teil IV	**Beschäftigte im Pflegedienst**
1.	Beschäftigte in der Pflege
2.	Leitende Beschäftigte in der Pflege
3.	Lehrkräfte in der Pflege

Wichtig: Diese Kommentierung befasst sich mit dem Teil I und ausgewählten Regelungen des Teil III.

4. Das Eingruppierungsrecht der Lehrer

Seit dem 01.08.2015 gilt für die Entgelte der Lehrer an allgemeinbildenden und berufsbildenden Schulen der Länder ein eigener Tarifvertrag: Tarifvertrag über die Eingruppierung und die Entgeltordnung für die Lehrkräfte der Länder (TV EntgO-L).

Der Tarifvertrag regelt, ergänzend bzw. ersetzend zum TV-L, alle Fragen der Entgeltfindung (Eingruppierung und Einstufung) eigenständig. Um der besonderen Zielgruppe Rechnung zu tragen, wurden vor allem besondere Regelungen zur Stufenzuordnung vereinbart (zu den tariflichen Regelungen im Einzelnen siehe Effertz, S. 1251 ff.; zur Einführung in die Neuregelungen siehe Geyer, ZTR 2015, S. 483 ff.)

Der Tarifvertrag löst die Arbeitgeberrichtlinien und Ländererlasse ab, die bislang für die Eingruppierung der angestellten Lehrkräfte maßgeblich waren. Für Lehrkräfte erfolgte die Festlegung der Eingruppierung anhand der Lehrer-Richtlinien(-O) der TdL bzw. der landesspezifischen Eingruppierungsregelungen noch nach Vergütungsgruppen. Diese waren dann mittels der Zuordnungstabelle in Anlage 4 TVÜ-Länder einer der 15 Entgeltgruppen des TV-L zuzuordnen.

Grundlagen der Eingruppierung

1. § 12 TV-L

Grundlage der Eingruppierung ist § 12 TV-L. Diese Vorschrift regelt das Verfahren und bestimmt damit, „wie" eingruppiert wird. Die Entgeltordnung gibt vor, „wo" der Beschäftigte eingruppiert ist.

2

§ 12 TV-L

(1) [1]Die Eingruppierung der/des Beschäftigten richtet sich nach den Tätigkeitsmerkmalen der Entgeltordnung (Anlage A). [2]Die/Der Beschäftigte erhält Entgelt nach der Entgeltgruppe, in der sie/er eingruppiert ist. [3]Die/Der Beschäftigte ist in der Entgeltgruppe eingruppiert, deren Tätigkeitsmerkmale die gesamte von ihr/ihm nicht nur vorübergehend auszuübenden Tätigkeit entspricht. [4]Die gesamte auszuübende Tätigkeit entspricht den Tätigkeitsmerkmalen einer Entgeltgruppe, wenn zeitlich mindestens zur Hälfte Arbeitsvorgänge anfallen, die für sich genommen die Anforderungen eines Tätigkeitsmerkmals oder mehrerer Tätigkeitsmerkmale dieser Entgeltgruppe erfüllen. [5]Kann die Erfüllung einer Anforderung in der Regel erst bei der Betrachtung mehrerer Arbeitsvorgänge festgestellt werden (z. B. vielseitige Fachkenntnisse), sind diese Arbeitsvorgänge für die Feststellung, ob diese Anforderung erfüllt ist, insoweit zusammen zu beurteilen. [6]Werden in einem Tätigkeitsmerkmal mehrere Anforderungen gestellt, gilt das in Satz 4 bestimmte Maß, ebenfalls bezogen auf die gesamte auszuübende Tätigkeit, für jede Anforderung. [7]Ist in einem Tätigkeitsmerkmal ein von Satz 4 oder 6 abweichendes zeitliches Maß bestimmt, gilt dieses. [8]Ist in einem Tätigkeitsmerkmal als Anforderung eine Voraussetzung in der Person der/des Beschäftigten bestimmt, muss auch diese Anforderung erfüllt sein.

Protokollerklärung zu § 12 Abs. 1:

1. [1]Arbeitsvorgänge sind Arbeitsleistungen (einschließlich Zusammenhangsarbeiten), die, bezogen auf den Aufgabenkreis der/des Beschäftigten, zu einem bei natürlicher Betrachtung abgrenzbaren Arbeitsergebnis führen (z. B. unterschriftsreife Bearbeitung eines Aktenvorgangs, eines Widerspruchs oder eines Antrags, Betreuung bzw. Pflege einer Person oder Personengruppe, Fertigung einer Bauzeichnung, Erstellung eines EKG, Durchführung einer Unterhaltungs- bzw. Instandsetzungsarbeit). [2]Jeder einzelne Arbeitsvorgang ist als solcher zu bewerten und darf dabei hinsichtlich der Anforderungen zeitlich nicht aufgespalten werden.
2. Eine Anforderung im Sinne der Sätze 4 und 5 ist auch das in einem Tätigkeitsmerkmal geforderte Herausheben der Tätigkeit aus einer niedrigeren Entgeltgruppe.

(2) Die Entgeltgruppe der/des Beschäftigten ist im Arbeitsvertrag anzugeben.

Die in § 12 TV-L vorgenommene Definition gleicht – von redaktionellen Änderungen abgesehen – der Vorschrift des § 22 BAT-B/L. Dementsprechend behält auch die bisherige Rechtsprechung des BAG grundsätzlich ihre Bedeutung.

Summarische Bewertung

§ 12 TV-L sieht ein sogenanntes summarisches Bewertungsverfahren vor. Dabei erfolgt zunächst eine qualitative Gesamteinschätzung der an den Arbeitnehmer gestellten Anforderungen anhand vorgegebener Bewertungskriterien (Tätigkeitsmerkmale). Bei diesen handelt es sich im Wesentlichen um die Merkmale Kenntnisse bzw. Ausbildung, Fähigkeiten und Verantwortung. Sie bestimmen den Schwierigkeitsgrad der Aufgabenstellung. Diese werden in einem weiteren Schritt quantifiziert, in dem die unterschiedlichen Schwierigkeitsgrade der Arbeiten zueinander ins Verhältnis gesetzt und unterschiedlichen Entgeltgruppen zugeordnet (katalogisiert) werden.

Dieses Modell muss von der sogenannten analytischen Stellenbewertung abgegrenzt und darf nicht miteinander vermengt werden.

Analytische Bewertung

Beim sogenannten analytischen Verfahren, das regelmäßig bei der Dienstpostenbewertung der Beamten eingesetzt wird, erfolgt keine qualitative Gesamteinschätzung der übertragenen Tätigkeit. Vielmehr werden die qualitativen Anforderungen an die Arbeit durch mehrere Einzelmerkmale in ihren (wesentlichen) Einzelheiten beschrieben. Der Schwierigkeitsgrad der zu erbringenden Arbeitsleistung wird aus einer qualitativen Analyse dieser arbeitsbestimmenden Einzelmerkmale (z. B. Können, Belastung, Verantwortung, Arbeitsbedingungen) ermittelt. Die Quantifizierung (Einstufung) richtet sich dann nach dem sogenannten Rangreihenverfahren oder dem Stufenwertzahlverfahren (einführend siehe Gamisch/Mohr, gEG, IV B.2.2; vertiefend Scholz, S. 849 ff.).

Praxis-Tipp:

§ 12 TV-L trifft wie § 22 BAT-B/L für die Eingruppierung eine bindende und abschließende Regelung, die sich als summarische Arbeitsbewertung darstellt. Das BAG hat entschieden, dass eine analytische Stellenbewertung, wie sie bei (Kirchen-)

Beamten vorgenommen wird, im Geltungsbereich des BAT nicht anwendbar ist (BAG 15.02.1971, 4 AZR 147/70, AP Nr. 38 zu §§ 22, 23 BAT; BAG 14.08.1985, 4 AZR 21/84, AP Nr. 109 zu §§ 22, 23 BAT 1975). Gleiches gilt damit für den TV-L.

Das von der Gewerkschaft ver.di angedachte Mischmodell (vgl. Rothländer, ZTR 2008, S. 410 ff.) hat sich nicht durchgesetzt.

2. Grundsatz der Tarifautomatik

Im TV-L gilt zunächst weiterhin der sogenannte Grundsatz der Tarifautomatik: Der Mitarbeiter „wird“ nicht, vielmehr „ist“ er in eine Entgeltgruppe eingruppiert (§ 12 Abs. 1 Satz 2 TV-L). Es erfolgt somit kein „Eingruppierungsakt“, sondern eine „automatische“ Eingruppierung. Man spricht in diesem Zusammenhang von einem „Akt der Rechtsanwendung“, mit dem die Äußerung einer Rechtsansicht durch den Arbeitgeber verbunden ist (vgl. BAG 05.07.2023, 4 AZR 289/22 m. w. N., zit. nach www.bundesarbeitsgericht.de/entscheidungen; BAG 02.06.2021, 4 AZR 387/20, AP Nr. 7 zu § 12 TV-L).

Nach diesem Modell kann es folglich keine falsche Eingruppierung geben; sie ist immer korrekt. Es ist eine andere Frage, ob der Arbeitgeber das tarifgerechte Ergebnis erkannt hat (vgl. Gamisch/Mohr, Grundlagen, Kapitel 2.1.; Gamisch/Mohr, gEG, IV B.4 m. w. N.). Objektive Fehler bei der Eingruppierung können deshalb grundsätzlich mit einer sogenannten korrigierenden Herabgruppierung beseitigt werden (vgl. Gamisch/Mohr, gEG, IV B.13.3).

3. Regelmäßig auszuübende Tätigkeit

Der Tarifvertrag stellt nach wie vor auf die regelmäßig aus-zuübende Tätigkeit ab. Die aus-ge-übte Tätigkeit ist weiterhin ohne Bedeutung.

Die **auszuübende Tätigkeit** ist die vom Arbeitgeber übertragene Tätigkeit. Sie ergibt sich regelmäßig aus dem Arbeitsvertrag. Für die Eingruppierung sind somit allein die Tätigkeiten maßgeblich, die der Arbeitgeber auf Basis des Arbeitsvertrags übertragen und im Rahmen seines Direktionsrechts ggf. weiter konkretisiert hat (vgl. BAG 24.09.2015, 2 AZR 680/14, AP Nr. 165 zu § 2 KSchG 1969, ZTR 2016, S. 275 ff. m. w. N.). So kommt es (auch) nicht darauf an, welche Aufgaben die einzelnen Beschäftigten ausüben, weil dies schon in der Vergangenheit zu ihren Aufgaben gehörte oder weil sonst Aufgaben nicht erledigt werden. Entscheidend sind der Arbeitsvertrag und die im Rahmen des Direktionsrechts zugewiesenen Tätigkeiten. Der Beschäftigte kann sich daher eingruppierungsrechtlich nicht auf die von ihm tatsächlich wahrgenommenen Tätigkeiten, auch wenn sie höher zu bewerten sind, berufen. Auch kann sich der Beschäftigte eine Tätigkeit selbst nicht zuweisen (vgl. LAG SLH 30.01.2018, 2 TaBV 19/17, ZTR 2018, S. 580 ff.).

2

Damit stellt sich die Frage, wer diese Arbeitgeberfunktion innehat. Das ist in der Regel die Personal- bzw. Organisationsabteilung als personalbewirtschaftende Stelle. Überträgt hingegen ein dazu nicht befugter (Fach-)Vorgesetzter einem Beschäftigten höherwertige Tätigkeiten, führt dies nicht zu einem tariflichen Anspruch auf ein höheres Entgelt, da die höherwertige Tätigkeit aufgrund der unsachgemäßen Übertragung nicht zur auszuübenden Tätigkeit geworden ist. Der automatische Anspruch auf ein tarifkonformes Entgelt setzt somit erst dann ein, wenn die entsprechenden Tätigkeiten durch das sachlich zuständige Organ der Dienststelle übertragen oder zumindest stillschweigend geduldet wurden (vgl. BAG 05.05.1999, 4 AZR 360/98, AP Nr. 268 zu §§ 22, 23 BAT 1975; LAG Köln 20.01.2016, 11 Sa 460/15, zit. nach WKRS 2016, 39125).

Statten Arbeitgeber bestimmte leitende Mitarbeiter mit einer solchen Vertretungsmacht zur Übertragung von (höherwertigen) Tätigkeiten aus, müssen sie sich das vertragsrechtlich zurechnen lassen. Eine solche Zurechnung setzt aber voraus, dass der Mitarbeiter auf das Vorliegen einer solchen Bevollmächtigung bzw. die Billigung des Handelns des leitenden Mitarbeiters als Arbeitgebervertreter vertrauen darf. Teilt der Arbeitgeber dem Mitarbeiter aber schriftlich mit, dass eine bestimmte Stelle/Abteilung – und nicht der leitende Mitarbeiter – die personalbewirtschaftende Stelle ist, liegt kein solcher Vertrauenstatbestand vor (vgl. BAG 16.04.2015, 6 AZR 242/14, AP Nr. 2 zu § 14 TVöD, ZTR 2015, S. 439 ff.).

Wichtig: Der Arbeitgeber sollte deshalb für klare Zuständigkeiten sorgen.

Dabei soll nur die Tätigkeit eine Rolle bei der Eingruppierung spielen, die dem Mitarbeiter **„nicht nur vorübergehend"**, sondern auf Dauer übertragen wurde und die er damit regelmäßig ausüben soll.
2 Diese Tätigkeiten sind abzugrenzen von solchen Tätigkeiten, die dem Mitarbeiter nur vorübergehend übertragen werden.

Wichtig: Der Arbeitgeber hat somit zwei Möglichkeiten, höherwertige Tätigkeiten zu übertragen:

- Fallen Tätigkeiten nicht dauerhaft für den Mitarbeiter an, erfolgt die Übertragung im Rahmen des § 14 Abs. 1 TV-L – bzw. eventuell auch nach § 32 Abs. 3 TV-L, wenn es sich um eine Führungsfunktion handelt – und löst entsprechende tarifliche Zulagenzahlungen aus (zur Anwendung der §§ 14 und 32 siehe BAG 16.07.2020, 6 AZR 287/19, AP Nr. 1 zu § 32 TVöD und BAG 28.10.2021, 6 AZR 9/21, AP Nr. 2 zu § 32 TVöD).

- Handelt es sich um regelmäßig und damit auf Dauer anfallende Tätigkeiten, führt deren Übertragung zur Eingruppierung nach § 12 TV-L.

Dabei stellt die Übertragung einer höherwertigen Tätigkeit auf Dauer den Regelfall dar. Demgegenüber ist die vorübergehende Übertragung nach § 14 TV-L die Ausnahme und erfordert deshalb einen ausreichenden Grund, um billigem Ermessen (§ 106 GewO i. V. m. § 315 BGB) zu entsprechen. Allein die mögliche Unsicherheit über die Dauer der Beschäftigungsmöglichkeit mit den übertragenen höherwertigen Tätigkeiten reicht nicht aus. Die Regelung des § 14 TV-L kann nicht dafür herangezogen werden, die Ungewissheit über die Dauer der weiteren Beschäftigungsmöglichkeit auf den Mitarbeiter zu verlagern. Die Anwendung des § 14 TV-L setzt vielmehr hinreichend gesicherte Planungs- und Prognosegrundlagen voraus. Eine bloße Grundsatzentscheidung über Aufgabenverlagerungen ohne entsprechende zeitliche und sonstige weitere

Konkretisierungen reicht nicht (siehe zur vergleichbaren Rechtslage im TVöD: BAG 04.07.2012, 4 AZR 759/10, AP Nr. 1 zu § 14 TVöD).

Zusammenfassend ist für die Eingruppierung zunächst die vom Arbeitgeber dauerhaft übertragene Tätigkeit maßgeblich, während folgende Aspekte für die Eingruppierung keine Rolle spielen:

Unerheblich für die Eingruppierung
▪ Stellenplan ▪ Stellenanzeigen und Ausschreibungstexte ▪ Angabe der Entgeltgruppe im Arbeitsvertrag ▪ ausgewiesene Stellen im Haushalts- oder Stellenplan ▪ Beschlüsse politischer Gremien ▪ Bewertungen von Stellenbewertungskommissionen ▪ Einarbeitungszeit ▪ Eingruppierung vergleichbarer (früherer) Beschäftigter (Angestellte, Arbeiter, Beamte) ▪ Eingruppierungsrichtlinien einer Tarifvertragspartei ▪ Geschäftsverteilungspläne ▪ Qualität der geleisteten Arbeit ▪ Quantität der geleisteten Arbeit ▪ Schlüsselqualifikationen (z. B. Kontaktfähigkeit, Phantasie, Eigeninitiative, Verhandlungsgeschick)

(vgl. Gamisch/Mohr, gEG, IV B.4.2 m. w. N.)

§ 12 TV-L schreibt weiter vor, dass im Rahmen der Tarifautomatik zur Bewertung der Tätigkeit Arbeitsvorgänge gebildet werden, denen Zeitanteile zuzuordnen sind.

4. Arbeitsvorgang

Der Arbeitsvorgang als abstrakter Rechtsbegriff

Der Arbeitsvorgang ist im TV-L die für die Bewertung der Stelle und für die Eingruppierung des Mitarbeiters allein maßgebliche Bewertungseinheit. Mit dem Begriff des Arbeitsvorgangs, vor allem im TV-L, hat sich das BAG in den letzten Jahren intensiv und grundlegend auseinandergesetzt (siehe BAG AP Nrn. 6, 9, 10, 11, 12 zu § 12 TV-L). Dementsprechend muss dieser zutreffend gebildet und beschrieben werden, da der Arbeitsvorgang kein „unbestimmter Rechtsbegriff" ist, im Gegenteil: Das BAG hat ausgeführt:

BAG vom 26.04.2023

Der Begriff des Arbeitsvorgangs unterliegt als feststehender, abstrakter und den Parteien vorgegebener Rechtsbegriff in vollem Umfang der Überprüfung durch das RevGer., das bei Vorliegen der erforderlichen Tatsachenfeststellungen die Arbeitsvorgänge auch selbst bestimmen kann.

(BAG 26.04.2023, 4 AZR 275/20, AP Nr. 9 zu § 12 TV-L)

Das heißt, dass die Gerichte – in letzter Instanz das BAG als Revisionsgericht – die Bildung der Arbeitsvorgänge überprüfen.

Praxis-Tipp:
Fehler bei der Bildung eines Arbeitsvorgangs durchziehen als Folgefehler das gesamte Bewertungsverfahren, wie die BAG-Rechtsprechung zur Eingruppierung der Verwaltungskräfte bei Gerichten eindrucksvoll zeigt (BAG-Entscheidungen gem. AP Nrn. 6, 9, 10, 11, 12 zu § 12 TV-L).

Deshalb muss bereits bei der Stellenbeschreibung großer Wert auf die korrekte Bildung und Beschreibung des Arbeitsvorgangs gelegt werden (siehe auch Gamisch/Mohr, Grundlagen, Kapitel 3; Gamisch/Mohr, StB, Kapitel 6.3).

Im Rahmen der Tarifverhandlungen zum Änderungstarifvertrag Nr. 11 zum TV-L vom 02.03.2019 wurde auch diese Basisregelung zur Eingruppierung – der Arbeitsvorgang – stark diskutiert. Eine Einigung konnte nicht herbeigeführt werden. In der Tarifeinigung vom 02.03.2019 haben sich ver.di und TdL aber auf folgende Verhandlungsklausel dazu verständigt:

„Zur Sicherstellung einer differenzierten Eingruppierung anhand des zeitlichen Umfangs, in dem eine bestimmte Anforderung (z. B. Schwierigkeit, Verantwortung) innerhalb der auszuübenden Tätigkeit erfüllt sein muss (Hierarchisierung), werden die Tarifvertragsparteien unmittelbar nach der Redaktion Gespräche aufnehmen."

§ 12 TV-L soll also im Lichte der Rechtsprechung, vor allem der des BAG (28.02.2018, 4 AZR 816/16, AP Nr. 47 zu §§ 22, 23 BAT-O, ZTR 2018, S. 386 ff. und der o. g. Gerichtsentscheidungen) neu gefasst werden. Erste mögliche Überlegungen finden sich z. B. in einem Aufsatz von Natter/Sänger in ZTR 2019, S. 475 ff.; zum aktuellen Stand der (juristischen) Diskussion siehe auch ZTR 2021, Die Rettung des Arbeitsvorgangs im TVöD/TV-L – Facelifting oder großer Eingriff?, S. 51 ff.

Wichtig: Man darf also gespannt sein, ob und wie sich die Tarifvertragsparteien bei dieser wichtigen Grundsatzfrage einigen (können).

Der Arbeitsvorgang als Ergebnis einer Organisationsentscheidung

Weil der Arbeitgeber kraft seiner Organisationsgewalt entscheidet, welcher Mitarbeiter welche Tätigkeiten ausüben soll, bestimmt er über die Bildung der Arbeitsvorgänge auch die tarifliche Wertigkeit der Stelle vor. Eine organisatorische Vorgabe führt dann zur Anwendung der Tarifautomatik.

Praxis-Tipp:

Nicht erwünschte Eingruppierungsergebnisse dürfen nicht über eine fehlerhafte Anwendung des TV-L vermieden, sie müssen vielmehr im Vorfeld durch die zielgerichtete Verteilung der qualitativen und quantitativen Aufgaben gesteuert werden.

Beispiel:

Es ist grundsätzlich unzulässig, während der Probezeit die tarifkonforme Eingruppierung abzusenken und eine Entgeltgruppe weniger zu zahlen. Damit ggf. dem Umstand Rechnung getragen wird, dass sich ein neuer Mitarbeiter erst in die Stelle und ihre Anforderungen hineinfinden muss, darf nicht die gesamte auszuübende Tätigkeit gemäß Stellenbeschreibung übertragen werden. Stattdessen wird mittels eines Aktenvermerks dokumentiert, warum (fehlende fachliche Qualifikationen, fehlendes Erfahrungswissen) welche Teile der auszuübenden Tätigkeit gemäß Stellenbeschreibung dem Beschäftigten noch nicht übertragen worden sind. So werden beispielsweise die Arbeitsvorgänge mit selbständigen Leistungen unter fachlicher Anleitung erledigt und damit nach Vorgaben zu Arbeitsweg und Arbeitsmethoden, sodass die Anforderungen an das Tätigkeitsmerkmal selbständige Leistungen (siehe Kapitel 5.4) noch nicht vollständig erfüllt werden.

Die Bildung des Arbeitsvorgangs

Die tarifliche Definition des Arbeitsvorgangs wurde schon vorgestellt. Das BAG konkretisiert den Begriff wie folgt:

BAG vom 09.09.2020

Nach § 12 Abs. 1 TV-L ist Bezugspunkt der tariflichen Bewertung der Arbeitsvorgang, für dessen Bestimmung das Arbeitsergebnis maßgebend ist. Zu welchen Arbeitsergebnissen die Tätigkeit einer Beschäftigten führt, ist auf Grundlage einer natürlichen Betrachtungsweise unter Berücksichtigung der durch den Arbeitgeber vorgegebenen Arbeitsorganisation zu ermitteln. Die gesamte vertraglich geschuldete Tätigkeit kann einen einzigen Arbeitsvorgang ausmachen. Einzeltätigkeiten können dann nicht zusammengefasst werden, wenn die verschiedenen Arbeitsschritte nicht nur theoretisch getrennt zugewiesen werden könnten, sondern tatsächlich von vornherein auseinandergehalten und organisatorisch voneinander getrennt sind. (...)

Einem Arbeitsvorgang sind nach Satz 1 der Nr. 1 der Protokollerklärungen zu § 12 Abs. 1 TV-L diejenigen Zusammenhangsarbeiten hinzuzurechnen, die aufgrund ihrer engen Verknüpfung mit bestimmten Aufgaben eines Beschäftigten von diesen bei Bestimmung des Arbeitsvorgangs nicht abgetrennt werden dürfen, um eine tarifwidrige „Atomisierung" zu vermeiden.

Ein Arbeitsvorgang kann auch Tätigkeiten von unterschiedlicher tariflicher Wertigkeit enthalten. Die tarifliche Bewertung der Tätigkeiten ist für die Bestimmung eines Arbeitsergebnisses und damit des Arbeitsvorgangs nicht von Bedeutung. (...)

Zu bewerten sind nach Satz 2 der Nr. 1 der Protokollerklärungen zu § 12 Abs. 1 TV-L die Arbeitsvorgänge, nicht die Einzeltätigkeiten.

(BAG 09.09.2020, 4 AZR 195/20, AP Nr. 6 zu § 12 TV-L)

Diese Ausführungen werden als unübersichtlich empfunden. Deshalb wird versucht, die Definition zu strukturieren, was aus didaktischen Gründen auch sinnvoll ist.

Gegliederte Definition des Arbeitsvorgangs		
PE Nr. 1 zu § 12 Abs. 1 TV-L	**PN Nr. 1 zu § 22 Abs. 2 BAT-B/L**	**vgl. o. g. BAG-Rechtsprechung**
Arbeitsvorgänge sind	Arbeitsvorgänge sind	Der Arbeitsvorgang ist
1.1 Arbeitsleistungen (einschließlich Zusammenhangsarbeiten)	2.1 Arbeitsleistungen (einschließlich Zusammenhangsarbeiten)	3.1 eine unter Hinzurechnung der Zusammenhangstätigkeiten
1.2 die, bezogen auf den Aufgabenkreis der/des Beschäftigten,	2.2 die, bezogen auf den Aufgabenkreis des Angestellten,	3.2 und unter Berücksichtigung der durch den Arbeitgeber vorgegebenen Arbeitsorganisation
1.3 zu einem bei natürlicher Betrachtung	2.3 zu einem bei natürlicher Betrachtung	3.3 nach tatsächlichen Gesichtspunkten abgegrenzte
1.4 abgrenzbaren Arbeitsergebnis führen	2.4 abgrenzbaren Arbeitsergebnis führen	3.4 zu einem bestimmten Arbeitsergebnis führende Tätigkeit eines Beschäftigten

Arbeitsleistung (1.1/2.1) ist jede zur Erfüllung der Arbeitspflicht verrichtete Aktivität eines Beschäftigten. Die Arbeitsleistung umfasst somit die gesamte auszuübende Tätigkeit (Aufgabenkreis gemäß 1.2/2.2). Diese ist nach den Kriterien Zusammenhangstätigkeiten (1.1/2.1/3.1) und Arbeitsergebnis (1.4/2.4/3.4) zu gliedern:

Der Arbeitsschritt ist dabei die kleinste, nicht mehr sinnvoll aufspaltbare Arbeitsleistung des Beschäftigten. Die Reihenfolge der Arbeitsschritte wird als Arbeitsablauf bezeichnet. Zu diesem Arbeitsablauf zählen auch Zusammenhangstätigkeiten (1.1/2.1/3.1). Das sind solche Tätigkeiten, die einen engen inneren sachlichen Zusammenhang mit anderen, insbesondere tariflich höherwertigen Aufgaben des Beschäftigten aufweisen. Bei der Bildung des Arbeitsvorgangs dürfen diese Zusammenhangsarbeiten zwecks Vermeidung tarifwidriger

Atomisierung nicht abgetrennt werden. Sie sind vielmehr dem Arbeitsvorgang als Bewertungseinheit hinzuzurechnen (vgl. BAG 16.08.2023, 4 AZR 339/22, AP Nr. 19 zu § 12 TVöD m. w. N. auf die Rechtsprechung des BAG).

Klassische Zusammenhangsarbeiten sind zum Beispiel:

- Besprechungen, Schriftverkehr und Telefongespräche, die mit der Bearbeitung des Aktenvorgangs zusammenhängen
- Fertigen und Lesen von Statistiken, wenn diese die Grundlage für die Kernarbeit sind
- Führen eines Dienstwagens durch einen Verwaltungsmitarbeiter
- Lesen von Akten, z. B. um ein medizinisches oder juristisches Gutachten zu fertigen
- Publikumsverkehr
- Studium von Gesetzen, sonstigen Rechtsvorschriften und gerichtlichen Entscheidungen
- Führen der Ablage für die zu bearbeitenden Aktenvorgänge
- Datenpflege
- Teilnahme an Fortbildungen zur Sicherstellung der Qualität der übertragenen Tätigkeiten

(vgl. z. B. BAG 09.09.2020, 4 AZR 195/20, AP Nr. 6 zu § 12 TV-L; BAG 26.07.1995, 4 AZR 280/94, AP Nr. 203 zu §§ 22, 23 BAT 1975; BAG 17.01.1996, 4 AZR 662/94, AP Nr. 4 zu §§ 22, 23 BAT Sparkassenangestellte; BAG 16.10.2019, 4 AZR 284/18, AP Nr. 341 zu §§ 22, 23 BAT 1975).

Zu einem Arbeitsvorgang werden alle Arbeitsleistungen zusammengefasst, die zu einem verwertbaren (Zwischen-)Ergebnis führen (1.4/2.4/3.4).

Bei der Bildung des Arbeitsvorgangs kommt es damit entscheidend auf das bei „natürlicher Betrachtungsweise“ (1.3/2.3/3.3) abgrenzbare Arbeitsergebnis (1.4/2.4/3.4) an (grundlegend BAG 26.04.2023, 4 AZR 275/20, AP Nr. 9 zu § 12 TV-L; BAG 19.03.2003, 4 AZR 336/02, NZA 2004, S. 400 [O]; vgl. BAG 31.07.2002, 4 AZR 129/01, AP Nr. 291 zu §§ 22, 23 BAT 1975).

Es muss eine „wirklichkeitsfremde Zersplitterung eines einheitlichen Arbeitsergebnisses“ (BAG 31.07.2002, 4 AZR 129/01, AP Nr. 291 zu

§§ 22, 23 BAT 1975) verhindert werden. Dabei ist es unerheblich, dass es theoretisch verwaltungstechnisch möglich wäre, die Arbeit durch organisatorische Maßnahmen anders zu verteilen und die Bearbeitung auf verschiedene Mitarbeiter zu übertragen (BAG 23.02.2005, 4 AZR 191/04; BAG 26.04.2023, 4 AZR 275/20, AP Nr. 9 zu § 12 TV-L).

Wichtig: Maßgeblich ist somit die vom Arbeitgeber vorgegebene tatsächliche Organisation (vgl. BAG 26.04.2023, 4 AZR 275/20, AP Nr. 9 zu § 12 TV-L; BAG 24.02.2016, 4 AZR 485/13, AP Nr. 6 zu § 56 TVöD m. w. N. auf die Rechtsprechung des BAG; siehe auch für die allgemeinen Tätigkeitsmerkmale: BAG 22.02.2017, 4 AZR 514/16, AP Nr. 336 zu §§ 22, 23 BAT 1975, ZTR 2017, S. 352 ff.).

Zusammenfassend kann man den Arbeitsvorgang mit einer (verkürzten) Arbeitsdefinition beschreiben als Arbeitsleistung,

- die zu einem bestimmten Ziel führt und
- unter Berücksichtigung des tatsächlichen Arbeitsablaufs des Mitarbeiters von anderen Tätigkeiten abgegrenzt ist.

Die Anzahl der Arbeitsvorgänge

Die Anzahl der Arbeitsvorgänge ist für die Eingruppierung zunächst ohne Bedeutung. So ist es möglich, dass nur ein Arbeitsvorgang vorliegt. Das ist der Fall, wenn der Aufgabenkreis nicht weiter aufteilbar und einer rechtlichen Bewertung zugänglich ist (vgl. BAG 27.09.2017, 4 AZR 666/14, AP Nr. 5 zu § 16 TVöD). Mit dieser Feststellung ist noch nicht gesagt, zu welchem Eingruppierungsergebnis dies führt.

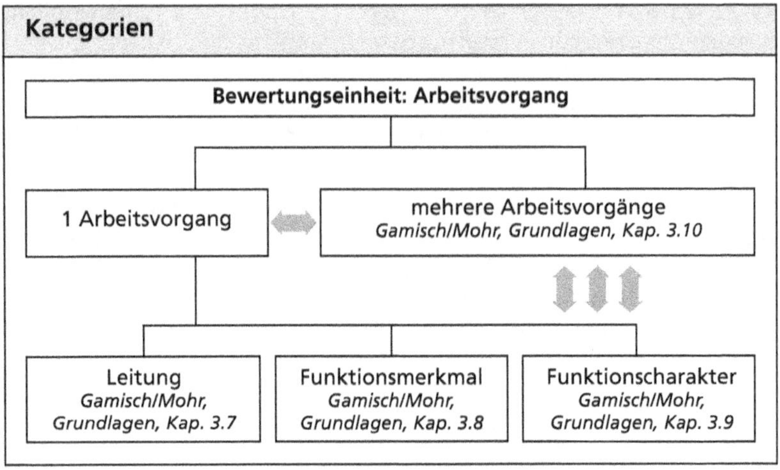

Von nur einem großen Arbeitsvorgang kann grundsätzlich ausgegangen werden, wenn eine der drei Kategorien vorliegt:

1. Leitung
2. Funktionsmerkmal bzw.
3. Tätigkeiten mit Funktionscharakter

Diese bilden nach ständiger Rechtsprechung regelmäßig einen einheitlichen Arbeitsvorgang (vgl. Gamisch/Mohr, Grundlagen, Kapitel 3.7 bis 3.9).

5. Zeitanteile: Die 50-Prozent-Grenze

Der maßgebliche Zeitanteil bleibt – wie im BAT – bei 50 Prozent, sofern in der Entgeltordnung nicht ausdrücklich ein anderer Zeitanteil bestimmt wird.

Zeitanteile sind eine wesentliche Voraussetzung, um Stellen unter Anwendung der Entgeltordnung bewerten zu können (siehe auch Gamisch/Mohr, StB, Kapitel 6.5). Sie spiegeln die Verteilung des zeitlichen Aufwands auf die einzelnen Arbeitsvorgänge wider. Ihre Ermittlung ist demnach erst zweckmäßig, wenn Arbeitsvorgänge und Arbeitsschritte feststehen.

Trotz dieser elementaren Bedeutung haben sich die Gerichte und die Literatur zum Eingruppierungsrecht nur am Rande mit der Frage der

Ermittlung von Zeitanteilen auseinandergesetzt und diese Grundsätze formuliert: Der zeitliche Aufwand muss für jeden Arbeitsvorgang gesondert festgestellt werden. Adäquat sind Methoden, die im Rahmen von Organisationsuntersuchungen zur Ermittlung des Personalbedarfs zum Einsatz kommen. Dazu zählen beispielsweise:

- qualifizierte Schätzung
- Selbstaufschreibung/Arbeitstagebuch
- Multimomentaufnahme
- Laufzettelverfahren

(so z. B. BAG 18.05.1994, 4 AZR 449/93, AP Nr. 5 zu §§ 22, 23 BAT 1975 Datenverarbeitung; vertiefend siehe Gamisch/Mohr, Grundlagen, Kapitel 4).

6. Zusammenfassende Betrachtung

Der TV-L fordert – wie schon der BAT-B/L – eine zusammenfassende Betrachtung.

§ 12 Abs. 1 Satz 5 TV-L

Kann die Erfüllung einer Anforderung in der Regel erst bei der Betrachtung mehrerer Arbeitsvorgänge festgestellt werden (z. B. vielseitige Fachkenntnisse), sind diese Arbeitsvorgänge für die Feststellung, ob diese Anforderung erfüllt ist, insoweit zusammen zu beurteilen.

Die zusammenfassende Betrachtung soll sicherstellen, dass dem Beschäftigten auch die Qualifizierung für seine auszuübende Tätigkeit zugutekommt, die sich daraus ergibt, dass er nebeneinander mehrere Tätigkeiten/Arbeitsvorgänge auszuüben hat, aus deren gemeinsamer Betrachtung und Bewertung sich erst die Erfüllung höherwertigerer Tätigkeitsmerkmale ergibt (vgl. BAG 12.12.2012, 4 AZR 199/11, AP Nr. 325 zu §§ 22, 23 BAT 1975 m. w. N.).

Diese ergänzende Form der Bewertung sichert Arbeitnehmern höhere Eingruppierungsmöglichkeiten, vor allem, wenn sie nebeneinander Aufgaben unterschiedlicher Art ausüben und dafür jeweils andersartige Kenntnisse bzw. Erfahrungen einsetzen müssen.

Dazu stellt die Rechtsprechung klar, dass die zusammenfassende Betrachtung generell angewendet werden kann, wenn das einschlägige Tätigkeitsmerkmal qualitative oder quantitative Tatbestandsmerkmale enthält.

Bei welchen Tätigkeitsmerkmalen ihre Erfüllung erst durch zusammenfassende Betrachtung möglich ist, lässt sich nicht allgemein festlegen, sondern kann nur im konkreten Einzelfall beurteilt werden (BAG 12.12.2012, 4 AZR 199/11, AP Nr. 325 zu §§ 22, 23 BAT 1975, m. w. N., ZTR 2013, S. 385 ff.). Die Anwendung der zusammenfassenden Betrachtung setzt aber voraus, dass zunächst eine tarifliche Bewertung der einzelnen Arbeitsvorgänge erfolgt. Erst wenn das nächsthöhere Tätigkeitsmerkmal nicht mehr innerhalb des einzelnen Arbeitsvorgangs erfüllt wird, ist zu prüfen, ob durch zu-
2 sammenfassende Betrachtung mehrerer oder aller Arbeitsvorgänge die erhöhte Anforderung erfüllt wird (BAG 18.11.2015, 4 AZR 605/13, AP Nr. 335 zu §§ 22, 23 BAT 1975, ZTR 2016, S. 321 ff.).

Die zusammenfassende Betrachtung stellt damit eher eine Ausnahme dar (vgl. BAG 22.02.2017, 4 AZR 514/16, AP Nr. 336 zu §§ 22, 23 BAT 1975 m. w. N.).

Praxis-Tipp:

Der TV-L fordert mit dem Arbeitsvorgang und der zusammenfassenden Betrachtung komplexe Abwägungen zur auszuübenden Tätigkeit. Bereits daraus wird deutlich, dass auf Stellenbeschreibungen schon aus tarifrechtlichen Gründen nicht verzichtet werden kann. Regelmäßig verkennen Kritiker von Stellenbeschreibungen diese rechtliche Ausgangssituation (zur Stellenbeschreibung siehe Gamisch/Mohr, StB; zur personalwirtschaftlichen Seite siehe Richter/Gamisch, DÖD 2013, S. 1 ff., DÖD 2014, S. 129 ff.; zu den Einzelheiten siehe Gamisch/Mohr, Grundlagen, Kapitel 5; Gamisch/Mohr, gEG, IV B.10).

7. Eingruppierung in besonderen Fällen – § 13 TV-L

Von den Regelungen des § 12 TV-L abzugrenzen sind die Bestimmungen des § 13 TV-L:

§ 13 TV-L Eingruppierung in besonderen Fällen

[1]Ist der/dem Beschäftigten eine **andere, höherwertige Tätigkeit nicht übertragen** worden, hat sich aber die ihr/ihm **übertragene Tätigkeit** (§ 12 Absatz 1 Satz 3) nicht nur vorübergehend derart **geändert**, dass sie den Tätigkeitsmerkmalen einer höheren als ihrer/seiner bisherigen Entgeltgruppe entspricht (§ 12 Absatz 1 Satz 4 bis 8), und hat die/der Beschäftigte die höherwertige Tätigkeit ununterbrochen sechs Monate lang ausgeübt, ist sie/er mit Beginn des darauffolgenden Kalendermonats in der höheren Entgeltgruppe eingruppiert. [2]Für die zurückliegenden sechs Kalendermonate gilt § 14 sinngemäß. [3]Ist die Zeit der Ausübung der höherwertigen Tätigkeit durch Urlaub, Arbeitsbefreiung, Arbeitsunfähigkeit oder Vorbereitung auf eine Fachprüfung für die Dauer von insgesamt nicht mehr als sechs Wochen unterbrochen worden, wird die Unterbrechungszeit in die Frist von sechs Monaten eingerechnet. [4]Bei einer längeren Unterbrechung oder bei einer Unterbrechung aus anderen Gründen beginnt die Frist nach der Beendigung der Unterbrechung von neuem. [5]Wird der/dem Beschäftigten vor Ablauf der sechs Monate wieder eine Tätigkeit zugewiesen, die den Tätigkeitsmerkmalen ihrer/seiner bisherigen Entgeltgruppe entspricht, gilt § 14 sinngemäß.

(Hervorhebungen durch die Verfasser)

Inhaltliche Änderungen gegenüber § 23 BAT-B/L hat es nicht gegeben. Nach wie vor deckt diese Regelung die dynamische Entwicklung der beruflichen Anforderungen ab: § 13 TV-L regelt den Fall, dass der Arbeitgeber keine anderen Tätigkeiten überträgt, das heißt nicht aktiv in die auszuübende Tätigkeit an sich eingreift. Vielmehr erhöhen sich bei gleichbleibender Aufgabenstellung die fachlichen Anforderungen: Der Beschäftigte muss – um nach wie vor die gestellten Aufgaben lösen zu können – mehr Wissen und Können einsetzen. Es ändert sich somit nicht der Arbeitsauftrag (auszuübende Tätigkeit), sondern die dabei zu beachtenden Rahmenbedingungen. Dies kann sowohl die rechtlichen als auch die fachlichen Grundlagen der Arbeit betreffen (z. B. neue bzw. geänderte Gesetze, technische Neuerungen).

Die höhere Eingruppierung kann dann nach Ablauf von sechs Monaten vollzogen werden. Für die ersten sechs Monate erhält der Beschäftigte eine Zulage gemäß § 14 TV-L.

Der Einstieg in die Entgeltordnung

1. Die Auslegung der Entgeltordnung

Rechtsnormen können nicht derart präzise formuliert werden, dass jeder denkbare Streitfall erfasst wird. Sie müssen aus drei Gründen ausgelegt werden:

1. Begriffe und Zeichen sind immer auslegungs- und interpretationsbedürftig
2. Normen- bzw. Zielkonflikte können nicht ausgeschlossen werden
3. Rechtslücken sind unvermeidbar

Die Vorgehensweise zur Auslegung von Rechtsnormen ist nicht gesetzlich geregelt. Vielmehr ist die Methode der Rechtswissenschaft und Rechtsprechung überlassen. Das (Tarif-)Recht wird erst durch seine Anwendung auf den Einzelfall konkretisiert. Die Rechtsanwendung, auch die des Tarifvertrags, darf sich nicht im rechtsfreien Raum bewegen, sondern muss einer Methode folgen.

Rechtsvorschriften sind wie folgt anzuwenden:

1. Welche Tatbestandsmerkmale (Voraussetzungen) müssen erfüllt sein, damit die in der Rechtsnorm enthaltende Rechtsfolge eintritt?
2. Was genau bedeutet jedes einzelne dieser abstrakt-generell formulierten Merkmale (Definition bzw. **Gesetzesauslegung**)?
3. Wird der konkret-individuelle Sachverhalt vom Tatbestand der Rechtsnorm erfasst?
4. Wenn ja, tritt die in der Rechtsnorm enthaltende Rechtsfolge ein.

(vgl. Wienbracke, Rn. 75 ff., 120)

Das BAG hat festgestellt, dass Tarifverträge wie Gesetze ausgelegt werden:

BAG vom 19.06.2018

Nach ständiger Rechtsprechung des Bundesarbeitsgerichts **folgt** die Auslegung des normativen Teils eines Tarifvertrags **den für die Auslegung von Gesetzen geltenden Regeln**. Danach ist zunächst vom **Tarifwortlaut** auszugehen, wobei der maßgebliche Sinn der Erklärung zu erforschen ist, ohne am Buchstaben zu haften. Über den reinen Wortlaut hinaus ist der **wirkliche Wille** der Tarifvertragsparteien und der damit von ihnen beabsichtigte Sinn und Zweck der Tarifnorm zu berücksichtigen, sofern und soweit er in den tariflichen Regelungen und ihrem systematischen Zusammenhang Niederschlag gefunden hat. Abzustellen ist stets auf den **tariflichen Gesamtzusammenhang**, weil dieser Anhaltspunkte für den wirklichen Willen der Tarifvertragsparteien liefert und nur so **Sinn und Zweck** der Tarifnorm zutreffend ermittelt werden kann. ... Im Zweifel gebührt derjenigen Auslegung der Vorzug, die zu einem sachgerechten, zweckorientierten, praktisch brauchbaren und gesetzeskonformen Verständnis der Regelung führt.

(BAG 19.06.2018, 9 AZR 564/17, Rn. 17 m. w. N., zit. nach www.bundesarbeitsgericht.de/entscheidungen; *Hervorhebungen durch die Verfasser*).

§

BAG vom 26.04.2017

Bei der **Wortlautauslegung** ist, wenn die Tarifvertragsparteien einen **Begriff nicht eigenständig definieren**, erläutern oder einen feststehenden Rechtsbegriff verwenden, vom **allgemeinen Sprachgebrauch** auszugehen. Wird ein **Fachbegriff** verwendet, der in allgemeinen oder in fachlichen Kreisen eine bestimmte Bedeutung hat, ist davon auszugehen, dass die Tarifvertragsparteien mit diesem Begriff den allgemein **üblichen Sinn** verbinden wollten, wenn nicht sichere Anhaltspunkte für eine abweichende Auslegung gegeben sind, die aus dem Tarifwortlaut oder anderen aus dem Tarifvertrag selbst ersichtlichen Gründen erkennbar sein müssen. Wird ein bestimmter **Begriff mehrfach** in einem Tarifvertrag **verwendet**, ist im Zweifel weiter davon auszugehen, dass die Tarifvertragsparteien dem Begriff im Geltungsbereich dieses Tarifvertrags **stets die gleiche Bedeutung** beimessen wollen.

(BAG 26.04.2017, 10 AZR 589/15, Rn. 15 m. w. N., AP Nr. 26 zu § 4 TzBfG, *Hervorhebungen durch die Verfasser*)

§

BAG vom 13.07.2021

Lässt dies zweifelsfreie Auslegungsergebnisse nicht zu, können die Gerichte für Arbeitssachen ohne Bindung an eine Reihenfolge weitere Kriterien wie die **Entstehungsgeschichte** des Tarifvertrages, ggf. auch die **praktische Tarifübung** ergänzend hinzuziehen. Auch die **Praktikabilität** denkbarer Auslegungsergebnisse ist zu berücksichtigen; im Zweifel gebührt derjenigen Tarifauslegung der Vorrang, die zu einer vernünftigen, sachgerechten, zweckorientierten und praktisch brauchbaren Regelung führt.

(BAG 13.07.2021, 3 AZR 363/20, AP Nr. 62 zu § 1 BetrAVG Auslegung mit Hinweis auf BAG 21.01.2020, 3 AZR 73/19; BAG 10.02.2015, 3 AZR 904/13, AP Nr. 55 zu § 1 BetrAVG Auslegung; *Hervorhebungen durch die Verfasser*)

Demzufolge wird der Tarifvertrag in folgenden Schritten ausgelegt:

Checkliste: Auslegung

1. Auslegung des Wortlauts (sog. grammatikalische Auslegung)
   Definition/Bedeutung
   - im Tarifvertrag
   - im Gesetz
   - der verständigen Fachkreise
   - im allgemeinen Sprachgebrauch
2. Auslegung unter Berücksichtigung der Stellung der Tarifnorm im Gesamtgefüge des Tarifvertrags
   (sog. systematische Auslegung)
3. Auslegung nach Sinn und Zweck
   (sog. teleologische Auslegung)

↕

→ Auslegung nach der Tarifgeschichte (sog. historische Auslegung)
→ Praktische Tarifübung
→ Praktikabilität

Der tarifliche Gesamtzusammenhang erschließt sich nur, wenn alle maßgeblichen Tarifnormen berücksichtigt werden:

Der tarifrechtliche Gesamtzusammenhang

- TV-L
  - Mantelregelungen (§§ 12, 13, 14, 32 TV-L)
- Anlage A – Entgeltordnung TV-L
  - Vorbemerkungen
  - Tätigkeitsmerkmale
  - Protokollerklärungen

2. Alte und neue Rechtsprechung

Da die neuen Eingruppierungsregeln grundsätzlich am BAT-B/L anknüpfen, kann auf die bisherige Rechtsprechung der Arbeitsgerichte zurückgegriffen werden, was zu einem hohen Maß an Rechtssicherheit führt.

Entscheidungen zum neuen Eingruppierungsrecht des TVöD-VKA (vgl. Gamisch/Mohr, EG TVöD-VKA) bzw. TVöD-Bund (Gamisch/Mohr, EG TVöD-Bund) können herangezogen werden, wenn die tariflichen Regelungen vergleichbar sind.

3. Die Struktur der Entgeltordnung

Die Entgeltordnung gliedert sich in:

- die Vorbemerkungen zu allen Teilen der Entgeltordnung
- den Teil I: Allgemeine Tätigkeitsmerkmale für den Verwaltungsdienst
- den Teil II: Tätigkeitsmerkmale für bestimmte Beschäftigtengruppen
- den Teil III: Beschäftigte mit körperlich/handwerklich geprägten Tätigkeiten
- den Anhang zu Teil III der Entgeltordnung (Richtlinien für verwaltungseigene Prüfungen)
- den Teil IV: Beschäftigte im Pflegedienst

(zu den Teilen in der Gesamtübersicht siehe auch Kapitel 1.3)

Wichtig: Diese Kommentierung befasst sich mit dem Teil I und ausgewählten Regelungen des Teil III.

4. Die Vorbemerkungen zu allen Teilen der Entgeltordnung

Wie der BAT-B/L, regelt auch der TV-L mit seinen Vorbemerkungen, wie die vier Teile der Entgeltordnung an sich anzuwenden sind und welche allgemeinen, die einzelnen Teile der Entgeltordnung übergreifenden Vorschriften anzuwenden sind.

§

Vorbemerkungen zu allen Teilen der Entgeltordnung

3

1. (1) Für das Verhältnis der Teile I und II zueinander gelten die Regelungen der Absätze 2 bis 4.

(2) [1]Für Beschäftigte, deren Tätigkeit in besonderen Tätigkeitsmerkmalen des Teils II aufgeführt ist, gelten nur die Tätigkeitsmerkmale dieses Teils. [2]Die Tätigkeitsmerkmale des Teils I gelten für diese Beschäftigten weder in der Entgeltgruppe, in der ihre Tätigkeit in Teil II aufgeführt ist, noch in einer höheren Entgeltgruppe. [3]Die Sätze 1 und 2 gelten nicht für sonstige Beschäftigte der Entgeltgruppen 13 bis 15 des Teils I, die aufgrund gleichwertiger Fähigkeiten und ihrer Erfahrungen entsprechende Tätigkeiten im Sinne des Teils I ausüben, es sei denn, dass ihre Tätigkeit in besonderen Tätigkeitsmerkmalen des Teils II aufgeführt ist. [4]Abweichend von Satz 1 gelten die Tätigkeitsmerkmale der Entgeltgruppen 14 und 15 des Teils I auch für Ärzte, Apotheker und Zahnärzte, die außerhalb von Krankenhäusern oder Einrichtungen, in denen die betreuten Personen in ärztlicher Behandlung stehen, beschäftigt werden, sowie ferner für Tierärzte.

(3) [1]Für Beschäftigte, deren Tätigkeit nicht in Teil II aufgeführt ist, gelten die Tätigkeitsmerkmale des Teils I, sofern in Satz 2 nicht etwas anderes geregelt ist. [2]Die Tätigkeitsmerkmale der Entgeltgruppen 2 bis 12 des Teils I gelten nur, sofern die auszuübende Tätigkeit einen unmittelbaren Bezug zu den eigentlichen Aufgaben der betreffenden Verwaltungsdienststellen, -behörden oder -institutionen hat.

(4) [1]Ist in einem Tätigkeitsmerkmal des Teils I oder II eine Vorbildung oder Ausbildung als Anforderung bestimmt, sind Beschäftigte, die die geforderte Vorbildung oder Ausbildung nicht besitzen,

- wenn nicht auch „sonstige Beschäftigte" von diesem Tätigkeitsmerkmal erfasst werden oder
- wenn auch „sonstige Beschäftigte" von diesem Tätigkeitsmerkmal erfasst werden, diese Beschäftigten jedoch nicht die Voraussetzungen des „sonstigen Beschäftigten" erfüllen,

bei Erfüllung der sonstigen Anforderungen dieses Tätigkeitsmerkmals in der nächst niedrigeren Entgeltgruppe eingruppiert. [2]Satz 1 gilt entsprechend für Tätigkeitsmerkmale, die bei Erfüllung qualifizierter Anforderungen eine höhere Eingruppierung vorsehen; Satz 1 gilt nicht, wenn die Entgeltordnung für diesen Fall ein Tätigkeitsmerkmal (z. B. „in der Tätigkeit von ...") enthält. [3]Gegenüber den Entgeltgruppen 14 und 13 Ü gilt hierbei die Entgeltgruppe 13 als nächst niedrigere Entgeltgruppe.

2. Für Beschäftigte mit körperlich/handwerklich geprägten Tätigkeiten gelten nur die Tätigkeitsmerkmale des Teils III.

   Protokollerklärung:

   In Teil III sind nur die Beschäftigten eingruppiert, die bei Fortgeltung des alten Rechts im Lohngruppenverzeichnis des MTArb/MTArb-O eingereiht gewesen wären.

3. Für Beschäftigte im Pflegedienst gelten nur die Tätigkeitsmerkmale des Teils IV.

4. [1]Die Entgeltordnung zum TV-L (Anlage A) gilt nur für diejenigen Lehrkräfte, für die in den Teilen II oder IV ein besonderes Tätigkeitsmerkmal vereinbart ist. [2]Für Beschäftigte als Lehrkräfte, die unter den Geltungsbereich des § 44 fallen, gelten ausschließlich die Eingruppierungsregelungen der Entgeltordnung Lehrkräfte (Anlage zum TV EntgO-L).

5. Das Tätigkeitsmerkmal der Entgeltgruppe 1 des Teils I gilt unabhängig von den Nummern 1 und 3 für Tätigkeiten der Teile II und IV.

6. [1]Soweit die Eingruppierung von der Zahl der unterstellten Beschäftigten abhängig ist, rechnen hierzu auch Angehörige der vergleichbaren Besoldungsgruppen. [2]Bei der Zahl der unterstellten bzw. beaufsichtigten oder der in dem betreffenden Bereich beschäftigten Personen zählen Teilzeitbeschäftigte entsprechend dem Verhältnis der mit ihnen im Arbeitsvertrag vereinbarten Arbeitszeit zur regelmäßigen Arbeitszeit eines Vollzeitbeschäftigten. [3]Für die Eingruppierung ist es unschädlich, wenn im Organisations- und Stellenplan zur Besetzung ausgewiesene Stellen nicht besetzt sind.

7. Ständige Vertreter sind nicht die Vertreter in Urlaubs- und sonstigen Abwesenheitsfällen.

8. (1) [1]Aufgrund des Artikels 37 des Einigungsvertrages und der Vorschriften hierzu als gleichwertig festgestellte Abschlüsse, Prüfungen und Befähigungsnachweise stehen ab dem Zeitpunkt ihres Erwerbs den in den Tätigkeitsmerkmalen geforderten entsprechenden Anforderungen gleich. [2]Ist die Gleichwertigkeit erst nach Erfüllung zusätzlicher Erfordernisse festgestellt worden, gilt die Gleichstellung ab der Feststellung.

   (2) Facharbeiter mit einem im Beitrittsgebiet erworbenen Facharbeiterzeugnis, das nach Artikel 37 des Einigungsvertrages und der Vorschriften hierzu dem Prüfungszeugnis in einem anerkannten Ausbildungsberuf mit einer Ausbildungsdauer von mindestens drei Jahren bzw. einer kürzeren Ausbildungsdauer gleichgestellt ist, werden bei entsprechender Tätigkeit wie Beschäftigte mit erfolgreich abgeschlossener Ausbildung in einem solchen Ausbildungsberuf eingruppiert.

9. Entgeltgruppenzulagen gelten, soweit tarifvertraglich nichts anderes vereinbart ist, bei der Bemessung des Sterbegeldes (§ 23 Abs. 3) als Bestandteil des Tabellenentgelts.

Praxis-Tipp:

Ein DDR-Facharbeiterberuf mit einer Ausbildungsdauer von zwei Jahren wird wie eine abgeschlossene Ausbildung im Sinne der Entgeltgruppe 5 Fallgruppe 1 behandelt, wenn der entsprechende bundesdeutsche Ausbildungsberuf nach den Ausbildungsordnungen eine Ausbildungsdauer von drei Jahren vorsieht. Sieht der entsprechende bundesdeutsche Ausbildungsberuf hingegen eine kürzere Ausbildungsdauer vor, dann erfolgt die Gleichbehandlung im Sinne der Vorbemerkung nur als abgeschlossene Ausbildung im Sinne der Entgeltgruppe 4 Fallgruppe 1 (siehe zur vergleichbaren Rechtslage im alten BMT-G II: BAG 23.03.2005, 4 AZR 238/04, ZTR 2006, S. 78 m. w. N.).

Für die Auslegung des TV-L kommen für die Anwendung dieser Vorbemerkungen den Niederschriftserklärungen eine besondere Bedeutung zu: Sie geben weiterführende Auslegungshinweise.

§

Niederschriftserklärungen

1. Zu Vorbemerkungen zu allen Teilen der Entgeltordnung

Soweit in der Entgeltordnung Berufs- und Tätigkeitsbezeichnungen usw. in der weiblichen oder in der männlichen Form verwendet werden, entspricht dies der Bezeichnung in den früheren Tätigkeitsmerkmalen. Die Tarifvertragsparteien sind sich selbstverständlich einig, dass sie auch für das jeweils andere Geschlecht gelten.

2. Zu Nr. 1 Abs. 3 der Vorbemerkungen zu allen Teilen der Entgeltordnung

Die Tarifvertragsparteien sind sich auch einig, dass die allgemeinen Merkmale für den Verwaltungsdienst (Teil I der Entgeltordnung) eine Auffangfunktion in dem gleichen Umfang besitzen wie – bestätigt durch die ständige Rspr. des BAG – die bisherigen ersten Fallgruppen des allgemeinen Teils der Anlage 1a zum BAT/BAT-O.

Praxis-Tipp:

Grundsätzlich kann jede Tätigkeit eingruppiert werden: im Zweifel in den Allgemeinen Teil, das heißt in Teil I. Davon ausgenommen sind Beschäftigte, die körperlich/handwerklich geprägte Tätigkeiten auszuüben haben (vgl. Geyer/Baschnagel, ZTR 2011, S. 331, 333). Für diese gelten dann die Allgemeinen Tätigkeitsmerkmale (Abschnitt 1) des Teils III.

Nur in Ausnahmefällen ist von einer Tariflücke auszugehen (zu den Einzelheiten siehe z. B. BAG 18.03.2015, 4 AZR 702/12, ZTR 2015, S. 393 ff. – Beispiel für die Geltung der Allgemeinen Tätigkeitsmerkmale für die Tätigkeit eines Gewässerwarts; BAG 18.11.2015, 4 ABR 24/14, AP Nr. 27 zu § 1 TVG Tarifverträge: DRK).

3. Zu Nr. 6 der Vorbemerkungen zu allen Teilen der Entgeltordnung

Die Tarifvertragsparteien sind sich auch einig, dass bei etwaigen Veränderungen in der Ämterstruktur durch Landesbeamtenrecht die Zuordnung geprüft und gegebenenfalls geändert wird.

4. Zu Teil I und II

In einzelnen Abschnitten des alten Rechts unterschiedlich gefasste Tätigkeitsmerkmale, insbesondere Merkmale mit „sonstigen Beschäftigten" und tätigkeitsbezogenen Heraushebungen, werden in der Entgeltordnung zum TV-L in einem nunmehr einheitlichen Aufbau aufgeführt. Die Tarifvertragsparteien sind sich darin auch einig, dass durch diese Vereinheitlichung keine materiellen Änderungen beabsichtigt sind.

5. Zu Teil I, Entgeltgruppe 4 Fallgruppe 1:

Die Tarifvertragsparteien haben sich in der Entgeltgruppe 4 Fallgruppe 1 auf das neue Heraushebungsmerkmal „schwierige" Tätigkeiten verständigt. Im Hinblick auf die Neustrukturierung der Tätigkeitsmerkmale in den Entgeltgruppen 3 und 4 (Allgemeiner Teil) im Rahmen der neuen Entgeltordnung waren sie sich darüber auch einig, dass die bisher unter das Heraushebungsmerkmal „schwierigere" Tätigkeiten (ehemals Vergütungsgruppe VIII Fallgruppe 1a Teil I Allgemeiner Teil Anlage 1a BAT und Beispielkatalog hierzu) fallenden Tätigkeiten in Abhängigkeit ihrer jeweiligen konkreten Anforderungen der Entgeltgruppe 3 oder der Entgeltgruppe 4 zugeordnet werden sollen.

Unter Bezugnahme auf den o. g. Beispielkatalog werden die Tätigkeiten „Mitwirkung bei der Bearbeitung laufender oder gleichartiger Geschäfte nach Anleitung", „Entwerfen von dabei zu erledigenden Schreiben nach skizzierten Angaben", „Erledigung ständig wiederkehrender Arbeiten in Anlehnung an ähnliche Vorgänge – auch ohne Anleitung –" der Entgeltgruppe 3 zugeordnet. Die Tätigkeiten „Führung von Karteien oder elektronischen Dateien, die nach technischen oder wissenschaftlichen Merkmalen geordnet sind oder deren Führung die Kenntnis fremder Sprachen voraussetzt", werden der Entgeltgruppe 4 zugeordnet.

5. Die Struktur von Teil I der Entgeltordnung

Die Tätigkeitsmerkmale des Teils I (Allgemeine Tätigkeitsmerkmale für den Verwaltungsdienst) sind überwiegend aus den ersten Fallgruppen des Teils I der Anlage 1a BAT-B/L abgeleitet worden. Ergänzt wurden diese um ausbildungsbezogene Tätigkeitsmerkmale. So fordern Entgeltgruppe 5 Fallgruppe 2 eine abgeschlossene Berufsausbildung in einem anerkannten Ausbildungsberuf von mindestens drei Jahren und Entgeltgruppe 9b Fallgruppe 3 eine abgeschlossene Hochschulbildung. Der Tätigkeitsbezug wird durch die ergänzende Teilanforderung der „entsprechenden Tätigkeit" hergestellt. Diese Neuregelungen entsprechen den Bestimmungen im TVöD-Bund und TVöD-VKA.

Dem Teil I kommt eine Auffangfunktion zu: Kann die Tätigkeit des Beschäftigten nicht den Teilen II und IV zugeordnet werden, liegt grundsätzlich eine Eingruppierung in Teil I vor (Vorbemerkung Nr. 1 Abs. 3 zu allen Teilen der Entgeltordnung TV-L). Etwas anderes gilt für den Fall, dass eine sogenannte bewusste Lücke vorliegt: Wollten die Tarifvertragsparteien (noch) keine Regelung treffen, scheidet auch eine Eingruppierung in den Teil I aus.

So stellte auch das BAG bereits zum Vorgängertarifvertrag (BAT) wiederholt klar, dass grundsätzlich davon auszugehen ist, dass die Tarifvertragsparteien die Tätigkeit eines jeden Beschäftigten mit ihrem Regelwerk erfassen wollen. Die allgemeinen Tätigkeitsmerkmale der Entgeltordnung haben nach ihrem Willen eine Auffangfunktion und können daher auch für solche Tätigkeiten herangezogen werden, die nicht zu den eigentlich behördlichen oder herkömmlichen Verwaltungsaufgaben gehören. Deshalb kann im Bereich der Entgeltordnung eine Tariflücke nur dann angenommen werden, wenn die zu beurteilende Tätigkeit keinen unmittelbaren Bezug zu den allgemeinen Aufgaben der betreffenden Dienststellen, Behörden und Institutionen hat (vgl. z. B. BAG 18.11.2015, 4 ABR 24/14, AP Nr. 27 zu § 1 TVG Tarifverträge: DRK m. w. N.).

Eine Ausnahme macht das Tätigkeitsmerkmal der Entgeltgruppe 1 des Teils I der Entgeltordnung. Gemäß Vorbemerkung Nr. 5 gilt es unabhängig vom Spezialitätsgrundsatz gemäß der Vorbemerkungen Nr. 1 und 3 auch für Tätigkeiten der Teile II und IV. Dementsprechend verzichten die Teile II und IV auf eine eigene Regelung zur Entgeltgruppe 1.

6. Die Struktur von Teil III der Entgeltordnung

Gemäß Vorbemerkung Nr. 2 zu allen Teilen der Entgeltordnung gelten für körperlich/handwerklich geprägte Tätigkeiten ausschließlich die Tätigkeitsmerkmale des Teils III. Er gilt für alle Tätigkeiten, die bei Weitergeltung des alten Tarifrechts den Eingruppierungsregeln für Arbeiter zuzuordnen wären (Protokollerklärung zu Vorbemerkung Nr. 2 zu allen Teilen der Entgeltordnung).

Dementsprechend ist Teil III wie folgt strukturiert:

Vorbemerkungen zu Teil III der Entgeltordnung

1. Allgemeine Tätigkeitsmerkmale
2. Besondere Tätigkeitsmerkmale für sämtliche Bereiche
3. Besondere Tätigkeitsmerkmale für einzelne Bereiche

7. Die Qualifikationsebenen

Die Entgeltgruppen spiegeln die alten Laufbahnen des Beamtenrechts wider, die nunmehr als Qualifikationsebenen bezeichnet werden.

Übersicht: System der Qualifikationsebenen für Teil I		
Auszuübende Tätigkeit erfordert Kenntnisse auf dem Niveau ...	**EG TV-L Teil I**	**Beamtenlaufbahnen**
... abgeschlossene wissenschaftliche Hochschulbildung (Dipl./Master/ 1. Staatsprüfung ...)	13–15	sog. höherer Dienst (2. Laufbahngruppe, 2. Einstiegsamt)
... abgeschlossene Hochschulbildung (Dipl.-FH/Bachelor)	9b–12	gehobener Dienst (2. Laufbahngruppe, 1. Einstiegsamt)
... abgeschlossene Berufsausbildung	5, 6, 8, 9a	mittlerer Dienst (1. Laufbahngruppe, 2. Einstiegsamt)
... keine abgeschlossene Berufsausbildung	1–4	einfacher Dienst (1. Laufbahngruppe, 1. Einstiegsamt)

(zu den neuen Hochschulabschlüssen siehe auch Gamisch/Mohr, gEG, IV D.3.14.3)

Dementsprechend berücksichtigen die Protokollerklärungen Nr. 1 und 11 zu Teil I der Entgeltordnung ausdrücklich das neue Hochschulrecht (siehe auch folgende Ausführungen zu Entgeltgruppen 9b und 13).

Letztlich spiegeln sich in den Qualifikationsebenen Berufsbilder wider.

8. Die Bedeutung von Berufsbildern

Berufsbilder beschreiben die Elemente eines Berufs im Hinblick auf:

- Vorbildung
- Ausbildung
- Tätigkeiten
- Aufstiegschancen
- Weiterbildungsformen
- Verdienstmöglichkeiten

(vgl. Brockhaus 2003, Lexikon, Stichwort: Berufsbild)

Praxis-Tipp:
Informationen zu den Berufsbildern werden von der Bundesagentur für Arbeit in Zusammenarbeit mit dem Bundesinstitut für Berufsbildung entwickelt und veröffentlicht. Sie sind zu finden unter: www.berufenet.arbeitsagentur.de

Im TV-L haben sie für die Eingruppierung im allgemeinen Verwaltungsdienst der Entgeltgruppen 1 bis 12 seit dem 01.01.2020 durch die neue Entgeltgruppe 5 Fallgruppe 2 (abgeschlossene Berufsausbildung) und die neue Entgeltgruppe 9b Fallgruppe 3 (abgeschlossene Hochschulbildung) unmittelbare tarifliche Bedeutung.

Wichtig: Die restlichen Tätigkeitsmerkmale der Entgeltgruppen 1 bis 12 in Teil I der Entgeltordnung haben keinen Ausbildungsbezug (vgl. Geyer/Baschnagel, ZTR 2011, S. 331, 334). Für die Entgeltgruppen 13 bis 15 TV-L wird aber grundsätzlich eine abgeschlossene wissenschaftliche Hochschulbildung gefordert.

Das ist im Teil III anders: Ab Entgeltgruppe 4 wird eine erfolgreich abgeschlossene Ausbildung in einem anerkannten Ausbildungsberuf gefordert. Zudem muss der handwerklich Beschäftigte in seinem oder einem verwandten Beruf beschäftigt werden (siehe auch nähere Ausführungen unter Kapitel 10). Ob der Beschäftigte seinem Beruf entsprechend eingesetzt ist, lässt sich nur anhand der aktuellen Anforderungen an den Beruf feststellen, wie sie regelmäßig durch Ausbildungs- und Prüfungsordnungen formuliert werden. Diese Informationen spiegeln sich in den Berufsbeschreibungen (Berufsbildern) wider und geben damit Aufschluss, welches berufstypische Wissen und Können in den einzelnen Berufen vermittelt wird. Nur so lässt sich feststellen, ob die auszuübende Tätigkeit für den Beruf als einschlägig anzusehen ist (vgl. BAG 24.11.1999, 4 AZR 772/98, AP Nr. 273 zu §§ 22, 23 BAT 1975 i. V. m. BAG 24.11.1999, 4 AZR 772/98, AP Nr. 11 zu § 51 TVAL II; BAG 22.03.2000, 4 AZR 116/99, AP Nr. 275 zu §§ 22, 23 BAT 1975).

Praxis-Tipp:

Bedeutung erlangen die Berufsbilder aber auch für Teil I der Entgeltordnung durch die Rechtsprechung und Literatur: Diese setzt (gründliche und) vielseitige Fachkenntnisse im Sinne der Entgeltgruppe 6 mit Wissen und Können auf Berufsausbildungsniveau gleich (vgl. z. B. BAG 19.02.2003, 4 AZR 158/02 m. w. N. auf die Literatur), während gründliche, umfassende Fachkenntnisse Wissen und Können auf Dipl.-FH-Niveau voraussetzen (vgl. z. B. LAG NdS 29.04.2002, 8 Sa 1049/01 E; BAG 15.02.2006, 4 AZR 645/04, AP Nr. 32 zu §§ 22, 23 BAT-O).

So ist auch für diese Merkmale die Arbeit mit Berufsbildern unerlässlich, um feststellen zu können, auf welcher fachlichen Qualifikationsebene die auszuübende Tätigkeit anzusiedeln ist und damit, welche der Entgeltgruppen innerhalb der jeweiligen Qualifikationsebene für die Eingruppierung grundsätzlich infrage kommen.

9. Baukastenprinzip und Heraushebungsmerkmale

Der TV-L folgt generell – wie der BAT – dem sogenannten Baukastenprinzip: Die Tätigkeitsmerkmale der Entgeltordnung bauen grundsätzlich aufeinander auf. Je höher die Entgeltgruppe, umso höher die Anforderungen. An verschiedenen Stellen erfolgt darüber hinaus eine Differenzierung durch sogenannte Heraushebungsmerkmale:

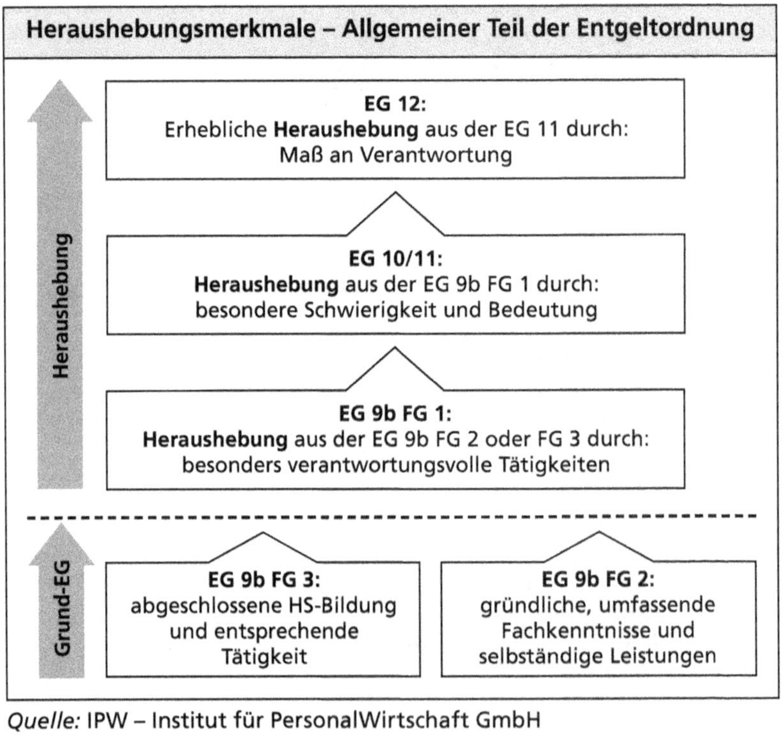

Quelle: IPW – Institut für PersonalWirtschaft GmbH

Zu beachten ist aber, dass es sich auch bei der Formulierung „Beschäftigte der EG ...“ um eine Art Heraushebungsmerkmal handelt, das entsprechend zu prüfen und anzuwenden ist (siehe BAG 15.02.2006, 4 AZR 634/04, AP Nr. 3 zu §§ 22, 23 BAT Rückgruppierung; BAG 27.08.2008, 4 AZR 484/07, AP Nr. 210 zu § 1 TVG Auslegung).

Bei solchen Aufbaumerkmalen ist zunächst zu prüfen, ob die Anforderungen der Ausgangsgruppe und anschließend diejenigen der qualifizierenden Merkmale der höheren Entgeltgruppe(n) erfüllt sind (vgl. BAG 12.05.2004, 4 AZR 371/03, AP Nr. 301 zu §§ 22, 23 BAT 1975; BAG 18.11.2015, 4 AZR 605/13, AP Nr. 335 zu §§ 22, 23 BAT 1975).

Für die Begründung der Erfüllung von Heraushebungsmerkmalen dürfen somit keine Umstände der auszuübenden Tätigkeit herangezogen werden, die bereits für die Begründung der niedrigeren Entgeltgruppe/n herangezogen wurden. Diese Umstände sind durch die Heranziehung zur Begründung einer niedrigeren Entgeltgruppe bereits „verbraucht". Anhand der Stellenbeschreibung ist es möglich, einzelne Tätigkeiten innerhalb des bewertungsrelevanten Arbeitsvorgangs zu den Merkmalen der jeweiligen Grund- und Heraushebungsgruppen zuzuordnen, so dass für die Erfüllung eines Merkmals nicht alle Tätigkeiten aus dem Arbeitsvorgang herangezogen und damit „verbraucht" werden müssen (vgl. grundlegend BAG 07.05.2008, 4 AZR 303/07, AP Nr. 37 zu §§ 22, 23 BAT-O m. w. N. auf die ständige Rechtsprechung des BAG und BAG 22.06.2022, 4 AZR 495/21, AP Nr. 8 zu § 12 TV-L).

Wichtig: Es erfolgt ein wertender Vergleich anhand der von dem Mitarbeiter selbst auszuübenden Tätigkeiten gemäß Arbeitsvorgang. Ob Heraushebungsmerkmale vorliegen oder nicht, muss sich somit aus der aktuell auszuübenden Tätigkeit des Mitarbeiters selbst ergeben. Man kann daher von einem reinen Binnenvergleich sprechen.

Zwei aktuellere Entscheidungen des BAG gingen einen anderen Weg:

Für die Feststellung, ob eine besonders verantwortungsvolle Tätigkeit vorliegt, verlangte das BAG in seiner Entscheidung vom 21.01.2015:

BAG vom 21.01.2015

Ein wertender Vergleich betreffend das tarifliche Heraushebungsmerkmal der „besonderen Verantwortung" **verlangt zunächst die Benennung einer Vergleichsgruppe von Arbeitnehmern, deren Tätigkeiten entsprechend der Ausgangsfallgruppe bewertet sind. Um vergleichbar zu sein, muss die Tätigkeit dieser Arbeitnehmer zumindest eine Reihe von gemeinsamen Merkmalen mit derjenigen aufweisen, die vom klagenden Arbeitnehmer ausgeübt wird.** Sodann ist darzulegen, dass die von den Arbeitnehmern der Vergleichsgruppe ausgeübten Tätigkeiten (mindestens) die Anforderungen

> der Tätigkeitsmerkmale der Ausgangsfallgruppe erfüllen. Hierfür können rechtskräftige Entscheidungen der Gerichte für Arbeitssachen, namentlich des BAG, als Indiz herangezogen werden, wenn in ihnen eine entsprechende tarifliche Bewertung dieser Tätigkeit vorgenommen wurde. Dabei ist jedoch von Bedeutung, dass eine arbeitsgerichtliche Entscheidung in einem Eingruppierungsrechtsstreit regelmäßig nicht zwingend verallgemeinerbare Aussagen über die dort beurteilte Tätigkeit im Allgemeinen enthält. So mag eine Klageabweisung u. a. dem Umstand geschuldet sein, dass die klagende Partei es nicht vermocht hat, einen schlüssigen Klagevortrag zu erbringen.
>
> (BAG 21.02.2015, 4 AZR 253/13, AP Nr. 44 zu §§ 22, 23 BAT-O; *Hervorhebung durch die Verfasser*)

Damit verließ das BAG den Weg des Binnenvergleichs und fordert stattdessen die Bildung einer Vergleichsgruppe (Außenvergleich).

Einen ähnlichen Weg beschritt das BAG bereits in seiner Entscheidung vom 21.03.2012:

3

> **BAG vom 21.03.2012**
>
> Fordert ein Mitarbeiter Eingruppierung nach Vergütungsgruppe IVa BAT-VKA (Entgeltgruppe 10/11 TV-L), muss er darlegen, welche Tätigkeiten üblicherweise **von anderen Mitarbeitern** der Vergütungsgruppe IVb (Entgeltgruppe 9b Fallgruppe 1 TV-L) erledigt werden und welche darüber hinausgehende besondere Schwierigkeit und Bedeutung seine eingruppierungsrelevante Tätigkeit beinhaltet.
>
> (BAG 21.03.2012, 4 AZR 292/10, AP Nr. 322 zu §§ 22, 23 BAT 1975; *Hervorhebung durch die Verfasser*)

Zusammengefasst erfolgte also die Prüfung und Feststellung des Vorliegens von Heraushebungsmerkmalen wie folgt:

Wertender Vergleich	
1. Schritt: **Bildung einer Vergleichsgruppe** **(= mind. zwei Fälle mit vergleichbaren Aufgaben)**	**2. Schritt:** **Darstellung der Heraushebung**
anhand von (BAG-)Rechtsprechung	der eigenen Tätigkeiten
Darstellung und Begründung der Erfüllung des Grund- bzw. Heraushebungsmerkmals in diesen Vergleichsfällen	in Abgrenzung/Begründung des Mehrs an Fachlichkeit/Entscheidungsgewalt im Sinne der Heraushebungsmerkmale
= ...	eigene Tätigkeit mehr, weil...
= ...	eigene Tätigkeit mehr, weil ...
= ...	eigene Tätigkeit mehr, weil ...

3

In der Rechtsprechung der Jahre ab 2016 ist die Bildung einer Vergleichsgruppe vom BAG nicht mehr explizit gefordert worden (siehe z. B. BAG 22.06.2022, 4 AZR 495/21, AP Nr. 8 zu § 12 TV-L); allerdings wurde das entsprechende Prüfvorgehen als solches revisionsrechtlich auch nicht beanstandet (BAG 24.02.2021, 4 AZN 897/20).

Stattdessen legt das BAG selbst – wie bereits die ständige Rechtsprechung zuvor – folgendes Vorgehen zugrunde:

§

BAG vom 14.10.2020

Haben die Tarifvertragsparteien die Anforderungen der Ausgangsentgeltgruppe durch die Verwendung eines feststehenden Berufsbilds oder mittels rechtlich geregelter Aus- oder Weiterbildungen bestimmt, genügt der Beschäftigte, der eine Vergütung nach einer höheren Entgeltgruppe geltend macht, deren zusätzliche tarifliche Anforderung sich erst anhand der „Normaltätigkeit" der tariflich niedriger bewerteten Tätigkeit bestimmen lässt, seiner Darlegungslast, wenn er in einem ersten Schritt Tatsachen vorträgt, die den Schluss zulassen, dass seine Tätigkeit dem Tarifmerkmal der Ausgangsentgeltgruppe entspricht. (...) In einem zweiten Schritt müssen diejenigen Tatsachen vorgetragen werden, aus denen sich die Erfüllung des tariflich höher bewerteten Tätigkeitsmerkmals ergeben soll. Dabei muss erkennbar sein, welche Tatsachen zur Begründung der Tatbestandsvoraussetzungen welches Tätigkeitsmerkmals verwendet werden sollen. Begründen sie die Erfüllung des Tätigkeitsmerkmals der Ausgangsentgeltgruppe, sind sie „verbraucht", und können nicht mehr für das höherwertige Tätigkeitsmerkmal herangezogen werden.

(BAG 14.10.2020, 4 AZR 252/19, AP Nr.10 zu § 56 TVöD, Rn. 35 f.)

Teil I: Die Entgeltgruppen 1 bis 4

1. Einfachste Tätigkeiten (Entgeltgruppe 1)

§

Entgeltgruppe 1

Beschäftigte mit einfachsten Tätigkeiten.

(Hierzu Protokollerklärung Nr. 10)

Protokollerklärung Nr. 10

[1]Einfachste Tätigkeiten üben z. B. aus

- Essens- und Getränkeausgeber
- Garderobenpersonal
- Beschäftigte, die spülen und Gemüse putzen oder sonstige Tätigkeiten im Haus- und Küchenbereich ausüben
- Reiniger in Außenbereichen wie Höfe, Wege, Grünanlagen, Parks
- Wärter von Bedürfnisanstalten
- Servierer
- Hausarbeiter
- Hausgehilfen

4

[2]Ergänzungen können durch landesbezirklichen Tarifvertrag geregelt werden.

Die Entgeltgruppe 1 TV-L erfasst „einfachste Tätigkeiten".

Sie gleicht im Wesentlichen der bisherigen in Anlage 4 i. V. m. § 17 TVÜ-Länder bzw. in Anlage 3 i. V. m. § 17 TVÜ-VKA geregelten Entgeltgruppe 1. Die zum TVöD-VKA existierende Rechtsprechung gilt entsprechend.

Zu beachten ist aber, dass das BAG für die Übergangsregelung im TVÜ die Bildung von Arbeitsvorgängen mangels einer bestehenden Rechtsgrundlage ausgeschlossen hatte.

In der Praxis bestehen generell keine großen Unterschiede, da für die Bildung von Tätigkeiten vergleichbare Kriterien gelten. Es ist aber zu beachten, dass die im Einzelfall anzuwendenden Maßstäbe für die Bildung von Tätigkeiten weniger streng sind als beim Arbeitsvorgang (vgl. BAG 20.05.2009, 4 AZR 315/08, AP Nr. 1 zu § 17 TVÜ).

Wichtig: Mit der Einführung des § 12 TV-L müssen nunmehr Arbeitsvorgänge gebildet werden.

Einfachste Tätigkeiten im Sinne der Entgeltgruppe 1 sind regelmäßig durch folgende Kriterien gekennzeichnet:

BAG vom 28.01.2009

Einfachste Tätigkeiten erfordern keinerlei Vor- oder Ausbildung, sondern sind vielmehr nach einer sehr kurzen Einweisung (max. 2 Tage) ausführbar. Die Einweisung bzw. Anlernphase dient dabei zur Erlangung von Arbeitsroutine und nicht um Arbeitsabläufe als solche zu beherrschen. Dies ist nicht notwendig, da es sich um Tätigkeiten handelt, die in ihrer Einfachheit nicht zu überbieten sind. Einfachste Tätigkeiten sind somit gekennzeichnet durch:

- eine klare/konkrete Aufgabenzuweisung
- vorgegebene und feststehende Tätigkeitsabläufe
- gleichförmige/gleichartige/mechanische Arbeiten, die nur geringster Überlegung bedürfen
- ohne eigenes Entscheidungsrecht zur Art und Weise der Arbeitsausführung
- die keine Abstimmung der Arbeiten mit Anderen erforderlich machen.

(BAG 28.01.2009, 4 ABR 92/07, AP Nr. 37 zu § 99 BetrVG 1972, NZA 2009, S. 1042)

Neben dem Oberbegriff der einfachsten Tätigkeiten enthält die Entgeltgruppe 1 mit Protokollerklärung Nr. 10 einen Beispielskatalog, der durch landesbezirkliche Tarifverträge ergänzt werden kann. Die dort aufgezählten Beispielstätigkeiten sollen den Oberbegriff „einfachste Tätigkeiten" verdeutlichen.

Die neue Einfachheit

Mit dem Beispielkatalog befindet sich der TV-L-Anwender zunächst in einer günstigen Ausgangsposition. Bei der Eingruppierung stecken aber die Tücken im Detail:

Es handelt sich um sogenannte Beispielstätigkeiten. Diese konkretisieren den bewusst abstrakt gehaltenen Oberbegriff und erfüllen damit zwei Funktionen. Zum einen sollen sie die abstrakten Oberbegriffe verdeutlichen und verständlich machen:

BAG vom 13.11.2019

Soweit die allgemeinen Tätigkeitsmerkmale unbestimmte Rechtsbegriffe enthalten, sind die Tätigkeitsbeispiele im Rahmen der Auslegung dieser unbestimmten Rechtsbegriffe **als Richtlinien** für die Bewertung mit zu berücksichtigen.

(BAG 13.11.2019, 4 ABR 3/19, AP Nr. 109 zu § 1 TVG Tarifverträge: Einzelhandel; *Hervorhebungen durch die Verfasser*)

Zum anderen erleichtern sie die Anwendung:

§

BAG vom 13.05.2020

Nach der ständigen Rechtsprechung des BAG sind die Erfordernisse eines Tätigkeitsmerkmals regelmäßig dann als erfüllt anzusehen, wenn der Arbeitnehmer eine dem in der Entgeltgruppe genannten Tätigkeits-, Regel- oder Richtbeispiel entsprechende Tätigkeit ausübt.

(BAG 13.05.2020, 4 ABR 29/19, AP Nr. 109 zu § 1 TVG Tarifverträge: Einzelhandel)

Die Anwendung des Beispielkatalogs führt also bei Beschäftigten, die diese Tätigkeit in einem Arbeitsvorgang bzw. mehreren Arbeitsvorgängen mit 50 Prozent der Arbeitszeit ausüben, zu einer Erleichterung: Es erfolgt keine gesonderte Prüfung mehr, ob „einfachste Tätigkeiten" im Sinne des Oberbegriffs vorliegen. Diese werden vielmehr unwiderlegbar vermutet, wenn der Mitarbeiter die im Beispiel genannte Tätigkeit auszuüben hat.

Wird demgegenüber kein Beispiel erfüllt, muss unter den sogenannten Oberbegriff „einfachste Tätigkeiten" subsumiert werden.

Praxis-Tipp:

Das gilt zum Beispiel für Reinigungskräfte im Innenbereich. Das Fehlen im Katalog führt nicht automatisch zur Eingruppierung in die Entgeltgruppe 2 TV-L.

Vielmehr muss zunächst geprüft werden, ob nicht der abstrakte Oberbegriff vorliegt. Reinigungsarbeiten im Außen- und Innenbereich sind gleichwertig (siehe auch Reidelbach/Wieland/Fattler, B 900, S. 2). Eine Heraushebung erfolgt in eine höhere Entgeltgruppe nur für die Tätigkeit der Reinigung in anderen Bereichen (z. B. Werkstätten und Laboren), für die ein gesteigertes Maß an Geschicklichkeit oder geistiger Anstrengung notwendig ist.

Bei der Eingruppierung stecken die Tücken somit im Detail: So ist zum einen zu beachten, dass alle Beispiele des Katalogs keine Verwaltungsarbeiten, sondern durchgängig handwerkliche/körperliche Arbeiten gemäß Teil III der Entgeltordnung beinhalten. Zum anderen wird die niedrigste Eingruppierung aus dem BAT-B/L (VG X) nicht durch Entgeltgruppe 1, sondern durch Entgeltgruppe 2 ersetzt (vgl. Geier/Baschnagel, ZTR 2011, S. 331, 334). So ist in Entgeltgruppe 1 das Beispiel Bote (ohne Aufsichtsfunktion) entfallen. Damit bleibt die Entgeltgruppe 1 für Verwaltungsarbeit letztlich inhaltsleer.

2. Einfache Tätigkeiten (Entgeltgruppe 2)

Entgeltgruppe 2

Beschäftigte im Büro-, Buchhalterei-, sonstigen Innendienst und im Außendienst mit einfachen Tätigkeiten.

(Hierzu Protokollerklärungen Nrn. 3 und 9)

Protokollerklärung Nr. 3

Buchhaltereidienst im Sinne dieses Tätigkeitsmerkmals bezieht sich nur auf Tätigkeiten von Beschäftigten, die mit kaufmännischer Buchführung beschäftigt sind.

Protokollerklärung Nr. 9

[1]Einfache Tätigkeiten sind Tätigkeiten, die weder eine Vor- noch eine Ausbildung, aber eine Einarbeitung erfordern, die über eine sehr kurze Einweisung oder Anlernphase hinausgeht. [2]Die Einarbeitung dient dem Erwerb derjenigen Kenntnisse und Fertigkeiten, die für die Beherrschung der Arbeitsabläufe als solche erforderlich sind.

Die „einfachen Tätigkeiten" ersetzen die alten Merkmale „mit einfacheren Arbeiten" und „mit vorwiegend mechanischer Tätigkeit" des BAT-B/L (vgl. Geyer/Baschnagel, ZTR 2011, S. 331, 334).

Aufbauend auf Entgeltgruppe 1 TV-L ist der Beschäftigte in Entgeltgruppe 2 TV-L eingruppiert, wenn für die Tätigkeitsausübung eine Einarbeitung von deutlich mehr als drei Tagen erforderlich ist. Einarbeitung bedeutet, jemanden praktisch mit einer Arbeit vertraut machen, sich hineinfinden, in der Arbeit Übung finden. Im Gegensatz zum „Einweisen" ist Einarbeitung kein einmaliger Vorgang vor Aufnahme der Tätigkeit mehr, sondern ein Prozess, der die erste Zeit nach Aufnahme der Tätigkeit umfasst (vgl. LAG MV 10.01.2017, 2 Sa 115/16 m. w. N. auf die Rechtsprechung des BAG; zit. nach WKRS 2017, 16372). Die einfache Tätigkeit ist dadurch gekennzeichnet, dass sie dem Beschäftigten keinerlei Raum für eigene Gestaltungsmöglichkeiten lässt, ein gedanklicher Aufwand bei der Erledigung der Tätigkeit so gut wie nicht aufgewendet werden muss bzw. dieser äußerst gering ist.

In Betracht kommen damit beispielsweise einfache Bürotätigkeiten (z. B. Führen von einfachen Listen, Mithilfe bei der Postabfertigung, Registratur, Fotokopieren).

Bei der Einarbeitungszeit ist zu unterscheiden, ob diese erforderlich ist, um allein ein gewisses Maß an Arbeitsgeschwindigkeit zu erreichen (Erwerb von Routine bei feststehenden Tätigkeitsabläufen im Sinne der Entgeltgruppe 1) oder darum, die Arbeitsabläufe als solche zu beherrschen (etwa wenn verschiedenartige Details der Tätigkeit zu erfassen sind). Im letzteren Fall spricht der Umstand einer Einarbeitungszeit regelmäßig gegen eine Einordnung als einfachste Tätigkeit. Muss der Mitarbeiter also angelernt werden, um Arbeitsabläufe zu beherrschen, liegen einfache Tätigkeiten vor. Das kann etwa der Fall sein, wenn dem Beschäftigten im Rahmen der Aufgaben ein eigenständiger, nicht gänzlich unbedeutender Entscheidungs- oder Verantwortungsbereich übertragen wurde. Auch kann der Umstand von Bedeutung sein, dass es im Einzelfall zur Durchführung der übertragenen Tätigkeit regelmäßig einer Abstimmung mit anderen Personen wie Beschäftigten oder Kunden bedarf
4 (vgl. BAG 28.01.2009, 4 ABR 92/07, AP Nr. 37 zu § 99 BetrVG 1972).

Die Tätigkeiten erfordern gem. Protokollerklärung Nr. 9 keine Vor- oder Ausbildung, sodass die für die Beherrschung der Arbeitsabläufe erforderlichen Kenntnisse und Fertigkeiten im Rahmen der Beschäftigung erlernbar sind. Wer diese Kenntnisse und Fertigkeiten vermittelt, ist dabei nicht ausschlaggebend. Das können der Arbeitgeber, eine externe Bildungseinrichtung, beide zusammen oder sonstige Dritte sein. Zur ordnungsgemäßen Erledigung der Aufgaben muss jedenfalls ein bestimmtes fachbezogenes Wissen nötig sein, das zwar nicht in wenigen Tagen, jedoch zeitnah in wenigen Wochen zu erlernen ist und keine besonderen Vorkenntnisse erfordert.

(siehe zur vergleichbaren Rechtslage im TVöD-VKA: LAG M-V 23.11.2021, 5 Sa 89/21 zit. nach WKRS 2021, 52577)

3. Die eingehende Einarbeitung/fachliche Anlernung (Entgeltgruppe 3)

§

Entgeltgruppe 3

Beschäftigte im Büro-, Buchhalterei-, sonstigen Innendienst und im Außendienst mit Tätigkeiten, für die eine eingehende Einarbeitung bzw. eine fachliche Anlernung erforderlich ist, die über eine Einarbeitung im Sinne der Entgeltgruppe 2 hinausgeht.

(Hierzu Protokollerklärung Nr. 3)

Die Tätigkeiten der Entgeltgruppen 1 und 2 TV-L erfordern keine (Fach-)Kenntnisse, sondern allenfalls eine Einarbeitung. In der Entgeltgruppe 3 TV-L muss dabei eine „eingehende Einarbeitung bzw. „fachliche Anlernung" erforderlich sein.

Der TV-L verzichtet auf eine begriffliche und zeitliche Eingrenzung dieser Begriffe. Maßgeblich ist deshalb eine Begriffsbestimmung anhand des allgemeinen Sprachgebrauchs. Zugleich muss innerhalb der Systematik eine Abgrenzung nach unten und oben erfolgen: Zum einen zu den „einfachsten" und „einfachen" Tätigkeiten der Entgeltgruppen 1 und 2 TV-L. Zum anderen zu den Tätigkeiten, die „einen höheren Aufwand an gedanklicher Arbeit" gemäß Entgeltgruppe 4 TV-L oder darüber hinaus eine Ausbildung im Sinne der Entgeltgruppe 5 Fallgruppe 2 TV-L erfordern.

4

Unter eingehend versteht der allgemeine Sprachgebrauch in allen Einzelheiten, sorgfältig und ins Einzelne gehend, ausführlich (vgl. Duden, S. 493). Als fachlich wird ein bestimmtes Fach, Fachgebiet betreffend, dazu gehörend bezeichnet (vgl. Duden, S. 582). Die Begriffe „eingehende Einarbeitung" und „fachliche Anlernung" unterscheiden sich dadurch, dass bei der Einarbeitung der Beschäftigte produktiv mitarbeitet, bei der Anlernung hingegen das Üben und Probieren ohne gleichzeitigen vollen Einsatz in der Produktion im Mittelpunkt steht. Eine Anlernung mag sich in zeitlicher Hinsicht nicht von einer eingehenden Einarbeitung unterscheiden. Beide müssen daher über den Zeitraum von mehreren Tagen oder wenigen Wochen hinausgehen. Im Unterschied zur Einarbeitung steht bei der fachlichen Anlernung aber zunächst nicht die Arbeit im Mittelpunkt, sondern eine Art innerbetriebliche Ausbildung. Bei der Einarbeitung arbeitet der Beschäftigte produktiv mit. Bei der Anlernung steht das Üben und Probieren – eben der Lernaufwand

– im Mittelpunkt ohne den vollen gleichzeitigen Einsatz in der Produktion (siehe zur vergleichbaren Regelung in Entgeltgruppe 3 Teil III Abschnitt 1. der EGO TV-L: LAG Nürnberg 05.08.2015, 2 Sa 21/15 m. w. N., zit. nach www.personalpraxis24.de; Rev. zugelassen).

Fraglich ist, welchen konkreten Zeitraum diese eingehende Einarbeitung bzw. fachliche Anlernung umfassen muss.

Nach oben ist die Einarbeitungszeit zunächst abzugrenzen von der Entgeltgruppe 5 TV-L, da die nächstniedrigere Entgeltgruppe 4 kein vergleichbares Eingruppierungskriterium kennt. Die Entgeltgruppe 5 fordert mit der Fallgruppe 2 eine abgeschlossene Berufsausbildung von mindestens drei Jahren.

Praxis-Tipp:

Die eingehende Einarbeitung muss somit deutlich unter der dreijährigen Ausbildungsdauer gemäß Entgeltgruppe 5 Fallgruppe 2 liegen.

4

Bei der Abgrenzung gegenüber der Entgeltgruppe 2 TV-L ist zu berücksichtigen, dass gesteigerte Anforderungen an die Qualität der Einarbeitung gestellt werden müssen. Denn die Formulierung eingehend verdeutlicht, dass eine „einfache" Einarbeitung nicht ausreichend ist. Vielmehr bedeutet eingehende Einarbeitung eine Steigerung der Anforderungen unter einer Berufsausbildung.

In Anlehnung an die Rechtsprechung zum sogenannten Routinevorsprung (vgl. Berkowsky, § 6 Rn. 101 m. w. N. auf die Rechtsprechung des BAG) in Zusammenhang mit der Sozialauswahl bei betriebsbedingten Kündigungen dürfte der Zeitraum ein bis sechs Monate betragen.

Diese Auslegung wird durch die Entscheidung des BAG vom 11.10.2006 (4 AZR 534/05, AP Nr. 9 zu § 20 BMT-G II) zum BMT-G II bestätigt. Das Gericht hat ausgeführt:

BAG vom 11.10.2006

Ein möglicher Anhaltspunkt für die regelmäßige Dauer einer solchen Einarbeitung ergibt sich – ohne dass dies für den hier anzuwendenden BezTV unmittelbar maßgeblich wäre – aus der Protokollerklärung Nr. 4 Teil I der Anlage 1 zum Bezirkstarifvertrag Nr. 2 zum BMT-G II zwischen dem Kommunalen Arbeitgeberverband Bayern und der Gewerkschaft ÖTV in der aktuell geltenden Fassung. Danach gehen die dortigen Tarifvertragsparteien bei einer wortgleichen Bestimmung (...) davon aus, dass sich die

> **Einarbeitungszeit „in der Regel (...) auf etwa sechs Wochen erstrecken"** werde.
>
> *(Hervorhebung durch die Verfasser)*

Zum Einarbeitungszeitraum hat die Rechtsprechung zum TVöD und TV-L in diesem Sinne in den letzten Jahren weiter konkretisiert und klargestellt, dass eine Einarbeitungsphase jedenfalls dann als sorgfältig und bis ins Einzelne gehend zu bezeichnen ist, wenn diese in der Summe die **Dauer eines Monats deutlich überschreitet** und in diesem Zeitraum nicht nur oberflächliche fachbezogene Kenntnisse vermittelt werden. Die Einarbeitung muss einen längeren Zeitraum als wenige Wochen in Anspruch nehmen (vgl. LAG M-V 23.11.2021, 5 Sa 89/21 zit. nach WKRS 2021, 52577; ähnlich auch LAG Hessen 15.07.2022, 8 Sa 894/21 (Rev. zugelassen), zit. nach WKRS 2022, 65746 und LAG M-V 31.05.2022, 5 Sa 258/21, m. w. N. auf die Rechtsprechung, zit. nach WKRS 2022, 25216).

Beispiel aus der Rechtsprechung:

Alltagsbegleiterin/zusätzliche Betreuungskraft:

Die Tätigkeit einer zusätzlichen Betreuungskraft erfordert nicht nur eine fachliche, sondern eine eingehende fachliche Einarbeitung und hebt sich dadurch aus der Entgeltgruppe 2 TVöD-B heraus. Die zur Bewältigung der Aufgaben benötigten fachlichen Kenntnisse haben eine Bandbreite und eine Intensität, dass sie nicht innerhalb weniger Wochen zu vermitteln sind. Die gesetzlich geforderte Qualifizierungsmaßnahme für die zusätzlichen Betreuungskräfte erstreckt sich, nachdem zuvor schon ein 40-stündiges Orientierungspraktikum zu absolvieren ist, über einen Gesamtzeitraum von mindestens 6 Wochen, unterteilt in verschiedene Module (§ 4 Abs. 2 und 3 Betreuungskräfte-Richtlinie). Der 100-stündige Basiskurs vermittelt zunächst Grundkenntnisse zu den zahlreichen Krankheitsbildern und Behinderungen. Die Betreuungskräfte müssen zudem die besonderen Anforderungen an die Kommunikation und den Umgang mit den an verschiedenen Krankheiten und Einschränkungen leidenden Menschen beherrschen. Hinzu kommen Grundkenntnisse zur Hilfe bei der Nahrungsaufnahme, dem Umgang mit Inkontinenz, Schmerzen und Wunden usw. Im 60-stündigen Aufbaukurs werden diese Kenntnisse sodann vertieft und Methoden bzw. Techniken über das Verhalten, die Kommunikation und die Umgangsformen vermittelt. Die beiden Kurse werden ergänzt durch ein 2-wöchiges Betreuungspraktikum. Die aus 3 Modulen bestehende Qualifizierungsmaßnahme erstreckt sich also auf zahlreiche verschiedene Wissensgebiete. Der zu vermittelnde Unterrichtsstoff hat einen erheblichen Umfang und berührt eine Vielzahl von Themen. Der umfangreiche Unterrichtsstoff lässt auf eine intensive und konzentrierte Wissensvermittlung in dem vorgegebenen Mindestqualifizierungszeitraum schließen. Um dem gesetzlichen Anspruch der Pflegebedürftigen aus § 43b SGB XI auf zusätzliche Betreuung und Aktivierung gerecht werden zu können, bedarf es nicht nur oberflächlicher Kenntnisse im Umgang mit dieser Personengruppe, ihren Bedürfnissen und Wünschen und ihren verschiedenen Erkrankungen und Einschränkungen.

(vgl. LAG M-V 23.11.2021, 5 Sa 89/21 zit. nach WKRS 2021, 52577)

4 Von Bedeutung ist auch Nr. 5 der Niederschriftserklärung:

§

Nr. 5 der Niederschriftserklärung

Die Tarifvertragsparteien haben sich in der Entgeltgruppe 4 Fallgruppe 1 auf das neue Heraushebungsmerkmal „schwierige" Tätigkeiten verständigt. Im Hinblick auf die Neustrukturierung der Tätigkeitsmerkmale in den Entgeltgruppen 3 und 4 (Allgemeiner Teil) im Rahmen der neuen Entgeltordnung waren sie sich darüber einig, dass die bisher unter das Heraushebungsmerkmal „schwierigere" Tätigkeiten (ehemals Vergütungsgruppe VIII Fallgruppe 1a Teil I Allgemeiner Teil Anlage 1a BAT und Beispielkatalog hierzu) fallenden Tätigkeiten in Abhängigkeit ihrer jeweiligen konkreten Anforderungen der Entgeltgruppe 3 oder der Entgeltgruppe 4 zugeordnet werden sollen.

Unter Bezugnahme auf den o. g. Beispielkatalog werden die Tätigkeiten „Mitwirkung bei der Bearbeitung laufender oder gleichartiger Geschäfte nach Anleitung", „Entwerfen von dabei zu erledigenden Schreiben nach skizzierten Angaben", „Erledigung ständig wiederkehrender Arbeiten in Anlehnung an ähnliche Vorgänge – auch ohne Anleitung –" der Entgeltgruppe 3 zugeordnet. (...)

4. Die Entgeltgruppe 4

§

Entgeltgruppe 4

1. **Beschäftigte im Büro-, Buchhalterei-, sonstigen Innendienst und im Außendienst mit schwierigen Tätigkeiten.**

   (Hierzu Protokollerklärungen Nrn. 3 und 8)

2. **Beschäftigte im Büro-, Buchhalterei-, sonstigen Innendienst und im Außendienst, deren Tätigkeiten sich dadurch aus der Entgeltgruppe 3 herausheben, dass sie mindestens zu einem Viertel gründliche Fachkenntnisse erfordern.**

   (Hierzu Protokollerklärungen Nrn. 3 und 7)

Protokollerklärung Nr. 8

Schwierige Tätigkeiten sind solche, die mehr als eine eingehende Einarbeitung bzw. mehr als eine fachliche Anlernung i. S. der Entgeltgruppe 3 erfordern, z. B. durch einen höheren Aufwand an gedanklicher Arbeit.

Protokollerklärung Nr. 7

Erforderlich sind nähere Kenntnisse von Gesetzen, Verwaltungsvorschriften und Tarifbestimmungen usw. des Aufgabenkreises.

Schwierige Tätigkeiten im Sinne der Entgeltgruppe 4 Fallgruppe 1 TV-L fordern gegenüber der Entgeltgruppe 3 ein „Mehr" als nur eine eingehende Einarbeitung bzw. fachliche Anlernung.

Als Abgrenzungsmerkmal dient die wenig aussagekräftige Formulierung „zum Beispiel durch einen höheren Aufwand an gedanklicher Arbeit"; zumal die Rechtsprechung zum BAG die Formulierung „durch einen höheren Aufwand an gedanklicher Arbeit" als nähere Erläuterung der Anforderungen an schwierigere Tätigkeiten im Sinne der Vergütungsgruppe VIII Fallgruppe 1a Teil I BAT-B/L verwendete (vgl. z. B. BAG 10.12.1975, 4 AZR 41/75, AP Nr. 90 zu §§ 22, 23 BAT).

Wohl zur Klarstellung haben sich die Tarifvertragsparteien deshalb auf folgende Zuordnung der alten Beispieltätigkeiten zur Vergütungsgruppe VIII Fallgruppe 1a BAT-B/L verständigt:

Beispielkatalog zu Vergütungsgruppe VIII Fallgruppe 1a BAT-B/L	Entgeltgruppe 3	Entgeltgruppe 4
1. Mitwirkung bei der Bearbeitung laufender oder gleichartiger Geschäfte nach Anleitung	x	

Beispielkatalog zu Vergütungsgruppe VIII Fallgruppe 1a BAT-B/L	Entgeltgruppe 3	Entgeltgruppe 4
2. Entwerfen von dabei zu erledigenden Schreiben nach skizzierten Angaben	x	
3. Erledigung ständig wiederkehrender Arbeiten in Anlehnung an ähnliche Vorgänge – auch ohne Anleitung –	x	
4. Führung von Karteien oder elektronischen Dateien, die nach technischen oder wissenschaftlichen Merkmalen geordnet sind oder deren Führung die Kenntnis fremder Sprachen voraussetzt		x

(vgl. Niederschriftserklärung zu Teil I, Entgeltgruppe 4 Fallgruppe 1)

Mit den ersten drei Beispielen sind vor allem klassische Sekretariatsaufgaben umschrieben, wie sie regelmäßig der Vergütungsgruppe VIII Fallgruppe 1a BAT-B/L zugeordnet wurden (vgl. z. B. BAG 22.01.2003, 4 ABR 12/02, ZTR 2003, S. 454–457):

4

1. Posteingang und -ausgang
2. Annahme von Telefonaten und ggf. Weiterleitung an den zuständigen Mitarbeiter
3. Terminkoordination
4. Annahme und Bearbeitung von Literaturbestellungen, Anfragen und Bearbeitung von Informationsaufgaben
5. Vorbereitung und Organisation von Sitzungen und Veranstaltungen
6. Zusammenstellung von Vorlagen für diverse Besprechungen, Ausschüsse, Dienstreisen: Artikel aus Büchern, Zeitschriften etc. (auch in Englisch)
7. Deutsche und englischsprachige Korrespondenz nach skizzierten Angaben bzw. Diktat
8. Anfertigen von Folien für Vorträge einschließlich Auswahl der Mittel für eine optisch ansprechende Gestaltung, Überarbeitung von wissenschaftlichen Berichten sowie teilweise Korrekturlesen von Textbeiträgen
9. Aktenablage
10. Erledigen der Chefpost

11. Termin- und Reiseplanung für den Leiter und die Mitarbeiter der Organisationseinheit (Ausfüllen der Dienstreiseformulare, Auswahl von Verkehrsmitteln und Hotels, Zusammenstellung von Reiseunterlagen einschließlich der für die jeweilige Tagung benötigten Arbeitsunterlagen und ggf. auch Beschaffung von Visa)

    Schwierig zu bearbeitende Geschäftsvorfälle wie beispielsweise die Abrechnung von sogenannten Zwischendienstreisen, Dienstreisen in Verbindung mit Privatreisen oder Urlaub gehören nicht zu den Aufgaben, sondern werden von der zentralen Reisekostenstelle und einem Reisebüro erledigt.

12. Verwaltung der Adressdatenbank
13. Literatur- und Adressrecherche über das Internet

Praxis-Tipp:
So können diese Aufgaben auch nach den neuen Tätigkeitsmerkmalen des TV-L, soweit keine passiven Fremdsprachenkenntnisse bzw. fachwissenschaftliche oder -technische Fachterminologien erforderlich sind, zunächst der Entgeltgruppe 3 zugeordnet werden. Ob sich die Auffassung der Tarifvertragsparteien gem. Niederschriftserklärung zu Teil I, Entgeltgruppe 4 Fallgruppe 1 in der Rechtsprechung durchsetzen wird, bleibt abzuwarten.

Die Tätigkeitsmerkmale der Fallgruppe 2 (gründliche Fachkenntnisse) entsprechen dem Tätigkeitsmerkmal der Entgeltgruppe 5 Fallgruppe 1. Für Entgeltgruppe 4 Fallgruppe 2 reicht im Unterschied zur Entgeltgruppe 5 Fallgruppe 1 ein geringerer Zeitanteil von 25 Prozent, ansonsten kann zur Anwendung des Tätigkeitsmerkmals an sich auf die folgenden Ausführungen zur Entgeltgruppe 5 Fallgruppe 1 verwiesen werden.

Teil I: Die Entgeltgruppen 5 bis 9a

1. Die Entgeltgruppe 5

Entgeltgruppe 5

1. **Beschäftigte im Büro-, Buchhalterei-, sonstigen Innendienst und im Außendienst, deren Tätigkeit gründliche Fachkenntnisse erfordert.**
2. **Beschäftigte im Büro-, Buchhalterei-, sonstigen Innendienst und im Außendienst mit erfolgreich abgeschlossener Berufsausbildung in einem anerkannten Ausbildungsberuf mit einer Ausbildungsdauer von mindestens drei Jahren und entsprechender Tätigkeit.**

(Hierzu Protokollerklärungen Nrn. 3 und 12)

Gründliche Fachkenntnisse gemäß Entgeltgruppe 5 Fallgruppe 1 TV-L erfordern nach wie vor nähere Kenntnisse von Gesetzen, Tarifbestimmungen usw. Die Regelung knüpft an den BAT-B/L an, so dass auf die alte BAT-Rechtsprechung weiter zurückgegriffen werden kann. Da das Tätigkeitsmerkmal auch in die Entgeltordnungen des TVöD Eingang gefunden hat, sind auch die entsprechenden Gerichtsentscheidungen anwendbar. Dementsprechend müssen gründliche Fachkenntnisse zunächst von allgemeinen Fähigkeiten bzw. sogenannten Schlüsselqualifikationen ohne konkreten Tätigkeitsbezug abgegrenzt werden.

5

Gründliche Fachkenntnisse	Allgemeine Fähigkeiten, Schlüsselqualifikationen
Nähere Kenntnisse von Gesetzen, Verwaltungsvorschriften, Tarifbestimmungen usw. des Aufgabenkreises (Protokollerklärung Nr. 7 zu Entgeltgruppe 5 Fallgruppe 1 Teil I Entgeltordnung zum TV-L)	Organisations- und Verhandlungsgeschick, Geschäftsgewandtheit, besondere Zuverlässigkeit und Vertrauenswürdigkeit (Reidelbach/Wieland/Fattler, Kap. 1., Rn. 228), sogenannte Schlüsselqualifikationen wie Innovations- und Umstellungsfähigkeit, Lernbereitschaft und -fähigkeit, soziale Kompetenz, Kooperationsfähigkeit, Kreativität (vgl. Mentzel, S. 170)

Allgemeine Fähigkeiten und Schlüsselqualifikationen reichen zur Anerkennung gründlicher Fachkenntnisse nicht aus.

Gründliche Fachkenntnisse erfordern vielmehr ein qualitatives und ein quantitatives Element. Es werden Fachkenntnisse von nicht unerheblichem Ausmaß und nicht nur oberflächlicher Art gefordert (vgl. BAG 21.03.2012, 4 AZR 266/10, AP Nr. 317 zu §§ 22, 23 BAT 1975; BAG 30.11.2022, 4 AZR 195/22, AP Nr. 48 zu §§ 22, 23 BAT-O). Nicht nur unerhebliches Ausmaß betrifft die Quantität, nicht nur oberflächlicher Art die Qualität der Kenntnisse. Beide Elemente – Qualität und Quantität – sind im Rahmen der Eingruppierungsfeststellung zu prüfen und zu begründen. Die Qualität der Fachkenntnisse betrifft insoweit die Tiefe der erforderlichen Kenntnisse, die Quantität das Ausmaß (vgl. BAG 22.11.2017, 4 AZR 629/16, AP Nr. 339 zu §§ 22, 23 BAT 1975, ZTR 2018, S. 259 ff.; vgl. BAG 27.02.2019, 4 AZR 562/17, AP Nr. 340 zu §§ 22, 23 BAT 1975; vgl. auch LAG Düsseldorf 15.05.2019, 12 Sa 465/18, ZTR 2019, S. 430 ff.; vgl. BAG 16.10.2019, 4 AZR 284/18, AP Nr. 341 zu §§ 22, 23 BAT 1975).

Diese Kenntnisse müssen erforderlich sein, das heißt sie müssen zur ordnungsgemäßen Erledigung der auszuübenden Tätigkeiten benötigt werden (vgl. BAG 31.07.2002, 4 AZR 129/01, AP Nr. 291 zu §§ 22, 23 BAT 1975; vgl. BAG 27.02.2019, 4 AZR 562/17, AP Nr. 340 zu §§ 22, 23 BAT 1975).

Die Qualität/Tiefe der Kenntnisse muss zur Anerkennung gründlicher Fachkenntnisse erfordern, dass der Mitarbeiter für seine Tätigkeiten mehr als nur einen allgemeinen Überblick und groben Einblick in die erforderlichen Vorschriften benötigt (vgl. BAG 30.11.2022, 4 AZR 195/22, AP Nr. 48 zu §§ 22, 23 BAT-O). Ein Indiz für die erforderliche Tiefe der Fachkenntnisse kann Lehrgangs-/Unterrichtsmaterial sein, wenn dieser Lehrgang gezielt der Qualifizierung für eine konkrete auszuübende Tätigkeit dient (vgl. BAG 27.02.2019, 4 AZR 562/17, AP Nr. 340 zu §§ 22, 23 BAT 1975). 5

Bezüglich der Quantität/Ausmaß der Kenntnisse ist zunächst zu beachten, dass nähere Kenntnisse in ganz geringem Umfang nicht ausreichen. Es ist aber nicht erforderlich, dass der Arbeitnehmer alle Normen voll beherrschen muss. Vielmehr reicht es aus, wenn er den Normalfall richtig bearbeiten kann. Es muss sich somit zumindest um Routinesachbearbeitung (Bearbeitung regelmäßig gleichgelagerter Fälle) handeln (vgl. BAG 16.10.2019, 4 AZR 284/18, AP Nr. 341 zu §§ 22, 23 BAT 1975; LAG Düsseldorf 15.05.2019, 12 Sa 465/18, ZTR 2019, S. 430 ff.).

Fachkenntnisse sind dabei all diejenigen Kenntnisse, die unerlässlich sind, um die übertragenen Aufgaben ordnungsgemäß erfüllen zu können (BAG 30.11.2022, 4 AZR 195/22, AP Nr. 48 zu §§ 22, 23 BAT-O; BAG 22.01.2003, 4 ABR 12/02, ZTR 2003, S. 454–457).

Die Fachkenntnisse müssen sich nicht auf Gesetze und Tarifverträge beschränken, die lediglich als Beispiele dienen (vgl. BAG 21.03.2012, 4 AZR 266/10, AP Nr. 317 zu §§ 22, 23 BAT 1975).

Fachkenntnisse liegen beispielsweise auch in folgenden Fällen vor:

- bautechnische Kenntnisse

  (vgl. BAG 20.10.1993, 4 AZR 45/93, AP Nr. 172 zu §§ 22, 23 BAT 1975)

- Kenntnisse der Betriebsorganisation, Beachtung umfangreicher hausinterner Arbeits-/Dienstanweisungen

  (vgl. BAG 30.11.2022, 4 AZR 195/22, AP Nr. 48 zu §§ 22, 23 BAT-O; BAG 16.10.2019, 4 AZR 284/18, AP Nr. 341 zu §§ 22, 23 BAT 1975)

- Kenntnisse in den Bereichen Datenbeschaffung, Statistik, Kartografie

  (vgl. BAG 19.03.1986, 4 AZR 642/84, AP Nr. 116 zu §§ 22, 23 BAT 1975)

- grafisch-künstlerische Kenntnisse (z. B. Fotografie und Drucktechnik)

  (vgl. BAG 07.10.1981, 4 AZR 225/79, AP Nr. 49 beide zu §§ 22, 23 BAT 1975)

- handwerkliche, technische und warenkundliche Kenntnisse

  (vgl. BAG 03.06.1981, 4 AZR 118/78, AP Nr. 45; BAG 29.09.1982, 4 AZR 1172/79, AP Nr. 67 beide zu §§ 22, 23 BAT 1975)

- naturwissenschaftliche Kenntnisse

  (vgl. BAG 28.04.1982, 4 AZR 707/79, AP Nr. 62 zu §§ 22, 23 BAT 1975)

- Kenntnisse der englischen Sprache

  (vgl. LAG Hamm 06.03.2007, 12 Sa 1317/06)

- pädagogische Kenntnisse

  (vgl. BAG 31.03.1982, 4 AZR 1099/79, AP Nr. 64 zu §§ 22, 23 BAT 1975)

- physikalisch-chemisch-technische Kenntnisse

  (vgl. BAG 28.05.1980, 4 AZR 461/78, AP Nr. 33 zu §§ 22, 23 BAT 1975)

- Kenntnisse auf dem Gebiet der Unfallverhütungsvorschriften und des Betriebs einer Tankstelle

  (vgl. BAG 22.10.1986, 4 AZR 568/85, AP Nr. 126 zu §§ 22, 23 BAT 1975)
- wirtschaftlich-kaufmännische sowie technische Kenntnisse

  (vgl. BAG 11.09.1985, 4 AZR 271/84, AP Nr. 107; BAG 16.04.1986, 4 AZR 595/84, AP Nr. 120 beide zu §§ 22, 23 BAT 1975)
- fachspezifische und entsprechende EDV-Anwender-Kenntnisse

  (vgl. BAG 10.12.1997, 4 AZR 221/96, AP Nr. 237 zu §§ 22, 23 BAT 1975; LAG M-V 20.03.2018, 5 Sa 53/17, zit. nach www.landesrecht-mv.de)
- Erfahrungswissen

  (BAG 30.11.2022, 4 AZR 195/22, AP Nr. 48 zu §§ 22, 23 BAT-O; vgl. BAG 22.01.2003, 4 ABR 12/02, ZTR 2003, S. 454 ff.)

Beispiele aus der Rechtsprechung:

Beispiel 1:

Die Tätigkeit als **Wachpolizist im zentralen Objektschutz** stellt einen einzigen AV dar und fordert gründliche Fachkenntnisse:

Die zur Ausübung der Tätigkeit erforderlichen Kenntnisse ergeben sich zunächst aus den Posten-/Streifenanweisungen. Die für die darin beschriebenen Maßnahmen erforderlichen Rechtskenntnisse sind der PDieVO (Verordnung über die Wahrnehmung bestimmter polizeilicher Aufgaben durch Dienstkräfte der Polizei) sowie der PAng OS (Dienstanweisung für Polizeiangestellte im Objektschutz) – dort insbesondere Nr. 5 – zu entnehmen. Diese werden den Polizeiangestellten im Objektschutz nach den vorgelegten Unterrichtsmaterialien u.a. im Modul 2 „Rechtskunde" des Grundlehrgangs vermittelt.

Im Einzelnen führen diese Kenntnisse zur Anerkennung gründlicher Fachkenntnisse und nicht nur schwieriger Tätigkeiten im Sinne der Entgeltgruppe 4:

1. Ermittlungen, Befragungen und Datenerhebungen (§ 18 Allgemeines Gesetz zum Schutz der öffentlichen Sicherheit und Ordnung in Berlin – ASOG), Identitätsfeststellung (§ 21

5

ASOG), die Prüfung von Berechtigungsscheinen (§ 22 ASOG), Platzverweisungen (§ 29 ASOG), Ingewahrsamnahmen von Personen (§ 30 ASOG), Durchsuchung von Personen (§ 34 ASOG) und Sachen (§ 35 ASOG), das Betreten von Arbeits-, Betriebs- und Geschäftsräumen sowie anderen der Öffentlichkeit zugänglichen Räumen und Grundstücken (§ 36 ASOG) sowie die Sicherstellung von Sachen (§ 38 ASOG)

2. Ausübung unmittelbaren Zwangs (§ 12 Verwaltungs-Vollstreckungsgesetz – VwVG)

3. Befugnisse nach § 19 UZwG zum Gebrauch von Hiebwaffen und Reizstoffen, nach § 20 UZwG zur Fesselung von Personen und nach § 11 UZwG zum Schusswaffengebrauch zur Verhinderung von Verbrechen oder Vergehen unter Anwendung oder Mitführung von Schusswaffen oder Explosionsmitteln (UZwG – Gesetz über die Anwendung unmittelbaren Zwanges bei der Ausübung öffentlicher Gewalt durch Vollzugsbeamte des Landes Berlin)

4. Kenntnisse über die Möglichkeit des Schusswaffengebrauchs zur Notwehr und Nothilfe nach § 32 StGB und § 227 BGB

5. Kenntnisse zu §§ 81a und 81c StPO (körperliche Untersuchung des Beschuldigten, Zulässigkeit körperlicher Eingriffe und Untersuchung anderer, nicht beschuldigter Personen), § 127 Abs. 1 Satz 1 StPO (vorläufige Festnahme) und § 36 Abs. 1 StVO (Zeichen und Weisungen der Polizeibeamten)

6. Kenntnisse über die Möglichkeiten zur Datenerhebung (§ 46 Abs. 1 OWiG i. V. m. § 163 Abs. 1 Satz 2 StPO) und Identitätsfeststellung (§ 46 Abs. 1 OWiG i. V. m. § 163b Abs. 1 Satz 1 Halbs. 1 StPO), soweit die Angehörigen der Wachpolizei zur Erteilung von Verwarnungen nach dem OWiG ermächtigt sind (§§ 57, 58 OWiG).

7. Rechtskenntnisse über Straftatbestände wie Hausfriedensbruch (§ 123 StGB), Beleidigung (§ 185 StGB), Freiheitsberaubung (§ 239 StGB), Nötigung (§ 240 StGB), Bedrohung (§ 241 StGB), Sachbeschädigung (§ 303 StGB) und unterlassene Hilfeleistung (§ 323c StGB)

8. als Waffenträger: Kenntnisse über die Zulässigkeit der Anwendung, die praktische Handhabung und die sichere Verwahrung und Pflege der Waffe

9. Erfahrungswissen im Hinblick auf die Besonderheit, dass der Mitarbeiter in Einzelverantwortung tätig wird und in jeder Situation bei der Prüfung von Sachverhalten mit „psychologischem Einfühlungsvermögen" und „polizeilichem Gespür" eigene Überlegungen anstellen, die Initiative ergreifen und selbstständig die erforderlichen Maßnahmen treffen muss

10. Kenntnisse über die Lage, örtlichen Gegebenheiten und Sicherheitseinrichtungen der jeweiligen Objekte; Informationen über Bewohner und Besucher (enthalten in Objektschutzbefehlen, Posten-/Streifenanweisungen).

Die o. g. Kenntnisse erreichen damit – bereits aufgrund der Vielfalt – ein nicht unerhebliches Ausmaß und sind damit in quantitativer Hinsicht „gründlich" im Sinne des Tarifmerkmals. Für die Bestimmung des Ausmaßes der Normenkenntnisse ist ihr Inhalt, ihre Komplexität und der Umfang der durch sie begründeten Befugnisse maßgebend. Bei den vorliegend vom Mitarbeiter anzuwendenden Normen handelt es sich um vielschichtige Eingriffsnormen, die bereits in geringer Anzahl ein nicht unerhebliches Ausmaß an Fachkenntnissen begründen können. Zudem muss er in der Lage sein, sowohl präventiv zur Gefahrenabwehr als auch repressiv zur Strafverfolgung tätig zu werden.

Die zur Ausübung der Tätigkeit erforderlichen Kenntnisse sind zudem nicht nur oberflächlicher Art und erfüllen damit ebenso in qualitativer Hinsicht die Anforderungen an „gründliche Fachkenntnisse". Der Mitarbeiter muss den Inhalt und die Bedeutung der von ihm anzuwendenden Normen so detailliert kennen, dass er in der Lage ist, diese im Falle des Eintritts einer Gefahr und der Begehung einer Straftat schnell anzuwenden. Das betrifft nicht nur die Voraussetzungen der Normen und die für den Mitarbeiter daraus folgenden Befugnisse, sondern auch die erforderlichen Abwägungen mit Blick auf die Verhältnismäßigkeit der jeweiligen Maßnahme. Bereits dies ist ausreichend, um Kenntnisse nicht nur oberflächlicher Art anzunehmen. Entgegen der Auffassung des Arbeitgebers liegen solche nicht erst dann vor, wenn Kenntnisse von Aufbau, Systematik und Entstehungsgeschichte eines Gesetzes erforderlich sind und Normen derart tiefgründig beherrscht werden müssen, dass der Anwender „Anklage erheben" und „alle ... Tatbestandsvoraussetzungen nachweisen" kann. Ein derartiges Wissen erfordert regelmäßig ein Hochschulstudium und damit weit über das Tarifmerkmal „gründlich" hinausgehende Fachkenntnisse. Die Kenntnisse des Mitarbeiters beschränken sich weiterhin nicht deshalb auf solche oberflächlicher Art, weil er die Möglichkeit hat, die Abschnittspolizei zur Unterstützung heranzuziehen. Der Mitarbeiter muss zur Gefahrenabwehr u. U. sofort tätig werden. Er hat nicht die Möglichkeit, grundsätzlich das Eintreffen der Abschnittspolizei abzuwarten.

(vgl. BAG 30.11.2022, 4 AZR 195/22, AP Nr. 48 zu §§ 22, 23 BAT-O)

Beispiel 2:

Die **Überwachung eines Parkraumbewirtschaftungsgebietes** erfordert gründliche Fachkenntnisse.

Im Rahmen des Arbeitsvorgangs „Überwachung" fielen folgende Tätigkeiten an:

1. Die Parkraumbewirtschaftungsgebiete/Umweltzonen regelmäßig begehen und kontrollieren (bezüglich Gebührenzahlung sowie der Einhaltung der Vignetten- und Umweltplakettenpflicht)
2. Verkehrsteilnehmer über die Verkehrsvorschriften belehren und informieren
3. Verstöße gegen die Verkehrsvorschriften mittels mobilem Datenerfassungsgerät aufnehmen und ggf. Beweisfotos fertigen
4. Verstöße außerhalb des eigenen Zuständigkeitsbereiches an die Koordinatoren des Ordnungsamtes melden
5. Die Übertragung der Verstöße an die Zentrale Bußgeldstelle beim Polizeipräsidenten sicherstellen (vom Gerät abmelden, an die Koordination übergeben)
6. Tagesbericht (Vermerke) fertigen

Für den bewertungsrelevanten Arbeitsvorgang sind diese Kenntnisse notwendig:

- Kenntnisse über alle im Zusammenhang mit der Überwachung der Parkraumbewirtschaftungsgebiete einschlägigen Vorschriften der StVO sowie Teile der StPO, des ASOG, des OWiG und des StVG
- Kenntnisse über Verstöße außerhalb des eigenen Zuständigkeitsbereiches
- Kenntnisse über Kommunikation und Umgang mit Konflikten/Deeskalation bei der Belehrung und Information über Verkehrsvorschriften

Das sind Kenntnisse von „nicht ganz unerheblichem Ausmaß" und erfüllen damit die Anforderungen an die Quantität im Sinne gründlicher Fachkenntnisse.

Das qualitative Maß für die Annahme gründlicher Fachkenntnisse ist nur dann nicht erfüllt, wenn Fachkenntnisse „nur in oberflächlicher Art" anzuwenden sind. Oberflächlich bedeutet nach dem Duden: „nicht gründlich" bzw. „flüchtig". Als Synonyme führt der Duden die Begriffe „fehlerhaft", „lässig", „mangelhaft" und „nachlässig" an. Die Mitarbeiterin hat die festgestellten Verstöße ihres Zuständigkeitsbereiches mittels mobilem Datenerfassungsgerät aufzunehmen und direkt an die Zentrale Bußgeldstelle weiterzuleiten. Da die Tätigkeit damit ohne weitere inhaltliche Prüfung unmittelbare Außenwirkung besitzt und sie insoweit hoheitlich tätig wird, erwartet das Land, dass die Mitarbeiterin die einschlägigen Vorschriften richtig oder zumindest weitgehend richtig anwendet. Das ist dann aber mehr als eine „oberflächliche Art". Bestätigt wird dieses durch die Grundqualifizierung. Diese sah nicht nur die Vermittlung von Kenntnissen, sondern auch deren Vertiefung und Überprüfung vor.

(vgl. LAG Berlin-Brandenburg 25.10.2018, 10 Sa 633/18, zit. nach WKRS 2018, 51937)

Die **Fallgruppe 2 der Entgeltgruppe 5** fordert hingegen eine abgeschlossene Ausbildung in einem anerkannten Ausbildungsberuf mit einer Ausbildungsdauer von mindestens drei Jahren und eine entsprechende Tätigkeit.

Bei der anerkannten (Berufs-)Ausbildung handelt es sich um ein subjektiv zu erfüllendes Tätigkeitsmerkmal.

Protokollerklärung Nr. 12:

Anerkannte Ausbildungsberufe sind die nach dem Berufsbildungsgesetz oder der Handwerksordnung staatlich anerkannten oder als staatlich anerkannt geltenden Ausbildungsberufe.

Rechtsgrundlage für die Berufsausbildung im Sinne des Teil I der Entgeltordnung zum TV-L kann nur das Berufsbildungsgesetz sein, da die Handwerksordnung gem. § 25 Abs. 1 Ausbildungen im handwerklichen Bereich regelt. Handwerkliche Tätigkeiten sind im TV-L aber ausschließlich nach Teil III einzugruppieren (Vorbemerkung Nr. 2 zu allen Teilen der Entgeltordnung TV-L).

Die Ausbildung muss nach der dazu ergangenen Ausbildungsordnung erfolgen (§ 4 BBiG). Als abgeschlossen im berufsbildungsrechtlichen Sinne gilt eine solche Ausbildung, wenn der Auszubildende
5 die Prüfung vor der zuständigen Stelle erfolgreich bestanden hat (§ 37 BBiG).

Nach der Rechtsprechung des BAG ist eine „entsprechende Tätigkeit" im tariflichen Sinne anzunehmen, wenn sich die auszuübende Tätigkeit auf die konkrete Fachrichtung der jeweils erforderlichen Ausbildung bezieht und sie die durch die Ausbildung erworbenen Fähigkeiten gerade erfordert. Nicht ausreichend ist es, wenn die entsprechenden Kenntnisse des Beschäftigten für den übertragenen Aufgabenbereich lediglich nützlich oder erwünscht sind. Sie müssen vielmehr im tariflichen Sinne zur Ausübung der Tätigkeit erforderlich, d. h. notwendig sein.

(BAG 27.09.2017, 4 AZR 666/14, AP Nr. 5 zu § 16 TVöD m. w. N.)

Von einer entsprechenden Tätigkeit kann also nur dann ausgegangen werden, wenn Ausbildung und auszuübende Tätigkeit in den – den Beruf prägenden – wesentlichen Einzelheiten übereinstimmen. Auszuübende Tätigkeit und Inhalt der Ausbildung müssen sich somit zu einem großen Teil überschneiden (vgl. BAG 24.01.2007, 4 AZR 28/06, AP Nr. 10 zu § 20 BMT-G II).

So belegen die Tätigkeiten eines Arbeiters (Gleiches gilt für den Teil I der Entgeltordnung TV-L entsprechend für geistiges Tun; sog. Angestelltentätigkeiten) auf einem eng begrenzten Teilgebiet eines Ausbildungsberufs (hier: demjenigen des Kraftfahrzeugmechanikers) regelmäßig nicht, dass die auszuübenden Tätigkeiten die abgeschlossene einschlägige Berufsausbildung erfordern (vgl. BAG 24.11.1999, 4 AZR 772/98, AP Nr. 11 zu § 51 TVAL II).

Praxis-Tipp:

Ob „entsprechende Tätigkeiten" vorliegen, kann anhand der jeweiligen Berufsbilder ermittelt werden (siehe auch Ausführungen unter Kapitel 3.8).

Beispiele aus der Rechtsprechung:

1. Die **Verwaltungsmitarbeiterin in einem Museum** hat eine mindestens dreijährige Ausbildung erfolgreich abgeschlossen. Die Betreuung der Mitarbeiter in Personalangelegenheiten (Reisekosten, Bescheinigungswesen, Personalaktenführung, Zeiterfassung, Führen entsprechender Übersichten und Statistiken) entspricht ihrer Ausbildung zur Bürokauffrau.

   (vgl. LAG M-V 19.01.2022, 5 TaBV 4/21 m. w. N., ZTR 2022, S. 237 ff.)

2. Die Mitarbeiterin verfügt als **Schulsekretärin am Berufskolleg** über eine abgeschlossene dreijährige Berufsausbildung als Rechtsanwalts- und Notargehilfin und übt als Schulsekretärin mit den beiden Arbeitsvorgängen „Unterstützung der Schulleitung" und „Verwaltung des Schulbudgets" eine entsprechende Tätigkeit aus.

   (vgl. LAG Hamm 10.08.2022, 3 Sa 1592/21 m. w. N., Rev. nicht zugelassen, ZTR 2023, S. 97 ff.)

2. Vielseitige Fachkenntnisse (Entgeltgruppe 6)

§

Entgeltgruppe 6

Beschäftigte der Entgeltgruppe 5 Fallgruppe 1 oder 2, deren Tätigkeit vielseitige Fachkenntnisse erfordert.

(Hierzu Protokollerklärung Nr. 6)

Protokollerklärung Nr. 6

[1]Die gründlichen und vielseitigen Fachkenntnisse brauchen sich nicht auf das gesamte Gebiet der Verwaltung/des Betriebes, in der/dem der Beschäftigte tätig ist, zu beziehen. [2]Der Aufgabenkreis des Beschäftigten muss aber so gestaltet sein, dass er nur beim Vorhandensein gründlicher und vielseitiger Fachkenntnisse ordnungsgemäß bearbeitet werden kann.

Die Anforderungen der Entgeltgruppe 6 wurden mit der Einführung der Entgeltgruppe 5 Fallgruppe 2 (abgeschlossene Berufsausbildung in einem anerkannten Ausbildungsberuf von mindestens drei Jahren und entsprechende Tätigkeit) neu gefasst. Allerdings fand keine Anpassung der erläuternden Protokollerklärung Nr. 6 statt.

Praxis-Tipp:

Da über die Protokollerklärung Nr. 6 eine Abgrenzung zu Entgeltgruppe 5 Fallgruppe 1 (gründliche Fachkenntnisse) gefordert wird, muss die Eingruppierungsfeststellung sich mit beiden Tätigkeitsmerkmalen auseinandersetzen, auch wenn zunächst Entgeltgruppe 5 Fallgruppe 2 geprüft wurde.

Es bleibt also bei dem Prüfvorgehen, wie es schon im Vorgängertarifvertrag (BAT) vorgesehen war.

(Gründliche und) vielseitige Fachkenntnisse erfordern gegenüber den gründlichen Fachkenntnissen eine Erweiterung der Kenntnisse dem Umfang nach. Diese Umfangssteigerung kann sich grundsätzlich auf zwei Wegen ergeben:

Entweder

1. aufgrund der Menge der anzuwendenden Vorschriften und Bestimmungen

oder

2. aufgrund der Verschiedenartigkeit der sich aus einem Fachgebiet stellenden Anforderungen.

(vgl. BAG 16.10.2019, 4 AZR 284/18, AP Nr. 341 zu §§ 22, 23 BAT 1975; BAG 21.03.2012, 4 AZR 266/10, AP Nr. 317 zu §§ 22, 23 BAT 1975 m. w. N. auf die ständige Rechtsprechung des BAG)

Beim zweiten Weg kann die Vielseitigkeit auch dann gegeben sein, wenn das Arbeitsfeld des Mitarbeiters nur auf ein einzelnes, abgegrenztes Teilgebiet beschränkt ist. Dabei darf es sich jedoch nicht nur um ein eng abgegrenztes Teilgebiet mit etwa nur routinemäßiger Bearbeitung handeln (vgl. BAG 21.03.2012, 4 AZR 266/10, AP Nr. 317 zu §§ 22, 23 BAT 1975 und BAG 16.10.2019, 4 AZR 284/18, AP Nr. 341 zu §§ 22, 23 BAT 1975 m. w. N. auf die ständige Rechtsprechung des BAG). Routinemäßige Bearbeitung im Sinne des allgemeinen Sprachgebrauchs bedeutet, „in der selben Art regelmäßig wiederkehrend" (Duden, S. 1502).

Die Erweiterung der gründlichen Fachkenntnisse dem Umfang nach bedeutet also konkret: Die Fachkenntnisse müssen im Hinblick auf ihre Mannigfaltigkeit und Unterschiedlichkeit hin gesteigert sein (vgl. LAG Rheinland-Pfalz 21.06.2001, 4 Sa 1612/00, zit. nach Reidelbach/Wieland/Fattler, G 523, S. 5, 6).

Auch bloßes Erfahrungswissen, das heißt aufgrund beruflicher Erfahrung gewonnenes Wissen, kann gründliche und vielseitige Fachkenntnisse begründen (vgl. BAG 18.07.1990, 4 AZR 25/90, AP Nr. 151 zu §§ 22, 23 BAT 1975; BAG 16.04.1997, 4 AZR 350/96). 5

Auf die Art der Kenntnisse und darauf, wie der Arbeitnehmer sie erworben hat, kommt es somit nicht an (vgl. BAG 21.03.2012, 4 AZR 266/10, AP Nr. 317 zu §§ 22, 23 BAT 1975).

Gründliche und vielseitige Fachkenntnisse liegen zum Beispiel vor:

Beispiele aus der Rechtsprechung:

1. Bei einem Mitarbeiter **im Bereich Materialwirtschaft**,der für die Abwicklung des Verwertungsprozesses durch Weiterverkauf von gebrauchtem Inventar, Anlagen und Schrott zuständig ist, liegen gründliche und vielseitige Fachkenntnisse vor. Die gründlichen Fachkenntnisse ergeben sich aus den für die Tätigkeit erforderlichen Kenntnissen auf dem Gebiet des Kauf- und Handelsrechts, wie sie im Rahmen einer kaufmännischen Ausbildung vermittelt werden. Die

vielseitigen Fachkenntnisse ergeben sich aus den für die Tätigkeit erforderlichen Kenntnisse auf dem Gebiet des Gesetzes zur Förderung der Kreislaufwirtschaft, aus den Kenntnissen der internen und für seinen Aufgabenbereich bestimmten Richtlinien, aus den Werkstoffkenntnissen und aus den Englischkenntnissen (Niveau B1 = 4 Schuljahre).

(vgl. LAG Köln 24.06.2021, 6 Sa 975/20, zit. nach WKRS 2021, 37070)

2. Die Tätigkeit als **Verwaltungsmitarbeiterin in einem Museum** erfordert gründliche und vielseitige Fachkenntnisse: Die Erforderlichkeit gründlicher Fachkenntnisse ergibt sich bereits aus der Anzahl von zu beachtenden Vorschriften, mit denen sich der Stelleninhaber im Einzelnen auseinandersetzen muss. Oberflächliche Kenntnisse genügen nicht. Vielseitige Fachkenntnisse sind schon deshalb nötig, weil für die verschiedenen Arbeitsvorgänge als Verwaltungsmitarbeiter, die im Hinblick auf dieses Tätigkeitsmerkmal zusammen zu beurteilen sind (§ 12 Abs. 2 Satz 3 TVöD-V – zusammenfassende Betrachtung), sehr unterschiedliche Kenntnisse nötig sind.

(vgl. LAG M-V 19.01.2022, 5 TaBV 4/21 m. w. N., ZTR 2022, S. 237 ff.)

3. Die Tätigkeit als **Schulsekretärin am Berufskolleg** (mit den Arbeitsvorgängen Unterstützung der Schulleitung und Verwaltung des Schulbudgets) erfordert gründliche und vielseitige Fachkenntnisse, da sie Kenntnisse im Bereich der Allgemeinen Gebührensatzung des Arbeitgebers, allgemeine Kenntnisse im Vergaberecht und im Bereich des Datenschutzes sowie grundsätzliche Kenntnisse von organisatorischen Abläufen und Strukturen benötigt. Ferner sind Kenntnisse verschiedener PC-Anwendungsprogramme erforderlich. Des Weiteren sind Kenntnisse der einschlägigen Dienstregelungen sowie grundsätzliche Kenntnisse der Richtlinien des Schulträgers zur Bewirtschaftung von Haushaltsmitteln und Kenntnisse des Buchungssystems von Nöten. Aufgrund der Verschiedenartigkeit der genannten Fachkenntnisse ist eine Steigerung der erforderlichen Fachkenntnisse dem Umfang nach zu erkennen. Da die Parteien hiervon übereinstim-

mend ausgehen, durfte sich die Berufungskammer auf eine pauschale, summarische Prüfung beschränken.

(vgl. LAG Hamm 10.08.2022, 3 Sa 1592/21 m. w. N., Rev. nicht zugelassen, ZTR 2023, S. 97 ff.)

Ergänzender Hinweis der Verfasser: Offensichtlich wurde die Vielseitigkeit der Kenntnisse aus der Betrachtung der Kenntnisse beider Arbeitsvorgänge der Mitarbeiterin abgeleitet, mithin also erst bei zusammenfassender Betrachtung. Dieses stufenweise Vorgehen (vgl. BAG 18.11.2015, 4 AZR 605/13, AP Nr. 335 zu §§ 22, 23 BAT 1975, ZTR 2016, S. 321 ff.) ist in der Urteilsbegründung aber nicht dokumentiert.

4. Die **Bearbeitung von Reisekosten-, Trennungsentschädigungs- und Umzugskostenanträgen** erfordert gründliche und vielseitige Fachkenntnisse. Dies ergibt sich aus den umfassenden Kenntnissen des Landesreisekostenrechts, der Trennungsentschädigungsverordnung, der Umzugskostengesetze des Bundes und des Landes nebst begleitenden Verwaltungsvorschriften. Diese müssen ständig angewendet und in ganzer Breite durchdrungen werden, um zu sachgerechten und rechtsbeständigen Arbeitsergebnissen zu gelangen. Ergänzend sind Kenntnisse des Tarif- und Beamtenrechts sowie des Steuerrechts notwendig, weshalb auch die Vielseitigkeit trotz des relativ eng gesteckten Aufgabengebiets angenommen werden kann.

   (vgl. LAG Hamm 07.04.2016, 8 Sa 1593/15, ZTR 2017, S. 78 ff.).

3. Die Entgeltgruppe 7

Wie schon durch die Anlage 2 TVÜ-Länder vorgezeichnet, gibt es im Allgemeinen Teil der Entgeltordnung (Teil I) keine Entgeltgruppe 7. Diese ist nur in den Teilen II und III besetzt.

4. Die selbständigen Leistungen ab Entgeltgruppe 8

Entgeltgruppe 8

**Beschäftigte der Entgeltgruppe 6,
deren Tätigkeit mindestens zu einem Drittel selbständige Leistungen erfordert.**

(Hierzu Protokollerklärung Nr. 5)

Entgeltgruppe 9a

**Beschäftigte der Entgeltgruppe 6,
deren Tätigkeit selbständige Leistungen erfordert.**

(Hierzu Protokollerklärung Nr. 5)

Protokollerklärung Nr. 5:

Selbständige Leistungen erfordern ein den vorausgesetzten Fachkenntnissen entsprechendes selbständiges Erarbeiten eines Ergebnisses unter Entwicklung einer eigenen geistigen Initiative; eine leichte geistige Arbeit kann diese Anforderung nicht erfüllen.

Begriffsklärung

5

Der TV-L übernimmt die Regelung des BAT-B/L. Gemäß der dazu ergangenen Rechtsprechung erfordern selbständige Leistungen – entsprechend den hier vorausgesetzten gründlichen und vielseitigen (bzw. gründlichen, umfassenden Fachkenntnissen) – ein eigenständiges Erarbeiten eines Arbeitsergebnisses unter Entwicklung einer eigenen geistigen Initiative. Eine leichte geistige Arbeit kann diese Anforderung nicht erfüllen. Somit sind „selbständige Leistungen" klar zu trennen vom „selbständigen Arbeiten". Dieses liegt vor, wenn eine Tätigkeit ohne direkte Aufsicht oder Leitung (Lenkung durch Weisungen) erledigt wird. Im Gegensatz dazu ist eine selbständige Leistung dann anzunehmen, wenn eigene Gedankenarbeit bezüglich

- des einzuschlagenden Weges (Arbeitsmethoden, -gestaltung) und insbesondere
- des zu findenden Arbeitsergebnisses

erbracht wird, die eine eigene Beurteilung und Entschließung (Entscheidung) erfordert (vgl. BAG 21.03.2012, 4 AZR 279/10, AP Nr. 319; BAG 16.10.2019, 4 AZR 284/18, AP Nr. 341, beide zu §§ 22, 23 BAT 1975 m. w. N.).

Selbständige Leistungen sind somit zunächst dadurch gekennzeichnet, dass im Rahmen der Aufgabenlösung eine Gedankenarbeit zu erbringen ist. Es sind Abwägungsprozesse erforderlich, die entsprechende Anforderungen an das Überlegungsvermögen stellen: Es müssen unterschiedliche Informationen (Fachwissen auf der einen, der damit zu lösenden Fall auf der anderen Seite) verknüpft werden. Mittels eines Abwägens kommt der Beschäftigte zu einer Entscheidung, wie der jeweilige Fall gelöst werden könnte (vgl. BAG 16.10.2019, 4 AZR 284/18, AP Nr. 341; BAG 22.04.2009, 4 AZR 166/08, AP Nr. 311; BAG 21.03.2012, 4 AZR 279/10, AP Nr. 319, alle zu §§ 22, 23 BAT 1975).

Der Beschäftigte muss sich im Rahmen der inhaltlichen Aufgabenerfüllung fragen:

- Wie geht es nun weiter?
- Worauf kommt es als Nächstes an?
- Was muss zweckmäßigerweise als Nächstes geschehen?

(vgl. BAG 10.12.1997, 4 AZR 350/96, AP Nr. 235 zu §§ 22, 23 BAT 1975)

Praxis-Tipp:
Der Beschäftigte muss ohne Detailvorgaben, das heißt ohne Lenkung der Aufgaben durch Einzelanweisungen des Vorgesetzten, arbeiten.

Kennzeichen selbständiger Leistungen im tariflichen Sinne ist damit – ohne Bindung an verwaltungsrechtliche Fachbegriffe – ein wie auch immer gearteter

- Ermessensspielraum
- Entscheidungsspielraum
- Gestaltungsspielraum oder
- Beurteilungsspielraum

bei der Erarbeitung eines Arbeitsergebnisses (vgl. BAG 21.03.2012, 4 AZR 279/10, AP Nr. 319; BAG 22.02.2017, 4 AZR 514/16, AP Nr. 336, beide zu §§ 22, 23 BAT 1975).

Erforderlich ist ein Spielraum, für den die verwaltungsrechtlichen Definitionen nicht gelten. Es kommt vielmehr auf einen Ermessensspielraum, Entscheidungsspielraum, Gestaltungsspielraum oder Beurteilungsspielraum im Sinne des allgemeinen Sprachgebrauchs an:

Danach ist ein Spielraum gekennzeichnet durch einen gewissen freien Raum, der den ungehinderten Ablauf, das ungehinderte Funktionieren von etwas ermöglicht/gestattet (vgl. Duden, S. 1690).

Dementsprechend liegt ein Ermessensspielraum vor, wenn ein Spielraum für Entscheidungen nach eigenem Ermessen besteht. Der Begriff des Ermessens umfasst dabei eine Einschätzung und Beurteilung sowie eine Entscheidung, die auf einem eigenen Urteil basiert (vgl. Duden, S. 554). Als Urteil ist in diesem Zusammenhang eine prüfende, kritische Beurteilung bzw. eine abwägende Stellungnahme zu verstehen (vgl. Duden, S. 1911).

Das Entscheiden (im Sinne des Entscheidungsspielraums) umfasst zwei alternative Aspekte:

- Bei Zweifelsfällen gehören zum Entscheiden das Klären des Sachverhalts und ein Urteil darüber zu fällen sowie anordnend zu bestimmen.
- In allen anderen Fällen liegt eine Entscheidung nach dem allgemeinen Sprachgebrauch vor, wenn in Bezug auf etwas der Ausschlag zu geben ist bzw. nach Prüfung und Vergleich bzw. kurzem Besinnen eine Wahl zu treffen ist aus einer von mehreren Möglichkeiten (vgl. Duden, S. 537).

Das Gestalten (im Sinne des Gestaltungsspielraums) bedeutet, einer Sache eine bestimmte Form zu geben, ein bestimmtes Aussehen (vgl. Duden, S. 734). Eine Beurteilung liegt vor, wenn über jemanden oder über etwas ein Urteil abzugeben ist (vgl. Duden, S. 315).

Über diese Handlungsspielräume hinaus ist es nicht erforderlich, dass dem Beschäftigten die Unterschriftsbefugnis für seine Arbeitsleistungen obliegt (vgl. LAG Rheinland-Pfalz 21.06.2001, 4 Sa 1612/00, zit. nach WKRS 2001, 26384).

Steht der Arbeitsweg bzw. das Arbeitsergebnis aber von vornherein fest, liegen keine selbständigen Leistungen vor. Das ist etwa der Fall, wenn das zu erarbeitende Arbeitsergebnis durch die Formenstrenge des Arbeits-/Rechtsgebiets genau vorgezeichnet ist (vgl. LAG Sachsen 27.11.2002, 2 Sa 572/01; LAG Rheinland-Pfalz 02.03.2016, 7 Sa 343/15 beide zit. nach www. personalpraxis24.de) bzw. zahlreiche, stark differenzierte Formulare zur Aufgabenlösung zu benutzen (BAG 25.11.1981, 4 AZR 305/79, AP Nr. 51 zu §§ 22, 23 BAT 1975) bzw.

entsprechende Software/Datenbanken mit Mustertexten zu verwenden sind (vgl. LAG M-V 20.03.2018, 5 Sa 53/17, zit. nach www.landesrecht-mv.de/).

Checkliste: Prüfkriterien für selbständige Leistungen

- Bestehen Vorgaben zum einzuschlagenden Arbeitsweg (Arbeitsmethoden, -gestaltung)?
- Steht das Arbeitsergebnis von vornherein fest oder ist es selbst und frei von inhaltlichen Detailvorgaben zu ermitteln?
- Welche Handlungsmöglichkeiten (nicht Alternativen) bestehen bei der Ermittlung des Arbeitsergebnisses konkret?

Praxis-Tipp:

Dem Arbeitnehmer müssen somit – aufbauend auf den fehlenden Detailvorgaben – zumindest Entscheidungsrechte über die Art und Weise der Aufgabenerledigung aus inhaltlich-methodischer Sicht obliegen.

Wie diese Grundaussagen in der Praxis geprüft werden können, verdeutlichen folgende Beispiele zu selbständigen Leistungen auf Basis gründlicher und vielseitiger Fachkenntnisse aus der Rechtsprechung. 5

Beispiele zu selbständigen Leistungen auf Basis gründlicher und vielseitiger Fachkenntnisse

Fortführung der Rechtsprechungsbeispiele zu Entgeltgruppe 6:

1. Der Tatsachenvortrag der **Schulsekretärin an einem Berufskolleg** lässt nicht den Schluss zu, dass selbständige Leistungen vorliegen.

   Zum 1. AV: Unterstützung der Schulleitung (65 %)

   Soweit sich die Mitarbeiterin ... auf die Entgegennahme und Weiterleitung von Krankmeldungen und das Nachhalten längerer Erkrankungszeiträume berufen hat, hat die Mitarbeiterin nicht vorgetragen, dass diese Tätigkeiten ein den vorausgesetzten Fachkenntnissen entsprechendes selbstständiges Erarbeiten eines Ergebnisses unter Entwicklung einer eigenen geistigen Initiative erfordern. Es handelt sich vielmehr um Sekretariatsaufgaben, die gerade auch wegen der Größe des Berufskollegs ein hohes Maß an Eigenständigkeit der Mitarbeiterin erfordern, nicht aber Selbstständigkeit im Tarifsinne. Allein, dass die Mitarbeiterin diese Tätigkeit ohne direkte Aufsicht oder Leitung und damit eigenständig ausführt, begründet noch keine Selbstständigkeit im Tarifsinne. Eine leichte geistige Arbeit, wie sie Organisations- und Koordinationstätigkeiten erfordern, erfüllt diese Anforderung nicht. Gleiches gilt für die weiteren Sekretariatsaufgaben, wie z. B. Erledigung des Schriftverkehrs, Koordinierung der Termine, Mitarbeit bei der Erstellung von Listen, Statistiken und Datenbanken, Pflege der Daten, Auskunftserteilung, Bearbeitung der Post, Ausstellung von Schulbescheinigungen und verwaltungsmäßige Vorbereitung und Abwicklung von Prüfungsverfahren und Nachprüfungen.

Soweit die Mitarbeiterin behauptet, sie optimiere Arbeitsergebnisse, entwickele Vordrucke weiter und führe Managementaufgaben im Rahmen der Lehrerfortbildung aus, so ist nicht ersichtlich, welche Tätigkeit damit konkret verbunden sein soll und welche Ermessens-, Entscheidungs-, Gestaltungs- oder Beurteilungsspielräume die Mitarbeiterin dabei haben soll. Vielmehr handelt es sich nur um pauschale Angaben, die eine Prüfung, ob selbstständige Leistungen im Tarifsinne erbracht werden, nicht ermöglichen. (...)

Soweit sich die Mitarbeiterin auf die Auskunftserteilung mit dem Schwerpunkt Schullaufbahnberatung berufen hat, so hat sie auch durch diese schlagwortartige Angabe nicht dargetan, dass sie selbstständige Leistungen erbringt. Vielmehr zeigt ihr erläuternder Vortrag, dass sie Auskünfte im Rahmen ihrer Fachkenntnisse erteilt, aber keine Beratungsleistungen erbringt, bei denen für sie ein Ermessens-, Entscheidungs-, Gestaltungs- oder Beurteilungsspielraum gegeben ist. Bezüglich ihrer Tätigkeit bei den schulscharfen Ausschreibungen gibt die Mitarbeiterin an, dass sie diese unterstützt, indem sie Auskünfte erteilt, die Bewerbungseingänge bearbeitet, die Vorstellungsgespräche vorbereitet und abwickelt und Absagen versendet. Dies zeigt, dass die Mitarbeiterin nicht darüber entscheidet, wer zu welchen

Bedingungen eingestellt wird, sondern „nur" die Aufgabe hat, das Einstellungsverfahren administrativ abzuwickeln. Schließlich ist bei der Mithilfe bei der Bearbeitung von Anträgen (wie Mutterschutz, Reisekostenabrechnungen) zu beachten, dass – unabhängig davon, dass nicht deutlich wird, was unter Mithilfe zu verstehen ist – die Bearbeitung solcher Anliegen nicht zur Disposition der Mitarbeiterin steht, sondern durch entsprechende Vorschriften bestimmt wird.

Zum 2. AV: Verwaltung des Schulbudgets (35 %)

Die Mitarbeiterin hat nicht dargelegt, welchen Ermessens-, Entscheidungs-, Gestaltungs- oder Beurteilungsspielraum sie z. B. bei der Verwaltung des Schulbudgets sowie bei der Verteilung und Überwachung der Haushaltsmittel, bei der Festlegung und Überwachung von Termingeldern in Abstimmung mit der Schulleitung, bei der Erledigung von Aufgaben im Zusammenhang mit der Lernmittelfreiheit und der Fertigung der Schlussabrechnung sowie der Durchführung der Materialbeschaffung hat. Nähere Erläuterungen fehlen. Die Mitarbeiterin entscheidet unstreitig nicht, was angeschafft wird, vielmehr geschieht dies durch die Lehrkräfte und die Schulleitung. Dass drei Angebote einzuholen sind und das günstigste Angebot genommen wird, ergibt sich aus dem Vergaberecht. Ein Ermessensspielraum besteht nicht. Auch bei der Entscheidung, wo Angebote eingeholt werden, arbeitet die Mitarbeiterin mit den Lehrkräften zusammen. Die Überwachung des Wareneingangs, Inventarisierung und Archivierung sind keine selbstständigen Leistungen. Soweit die Mitarbeiterin Überweisungen erstellt, den Zahlungsverkehr überwacht und ein Augenmerk auf die Geldbewegungen auf dem Schulkonto hat, ist ein Ermessens-, Entscheidungs-, Gestaltungs- oder Beurteilungsspielraum ebenfalls weder dargetan noch ersichtlich.

(vgl. LAG Hamm 10.08.2022, 3 Sa 1592/21 m. w. N., Rev. nicht zugelassen, ZTR 2023, S. 97 ff.)

Ergänzender Hinweis der Verfasser: Das LAG Hamm zitiert zwar die Entscheidung des BAG vom 22.02.2017 (4 AZR 514/16), dass selbständige Leistungen nicht über eine zusammenfassende Betrachtung ermittelt werden können, gleichzeitig werden aber für beide Arbeitsvorgänge selbständige Leistungen geprüft, obwohl sich bereits die Vielseitigkeit der Kenntnisse offensichtlich erst aus zusammenfassender Betrachtung ergab (siehe Anmerkung der Autoren oben). Das BAG hat aber in seiner Entscheidung vom 22.02.2017 (4 AZR 514/16) ebenfalls klargestellt, dass die Prüfung selbständiger Leistungen voraussetzt, dass im jeweiligen AV bereits gründliche und vielseitige Fachkenntnisse vorliegen. Es hätte also einer inhaltlichen Auseinandersetzung schon nicht mehr bedurft.

2. Bei einem **Mitarbeiter im Bereich Materialwirtschaft**, der für die Abwicklung des Verwertungsprozesses durch Weiterverkauf von gebrauchtem Inventar, Anlagen und Schrott zuständig ist, liegen auch selbständige Leistungen vor. Der Mitarbeiter muss z. B. in jedem Einzelfall unter Heranziehung der genannten Gesetze, internen Regelungen und seiner Fachkenntnisse abwägen, ob eine Gerätschaft verkauft, verschenkt oder verwertet werden soll, er muss Werte bestimmen, er muss bestimmen, ob ein Vorortverkauf stattfinden soll, etc. Für seine Entscheidung ist eine Gedankenarbeit erforderlich, für die er die vorausgesetzten Fachkenntnisse hinsichtlich des einzuschlagenden Weges benötigt.

   (vgl. LAG Köln 24.06.2021, 6 Sa 975/20, zit. nach WKRS 2021, 37070)

3. Die Tätigkeit als **Verwaltungsmitarbeiterin in einem Museum** erfordert beim Arbeitsvorgang Betreuung der Mitarbeiter in Personalangelegenheiten selbständige Leistungen: Derartige Beurteilungs- und Entscheidungsspielräume bestehen bei der Prüfung von Fragestellungen zum Reisekostenrecht. Hier sind Aspekte der Wirtschaftlichkeit, Sparsamkeit und Fürsorge zu beachten und teilweise gegeneinander abzuwägen. Davon geht auch die Arbeitgeberin aus. Die Beratung und Betreuung der Beschäftigten in personalwirtschaftlichen Angelegenheiten eröffnet ebenfalls Bewertungsspielräume. Die Mitarbeiterin hat sich damit auseinanderzusetzen, welche Interessen und auch Wünsche der Beschäftigten in welcher Art und Weise berücksichtigt bzw. erfüllt werden können oder müssen. Es gibt unterschied-

liche Möglichkeiten, an die Beschäftigten heranzutreten oder auf ihre Belange einzugehen. Beispielsweise können Arbeitszeiten im Rahmen des rechtlich Zulässigen und unter Wahrung der Interessen des Arbeitgebers unterschiedlich gestaltet werden. Zur Beratung und Betreuung gehört mehr als die bloße Information von Mitarbeitern über betriebliche, tarifliche oder gesetzliche Regelungen. Zur Beratung gehört es, die Interessen der Beschäftigten zu erfassen und diese in Einklang mit den arbeitgeberseitigen Belangen zu bringen. Das erfordert es, unterschiedliche Gesichtspunkte zu gewichten und interessengerechte Lösungen zu erarbeiten.

(vgl. LAG M-V 19.01.2022, 5 TaBV 4/21 m. w. N., ZTR 2022, S. 237 ff.)

Ergänzender Hinweis der Verfasser: Laut BAG vom 22.02.2017 (4 AZR 514/16, ZTR 2017, S. 352 ff.) können selbständige Leistungen nur im Rahmen von AV anfallen, die für sich genommen gründliche und vielseitige Fachkenntnisse erfordern. Das selbständige Erarbeiten eines Ergebnisses baut auf den dazu erforderlichen gründlichen und vielseitigen Fachkenntnissen auf, d.h. es muss diesen vorausgesetzten Fachkenntnissen entsprechen. Im hier vorliegenden Fall ging das LAG aber offensichtlich von einer zusammenfassenden Betrachtung zur Feststellung gründlicher und vielseitiger Fachkenntnisse aus.

4. Die **Bearbeitung von Reisekosten-, Trennungsentschädigungs- und Umzugskostenanträgen** erfordert selbständige Leistungen im Sinne der Entgeltgruppe 9a TV-L (aufbauend auf gründlichen und vielseitigen Fachkenntnissen), da das Reisekosten- und Trennungsentschädigungsrecht (hier des Landes Nordrhein-Westfalen) von unbestimmten Rechtsbegriffen geprägt ist, die dem Sachbearbeiter umfassende Beurteilungsspielräume eröffnen.

   (vgl. LAG Hamm 07.04.2016, 8 Sa 1593/15, ZTR 2017, S. 78 ff.)

5

Teil I: Die Entgeltgruppen 9b bis 15 im Überblick

1. Übersicht

Die Entgeltgruppen 9b bis 15 TV-L

EG 9b	**FG 1:** **Herausheben** aus EG 9b FG 2 oder FG 3 durch: 50 % besonders verantwortungsvolle Tätigkeiten	**FG 2:** + 50 % gründliche, umfassende Fachkenntnisse + 50 % selbständige Leistungen	**FG 3:** + abgeschlossene Hochschulbildung + 50 % entsprechende Tätigkeit	
EG 10	**Herausheben** aus EG 9b FG 1 durch: 1/3 besondere Schwierigkeit und Bedeutung			
EG 11	**Herausheben** aus EG 9b FG 1 durch: 50 % besondere Schwierigkeit und Bedeutung			
EG 12	**Erhebliches Herausheben** aus EG 11 durch: 50 % Maß der Verantwortung			
EG 13	+ abgeschlossene wissenschaftliche Hochschulbildung oder „Sonstiger" + 50 % entsprechende Tätigkeit			
EG 14	**FG 1:** **Herausheben** aus EG 13 durch: 50 % besondere Schwierigkeit und Bedeutung	**FG 2:** **Herausheben** aus EG 13 durch: 1/3 besondere Schwierigkeit und Bedeutung	**FG 3:** **Herausheben** aus EG 13 durch: 1/3 hochwertige Leistungen bei besonders schwierigen Aufgaben	**FG 4:** + Arbeitnehmer der EG 13 + 3 Arbeitnehmer der EG 13 ständig unterstellt
EG 15	**FG 1: Erhebliches Herausheben** aus EG 14 FG 1 durch: 50 % Maß der Verantwortung	**FG 2:** + Arbeitnehmer der EG 13 + 5 Arbeitnehmer der EG 13 ständig unterstellt		

Legende: → Heraushebungsmerkmal

2. Die unterschiedlichen Qualifikationsebenen

In den Entgeltgruppen 9b bis 15 bestimmt sich die Eingruppierung zunächst nach der für die Tätigkeitsausübung erforderlichen Qualifikation. Ist eine abgeschlossene Hochschulbildung erforderlich, führt dies zu einer Grundeingruppierung nach Entgeltgruppe 9b Fallgruppe 3. Ist eine abgeschlossene wissenschaftliche Hochschulbildung erforderlich, führt dies zu einer Grundeingruppierung nach Entgeltgruppe 13 Fallgruppe 1.

§

Protokollerklärung Nr. 11:

(1) Eine abgeschlossene Hochschulbildung liegt vor, wenn von einer Hochschule im Sinne des § 1 Hochschulrahmengesetz (HRG) ein Diplomgrad mit dem Zusatz „Fachhochschule" („FH"), ein anderer nach § 18 HRG gleichwertiger Abschlussgrad oder ein Bachelorgrad verliehen wurde.

(2) [1]Der Bachelorstudiengang muss nach den Regelungen des Akkreditierungsrats akkreditiert sein. [2]Dem gleichgestellt sind Abschlüsse in akkreditierten Bachelorausbildungsgängen an Berufsakademien.

(3) Eine abgeschlossene Hochschulbildung setzt voraus, dass die Abschlussprüfung in einem Studiengang abgelegt wird, der seinerseits mindestens das Zeugnis der Hochschulreife (allgemeine Hochschulreife) oder eine andere landesrechtliche Hochschulzugangsberechtigung als Zugangsvoraussetzung erfordert, und für den Abschluss eine Mindeststudienzeit von sechs Semestern – ohne etwaige Praxissemester, Prüfungssemester o. Ä. – vorgeschrieben ist.

(4) Ein Abschluss an einer ausländischen Hochschule gilt als abgeschlossene Hochschulbildung, wenn er von der zuständigen staatlichen Anerkennungsstelle als dem deutschen Hochschulabschluss gleichwertig anerkannt wurde.

Die Definiton einer abgeschlossenen wissenschaftlichen Hochschulbildung liefert die Protokollerklärung Nr. 1:

§

Protokollerklärung Nr. 1:

(1) Wissenschaftliche Hochschulen sind Universitäten, Technische Hochschulen sowie andere Hochschulen, die nach Landesrecht als wissenschaftliche Hochschulen anerkannt sind.

(2) [1]Eine abgeschlossene wissenschaftliche Hochschulbildung liegt vor, wenn das Studium mit einer ersten Staatsprüfung oder mit einer Diplomprüfung oder mit einer Masterprüfung beendet worden ist. [2]Diesen Prüfungen steht eine Promotion oder die Akademische Abschlussprüfung (Magisterprüfung) einer Philosophischen Fakultät nur in den Fällen gleich, in denen die Ablegung einer ersten Staatsprüfung oder einer Diplomprüfung oder einer Masterprüfung nach den einschlägigen Ausbildungsvorschriften

nicht vorgesehen ist. [3]Eine abgeschlossene wissenschaftliche Hochschulbildung liegt auch vor, wenn der Master an einer Fachhochschule erlangt wurde und den Zugang zur Laufbahn des höheren Dienstes bzw. zur entsprechenden Qualifikationsebene eröffnet; dies setzt voraus, dass der Masterstudiengang das Akkreditierungsverfahren erfolgreich durchlaufen hat, solange dies nach dem jeweils geltenden Landesbeamtenrecht für den Zugang zur Laufbahn des höheren Dienstes bzw. zur entsprechenden Qualifikationsebene gefordert ist.

(3) [1]Eine abgeschlossene wissenschaftliche Hochschulbildung setzt voraus, dass die Abschlussprüfung in einem Studiengang abgelegt wird, der seinerseits mindestens das Zeugnis der Hochschulreife (allgemeine Hochschulreife oder einschlägige fachgebundene Hochschulreife) oder eine andere landesrechtliche Hochschulzugangsberechtigung als Zugangsvoraussetzung erfordert, und für den Abschluss eine Mindeststudienzeit von mehr als sechs Semestern – ohne etwaige Praxissemester, Prüfungssemester o. Ä. – vorgeschrieben ist. [2]Ein Bachelorstudiengang erfüllt diese Voraussetzung auch dann nicht, wenn mehr als sechs Semester für den Abschluss vorgeschrieben sind.

(4) Ein Abschluss an einer ausländischen Hochschule gilt als abgeschlossene wissenschaftliche Hochschulbildung, wenn er von der zuständigen staatlichen Anerkennungsstelle als dem deutschen Hochschulabschluss gleichwertig anerkannt wurde.

Diese Regelungen gleichen im Wesentlichen dem TVöD. Damit wird zum einen an die in Deutschland bislang bestehende Differenzierung zwischen Fachhochschulstudiengängen mit einer Regelstudienzeit von höchstens vier Jahren (vgl. § 11 Satz 1 Nr. 1 HRG)
6 und anderen Studiengängen mit einer Regelstudienzeit von viereinhalb Jahren (vgl. § 11 Satz 1 Nr. 2 HRG) angeknüpft. Zum anderen werden die neuen Hochschulabschlüsse in das Eingruppierungsrecht integriert.

Beispiel aus der Rechtsprechung:

Praxissemester im Sinne des Absatz 3 sind nur solche Semester, in denen ausschließlich praktische Arbeiten erbracht werden. Diese Auslegung ergibt sich bereits aus dem Wortlaut des § 7 Satz 3 TV EntgO Bund (inhaltsgleich zur Regelung des Abs. 3). Maßgebend sind danach ausschließlich entsprechende „Semester", nicht aber andere Zeiten. Nur Erstere werden in der Tarifregelung erwähnt. Die Tarifvertragsparteien haben damit die Regelstudienzeit anders als in § 10 Abs. 2 HRG definiert. In der gesetzlichen Bestimmung werden auch Zeiten berufspraktischer Tätigkeit und Prüfungszeiten erwähnt. Aus dem Zusatz

„o. Ä." folgt kein anderes Ergebnis. Dieser bezieht sich nicht auf den festgelegten Zeitraum „Semester", sondern auf die Inhalte der Semester „Praxis" und „Prüfung" (vgl. BAG 02.06.2021, 4 AZN 156/21, www.bundesarbeitsgericht.de/entscheidungen).

Das bisherige Hochschulrecht

Nach traditionellem Verständnis handelt es sich bei Fachhochschulstudiengängen um Studiengänge, die dem besonderen Auftrag der Fachhochschulen zu einer berufsbezogenen Ausbildung entsprechen. Danach vermitteln Fachhochschulen durch eine anwendungsbezogene Lehre eine Bildung, die zu selbständiger Anwendung wissenschaftlicher Methoden in der Berufspraxis befähigt (vgl. Reich, § 1 Rn. 1 und 5 m. w. N.). Vor diesem Hintergrund sahen die alten Tarifverträge des öffentlichen Dienstes eine grundsätzliche Unterscheidung vor: Die Fachhochschulausbildung befähigte für auszuübende Tätigkeiten im „gehobenen Dienst" (Vergütungsgruppe Vb–III BAT), während die Ausbildung an einer wissenschaftlichen Hochschule (Universität, Technische Universität) für den „höheren Dienst" (Vergütungsgruppe IIa – I BAT) qualifizierte.

Die neuen Hochschulabschlüsse

Die Studienform

Diese Unterscheidung wurde durch die Einführung von Bachelor- und Masterstudiengängen (§ 19 HRG) infrage gestellt (vgl. Jahn, S. 132). Zur Vereinheitlichung der Hochschulausbildung in Europa werden die alten Diplom- und Magisterabschlüsse sowie die Staatsexamina durch diese neuen berufsqualifizierenden Abschlüsse abgelöst („Sorbonne-Erklärung" und „Bologna-Erklärung"; siehe Jahn, S. 128; Schwarz-Hahn/Rehburg). Diese Entwicklung wird begleitet von einer „Verwissenschaftlichung" der Fachhochschulausbildung. Universitäten wie Fachhochschulen können ihre Bachelor- und Masterstudiengänge sowohl praxis- als auch wissenschaftsbezogen ausrichten (vgl. Waldeyer, ZBR, S. 17, 23 m. w. N.). Einheitliches Ausbildungsziel der Hochschulen ist gemäß § 7 HRG, die Studierenden durch Lehre und Studium auf ein berufliches Tätigkeitsfeld vorzubereiten und ihnen die dafür erforderlichen fachlichen Kenntnisse, Fähigkeiten und Methoden des jeweiligen Studiengangs zu vermitteln.

An Fachhochschulen wird anwendungsbezogene Forschung und Entwicklung betrieben. Die Forschung dient dabei gemäß § 22 HRG auch der Lehre, so dass auch beim Fachhochschulstudium von Wissenschaftlichkeit gesprochen werden kann. Dementsprechend hat die Konferenz der Kultusminister der Länder beschlossen, dass Masterabschlüsse von Universitäten und Fachhochschulen grundsätzlich zur Promotion berechtigen (vgl. Waldeyer, ZBR 2003, S. 17 f., 20 m. w. N.). Im Ergebnis unterscheiden sich die Hochschulformen Universität und Fachhochschule nicht mehr durch „institutionelle Standardzuweisungen", sondern durch das Profil des Studienangebots (vgl. Waldeyer, ZBR 2003, S. 17, 24; Jahn, S. 132).

Praxis-Tipp:

Nähere Informationen über die Studiengänge und -abschlüsse deutscher Hochschulen finden Sie auf den Seiten der Deutschen Hochschulrektorenkonferenz unter: www.hochschulkompass.de bzw. www.studienwahl.de

Bachelorgrad

6

Beim Bachelorgrad handelt es sich um einen ersten berufsqualifizierenden Abschluss, der nach einer Regelstudienzeit von mindestens drei und höchstens vier Jahren verliehen wird. Im Unterschied zum alten Hochschulrecht verleihen sowohl Fachhochschulen als auch (Technische) Universitäten diesen Grad. Der bisherige Zusatz „(FH)" entfällt. Stattdessen werden folgende Bachelorgrade verliehen: Bachelor „... of Arts" (B. A.; Geisteswissenschaften), „... of Science" (B. Sc.; Naturwissenschaften), „... of Engineering" (B. Eng.; Ingenieurwissenschaften), „... of Laws" (LL. B.; Rechtswissenschaft).

Mastergrad

Entsprechendes gilt für den Mastergrad. Dieser baut auf den Bachelorgrad auf und muss so dem Aufbau- bzw. Weiterbildungsbereich zugerechnet werden (vgl. Reich, § 19 Rn. 4). Dabei handelt es sich um einen „weiteren" berufsqualifizierenden Abschluss. Möglich ist aber auch der Aufbau auf ein Fachhochschul-Diplom oder ein Staatsexamen (vgl. Reich, § 19 Rn. 4).

In der Praxis werden für den Master folgende Abschlussbezeichnungen verwendet: Master „... of Arts" (M. A.; Geisteswissenschaften),

„... of Science (M. Sc.; Naturwissenschaften), „... of Engineering" (M. Eng.; Ingenieurwissenschaften), „... of Laws" (LL. M.; Rechtswissenschaft).

Praxis-Tipp:
Im Bereich der Wirtschaftswissenschaften wird zudem von verschiedenen Hochschulen der MBA-Grad (Master of Business Administration) verliehen. Bei Akkreditierung gelten die o. g. Ausführungen entsprechend.

Anerkennung ausländischer Abschlüsse

Gemäß den Absätzen 4 der Protokollerklärungen Nr. 1 und 11 (siehe Abdruck unter Kapitel 6.2) gilt ein ausländischer Hochschulabschluss als anerkannt, wenn dieser von der zuständigen staatlichen Anerkennungsstelle als dem deutschen Hochschulabschluss gleichwertig anerkannt wurde. Je nach erforderlicher Hochschulqualifikation sind für diese Anerkennung unterschiedliche Stellen (z. B. die Berufskammern für reglementierte Berufe wie z. B. Ingenieure) zuständig. Die zuständigen Stellen können unter www.anerkennung-in-deutschland.de ermittelt werden (zur Anerkennung reglementierter Berufe, hier des Lehrers siehe auch BAG 05.09.2019, 6 AZR 454/18, AP Nr. 5 zu § 12 TV-L). Die für die Anerkennung notwendige fachliche Bewertung der Hochschulabschlüsse führt die ZAB (Zentralstelle für ausländisches Bildungswesen) durch (https://www.kmk.org/zab/zentralstelle-fuer-auslaendisches-bildungswesen/ueber-die-zab.html). Bereits geprüfte Abschlüsse werden in der Datenbank anabin (https://anabin.kmk.org/anabin.html) von der ZAB bereitgestellt.

3. Studienabschlüsse und Eingruppierung

Mit den Regelungen in den Protokollerklärungen Nr. 1 und 11 wird deutlich, dass sich die Tarifvertragsparteien mit ihrer Bewertung der neuen Abschlüsse den bildungsstaatlichen Stellen angeschlossen haben:

Die neuen Hochschulabschlüsse (BA/MA)

bei vorhandener Akkreditierung ...

... Bachelorabschluss (BA)	Zugang zum gehobenen Dienst Eingruppierung ab Vergütungsgruppe Vb bis Vergütungsgruppe III BAT(-O) des Allgemeinen Teils (entspricht Entgeltgruppe 9b bis 12 Teil I TV-L)
... Masterabschluss (MA)	Zugang zum höheren Dienst Eingruppierung von Vergütungsgruppe II bis Vergütungsgruppe I BAT(-O) (entspricht Entgeltgruppe 13 bis 15 Teil I TV-L)

vgl. Beschluss der KMK vom 14.04.2000; vgl. Beschluss der KMK vom 20.09.2007 und der IMK vom 07.12.2007

Wichtig: Ein Dipl.-FH- bzw. Bachelorabschluss ist nur in der Entgeltgruppe 9b Fallgruppe 3 TV-L formale Voraussetzung für die Eingruppierung. Alternativ kann eine Eingruppierung nach Entgeltgruppe 9b über die Fallgruppe 2 erfolgen (gründliche, umfassende Fachkenntnisse und selbständige Leistungen).

4. Der sonstige Beschäftigte

Liegt die geforderte wissenschaftliche Hochschulbildung nicht vor, kann aber auch dann in die Entgeltgruppen 13 ff. eingruppiert werden, wenn diese Alternative erfüllt ist:

§ **Sonstige Beschäftigte, die aufgrund gleichwertiger Fähigkeiten und ihrer Erfahrungen entsprechende Tätigkeiten ausüben.**

Die Regelung zum „Sonstigen" entspricht grundsätzlich den alten BAT-Regelungen. Damit kann auf die Rechtsprechung zum „sonstigen Angestellten" zurückgegriffen werden, die die Anforderungen wie folgt näher definiert:

§ Der sonstige Beschäftigte muss Fähigkeiten und Erfahrungen besitzen und benötigen, wie sie gerade die einschlägige wissenschaftliche Hochschulausbildung zu vermitteln pflegt

(vgl. z. B. LAG M-V 26.07.2016, 5 Sa 226/15 m. w. N., zit. nach WKRS 2016, 25458).

Für das Merkmal der gleichwertigen Fähigkeiten ist dabei nicht das gleiche Wissen und Können zu verlangen, wie es üblicherweise durch die vorausgesetzte wissenschaftliche Hochschulbildung erworben und durch die einschlägige Abschlussprüfung nachgewiesen wird. Zu fordern ist aber eine im Verhältnis dazu ähnlich gründliche Beherrschung eines entsprechend umfangreichen Wissensgebiets (vgl. zum Sonstigen im Sinne der Vergütungsgruppe IIa / Entgeltgruppe 13: BAG 28.11.1979, 4 AZR 6/78, AP Nr. 27 beide zu §§ 22, 23 BAT 1975; BAG 15.03.2006, 4 AZR 157/05, ZTR 2006, S. 590–592).

Die Qualifizierungsmaßnahmen müssen somit im Vergleich zur Regelausbildung quantitativ und qualitativ annähernd gleichwertige Kenntnisse und Fähigkeiten vermitteln und sich nicht auf ein Teil-/Spezialgebiet beschränken; denn Kenntnisse und Erfahrungen auf einem engbegrenzten Teilgebiet/Spezialgebiet der konkret erforderlichen wissenschaftlichen Hochschulausbildung/Fachrichtung reichen nicht aus (vgl. LAG M-V 26.07.2016, 5 Sa 226/15, zit. nach WKRS 2016, 25458; vgl. auch LAG Thüringen 28.02.2023, 5 Sa 24/22, zit. nach WKRS 2023, 20168, m. w. N.).

Wichtig: Unterscheiden sich die im Studium vermittelten Kenntnisse und Fähigkeiten nicht zwischen FH und (Technischen) Universitäten, eröffnet dies auch für den Dipl.-FH-Absolventen die Eingruppierung ab Entgeltgruppe 13 unter dem Aspekt des „sonstigen Beschäftigten" (BAG 18.04.2012, 4 AZR 292/10, AP Nr. 323 zu §§ 22, 23 BAT 1975).

Über gleichwertige Fähigkeiten hinaus muss der Beschäftigte über entsprechende Erfahrungen verfügen, die er durch Ausüben von Tätigkeiten im Arbeitsbereich seines Arbeitgebers oder in entsprechenden Tätigkeiten bei anderen Arbeitgebern erworben hat (vgl. LAG BW 29.06.2020, 9 Sa 21/20, zit. nach WKRS 2020, 41132 m. w. N.). Dabei muss sich das geforderte Niveau konkret aus den vorgelegten Arbeitszeugnissen ergeben (vgl. LAG Rheinland-Pfalz 16.10.1997, 5 Sa 695/97, zit. nach WKRS 1997, 20048). Die Erfahrung kann nur nach einer langen Zeit der einschlägigen Tätigkeiten erworben werden (vgl. LAG Rheinland-Pfalz 16.10.1997, 5 Sa 695/97, zit. nach WKRS 1997, 20048). Die Rechnungshöfe konkretisieren dies im Verhältnis zur Ausbildungsdauer regelmäßig mit der doppelten Zeit der Tätigkeitsausübung, während die Rechtsprechung mindestens die gleiche Zeit als ausreichend erachtet (vgl. BAG 19.08.2004, 8 AZR 375/03, zit. nach WKRS 2004, 22241).

Auch wenn es rechtlich möglich ist, aus der auszuübenden Tätigkeit Rückschlüsse auf die Fähigkeiten und Erfahrungen eines sonstigen Beschäftigten zu ziehen (vgl. BAG 25.01.2017, 4 AZR 379/15, AP Nr. 3 zu § 12 TV-L m. w. N.), kann daraus weder der Rechtssatz noch der allgemeine Erfahrungssatz hergeleitet werden, dass immer dann, wenn ein sonstiger Beschäftigter eine Tätigkeit ausübt, die üblicherweise von einem entsprechenden Hochschulabsolventen ausgeübt wird, dieser auch über gleichwertige Fähigkeiten und Erfahrungen verfügt. Vielmehr zeigt die Lebenserfahrung, dass sonstige Beschäftigte, selbst wenn sie im Einzelfall eine entsprechende Tätigkeit ausüben, gleichwohl – anders als ein ausgebildeter Beschäftigter mit abgeschlossener Hochschulausbildung – häufig an anderen Stellen deswegen nicht eingesetzt werden können, weil ihnen für andere Tätigkeiten die Kenntnisse und Erfahrungen fehlen (vgl. BAG 18.12.1996, 4 AZR 319/95, AP Nr. 221 zu §§ 22, 23 BAT 1975; LAG Rheinland-Pfalz 05.06.2008, 2 Sa 86/08, zit. nach WKRS 2008, 22052).

Alternativ dazu deckt der sonstige Beschäftigte aber auch den folgenden Fall ab: Die auszuübende Tätigkeit verlangt kein Wissen und Können aus einer konkreten akademischen Fachdisziplin, gleichwohl aber ein Urteilsvermögen, einen Bildungsstand und ein Allgemeinwissen eines – gleich in welchem Fachgebiet – ausgebildeten Akademikers, das heißt eine nicht fachspezifische, sondern allgemein akademische Qualifikation (vgl. BAG 15.03.2006, 4 AZR 157/05, ZTR 2006, S. 590–592 m. w. N.).

Wichtig: Werden die Anforderungen nicht erfüllt, ist der Mitarbeiter eine Entgeltgruppe niedriger einzugruppieren (Vorbemerkung Nr. 1 Abs. 4 Satz 1 Entgeltordnung – TV-L).

5. Die Heraushebungsmerkmale

Ab Entgeltgruppe 9b Fallgruppe 1 arbeitet der TV-L – wie schon im BAT-B/L – mit Heraushebungsmerkmalen (zu den Begriffen siehe Kapitel 2.7). Dabei wird vor allem mit diesen Heraushebungsmerkmalen gearbeitet:

- besonders verantwortungsvolle Tätigkeit (Entgeltgruppe 9b Fallgruppe 1)
- besondere Schwierigkeit und Bedeutung (Entgeltgruppe 10/11, Entgeltgruppe 14 Fallgruppe 1 und 2)
- erhebliches Maß an Verantwortung (Entgeltgruppe 12, Entgeltgruppe 15 Fallgruppe 1).

Diese Merkmale entsprechen in ihrem Wortlaut und in ihrer Systematik den Tätigkeitsmerkmalen des BAT-B/L, so dass auf die entsprechende Rechtsprechung zurückgegriffen werden kann. Dabei gilt es zu beachten, dass die Heraushebungsmerkmale

- besondere Schwierigkeit und Bedeutung (Entgeltgruppe 10/11, Entgeltgruppe 14 Fallgruppe 1 und 2)
- erhebliches Maß an Verantwortung (Entgeltgruppe 12, Entgeltgruppe 15 Fallgruppe 1)

jeweils in gleicher Weise ausgelegt werden. Unterschiedlich ist lediglich die Vergleichsbasis (Grundmerkmal) für die Heraushebung:

Merkmale		
Grundmerkmal	**EG 9b FG 2:** gründliche, umfassende Fachkenntnisse und selbständige Leistungen	**EG 13:** abgeschlossene wissenschaftliche Hochschulbildung und entsprechende Tätigkeit
	EG 9b FG 3: abgeschlossene Hochschulbildung und entsprechende Tätigkeit	
Heraushebungsmerkmale	**EG 9b FG 1:** besonders verantwortungsvolle Tätigkeit	
	EG 10/11: besondere Schwierigkeit und Bedeutung	**EG 14 FG 1 und 2:** besondere Schwierigkeit und Bedeutung
	EG 12: erhebliches Maß an Verantwortung	**EG 15 FG 1:** erhebliches Maß an Verantwortung

Für die Entgeltgruppen 10 bis 12 bauen die Heraushebungsmerkmale auf gründlichen, umfassenden Fachkenntnissen bzw. der abgeschlossenen Hochschulbildung auf, während die Anforderungen der Entgeltgruppen 14 und 15 auf eine abgeschlossene wissenschaftliche Hochschulbildung aufbauen.

Wir werden deshalb im Folgenden zuerst die Tätigkeitsmerkmale an sich in ihrem tariflichen Zusammenhang erläutern und anschließend konkrete Beispielfälle je Entgeltgruppe aus der Rechtsprechung aufarbeiten.

Teil I: Die Entgeltgruppen 9b bis 12

1. Gründliche, umfassende Fachkenntnisse und selbständige Leistungen – die „alte Vergütungsgruppe Vb Fallgruppe 1a"

In der Entgeltgruppe 9b Fallgruppe 2 TV-L werden gründliche, umfassende Fachkenntnisse und selbständige Leistungen gefordert. Dies entspricht den alten Eingruppierungsregeln der Vergütungsgruppe Vb Fallgruppe 1a BAT-B/L. Folglich kann auf die BAT-Rechtsprechung zum Tätigkeitsmerkmal der gründlichen, umfassenden Fachkenntnisse zurückgegriffen werden:

Die gründlichen, umfassenden Fachkenntnisse

Der Begriff der Gründlichkeit im Sinne der gründlichen, umfassenden Fachkenntnisse ist, obwohl wortgleich, nicht identisch mit dem der Gründlichkeit im Sinne der gründlichen und vielseitigen Fachkenntnisse. Die Vertiefung der Fachkenntnisse muss sich vielmehr deutlich voneinander abheben. Denn nunmehr wird nach der erläuternden Protokollerklärung ausdrücklich eine Steigerung nicht nur der Breite (gleich Umfang) wie bei den vielseitigen Fachkenntnissen, sondern auch nach der Tiefe der einzusetzenden Fachkenntnisse gefordert. Die Begriffe „gründlich" und „umfassend" sind somit nicht getrennt zu beurteilen. Vielmehr ist dieses Tätigkeitsmerkmal den „gründlichen und vielseitigen Fachkenntnissen" zusammenfassend gegenüberzustellen und einheitlich zu bewerten. Nur wenn unter dieser Bedingung eine entsprechende Steigerung nach Tiefe (Qualität) und Breite (Quantität) gegenüber dem Tätigkeitsmerkmal „gründliche und vielseitige Fachkenntnisse" festgestellt werden kann, ist das Tätigkeitsmerkmal der „gründlichen, umfassenden Fachkenntnisse" erfüllt. Umfassende Fachkenntnisse im o. g. Sinne werden danach für einen Aufgabenkreis jedenfalls dann nicht benötigt, wenn dieser im Verhältnis zu dem Gesamtgebiet oder den Gebieten der beschäftigenden Verwaltung nur einen relativ geringen Ausschnitt darstellt (vgl. BAG 05.07.2017, 4 AZR 866/15, AP Nr. 338 zu §§ 22, 23 BAT 1975 m. w. N.).

Die Tätigkeit muss vielmehr so ausgestaltet sein, dass sie nur bei stärkerem Eindringen in die maßgeblichen Bestimmungen/Regelungen erbracht werden kann. Für die Entgeltgruppe 9b Fallgruppe 2 ist damit ein Fachwissen erforderlich, das sich nicht auf die bloße Kenntnis von (Gesetzes-)Tatbeständen beschränkt. Es soll zu stärker analysierenden Denkvorgängen, wie sie für die Entscheidung von

Zweifelsfällen typisch sind, befähigen. Ein Mitarbeiter der Entgeltgruppe 9b Fallgruppe 2 muss also in der Lage sein, zweifelsfrei unter Beachtung des Wortlauts des Gesetzes, des Gesetzeszusammenhangs sowie unter Berücksichtigung des groben Überblicks über die maßgebende Literatur und Rechtsprechung Sachverhalte zu lösen (vgl. BAG 05.07.2017, 4 AZR 866/15, AP Nr. 338 zu §§ 22, 23 BAT 1975).

Gründliche, umfassende Fachkenntnisse müssen sich aber nicht nur auf Rechtskenntnisse beziehen. Vielmehr sind alle Fachkenntnisse, die der Beschäftigte zur Aufgabenerfüllung benötigt, heranzuziehen. Das können wirtschaftlich-kaufmännische oder technische Kenntnisse sein, aber auch Erfahrungswissen (vgl. LAG Düsseldorf 19.08.2020, 4 Sa 124/20, zit. nach WKRS 2020, 56332).

Praxis-Tipp:

Es handelt sich aber regelmäßig um Kenntnisse auf Dipl.-FH-Niveau (vgl. z. B. LAG Nds 29.04.2002, 8 Sa 1049/01 E; LAG M-V 26.07.2016, 5 Sa 226/15, zit. nach WKRS 2016, 25458; BAG 15.02.2006, 4 AZR 645/04, AP Nr. 32 zu §§ 22, 23 BAT-O).

Der Abschluss einer Dipl.-FH-Ausbildung ist aufgrund der Hochschulreform nur noch zeitlich begrenzt möglich. Bildungsrechtlich wird der Abschluss durch die neuen Bachelor-Abschlüsse ersetzt (vgl. Beschluss der KMK vom 14.04.2000; Beschluss der KMK vom 20.09.2007 und der IMK vom 07.12.2007).

Beispiele zu gründlichen, umfassenden Fachkenntnissen

Gründliche, umfassende Fachkenntnisse erfordern ein entsprechend vielschichtiges Arbeitsgebiet, wie zum Beispiel die Sachbearbeiter im Sachgebiet „Planfeststellung und Grunderwerb" mit folgenden fünf Arbeitsvorgängen:

1. Bearbeiten von Grunderwerbs- und Entschädigungsvorgängen (70 Prozent)
2. Bearbeiten von Entschädigungen bei Eingriff in den eingerichteten und ausgeübten Gewerbebetrieb (10 Prozent)
3. Vorbereiten und Abwickeln der Vergabe von Aufträgen mit Geschäftsbesorgern (5 Prozent)

4. Prüfen und Vorbereiten von Verfahren zur vorzeitigen Besitzeinweisung und Enteignung einschließlich Entschädigung bzw. Entschädigungsfeststellungsverfahren sowie zur Flurbereinigung (10 Prozent)
5. Vorbereiten und Abwickeln der Vergabe von Aufträgen zur Liegenschaftsvermessung (5 Prozent).

Bereits der Arbeitsvorgang 1) „Bearbeiten von Grunderwerbs- und Entschädigungsvorgängen" erfordert gründliche, umfassende Fachkenntnisse. Der Beschäftigte benötigt für die Bearbeitung der damit übertragenen Aufgaben nicht nur genaue Kenntnis einer hohen Anzahl von Gesetzen, Verordnungen und Richtlinien bzw. Verwaltungsvorschriften, sondern hat bei der Erarbeitung von Kaufverträgen diese unter Berücksichtigung von grundstücksbezogenen Verträgen und speziellen Bewertungsfragen zu beachten und anzuwenden. Damit sind nicht nur Teilbereiche der für die Erarbeitung von Kaufverträgen erforderlichen rechtlichen oder weiteren fachlichen Kenntnisse vonnöten, sondern ein breites fachliches Spektrum, das in das Erkennen von rechtlichen Zusammenhängen und Erarbeiten von Schlussfolgerungen einfließt und deshalb über die gründlichen und vielseitigen Fachkenntnisse quantitativ und qualitativ hinausgeht.

Vergleichbares gilt für die weiteren Arbeitsvorgänge. Auch hier erfordert die Vornahme eigener Schätzungen ein umfassendes Wissen über Theorie und Praxis der Schätzungen zur Verkehrswertermittlung einschließlich der anzuwendenden Rechtsvorschriften, was auch Voraussetzung für die Plausibilitätsprüfungen der eingeholten Wertgutachten ist. Bewertungen, die nicht bereits von anderen vorgegeben wurden, werden weiterverarbeitet. Bei eigenen Schätzungen nimmt der Mitarbeiter die Bewertung selbst vor. Damit eingeschlossen ist auch die Bewertung von Gebäuden und deren ggf. bestehender Mängel für die Ermittlung des Verkehrswertes der Liegenschaft. Da der Mitarbeiter die eigenen oder eingeholten und geprüften Bewertungen für Kaufverhandlungen zugrunde legt, muss er auch bei diesem Arbeitsvorgang die Auswirkungen seiner Tätigkeit überblicken, so dass auch hier gründliche, umfassende Fachkenntnisse zu bejahen sind (vgl. LAG Berlin-Brandenburg 16.09.2010, 25 Sa 971/10).

Beispiel aus der Rechtsprechung:

Bei einem Qualitätsmanagement-Mitarbeiter in einem Universitätsklinikum liegen gründliche, umfassende Fachkenntnisse vor:

Das Zusammenstellen von Daten für den strukturierten Qualitätsbericht und weitere Statistiken sowie Reporte erfordert Fachkenntnisse, wie sie z. B. in einem Fachhochschul- oder Bachelorstudium erworben werden. Die benötigten Fachkenntnisse lassen sich nicht allein einer Fachrichtung zuordnen. Die Tätigkeit erfordert punktuell Fachkenntnisse aus dem Recht der gesetzlichen Krankenversicherung, Fachkenntnisse zur elektronischen Datenverarbeitung sowie aus dem medizinischen Bereich, insbesondere ein Verständnis für medizinische Fachbegriffe. Der Mitarbeiter muss die genannten Fachgebiete zwar nicht umfänglich beherrschen, jedoch benötigt er punktuell jeweils vertiefte Kenntnisse. Die Breite des geforderten Fachwissens ergibt sich aus den interdisziplinären Bezügen. Die Fachkenntnisse entsprechen denjenigen eines sechssemestrigen Bachelorstudiengangs im Gesundheitsmanagement, bei dem jedenfalls auch das Management medizinischer Daten (medical controlling) Bestandteil der Ausbildung ist (https://berufenet.arbeitsagentur.de; vgl. LAG M-V 28.01.2020, 5 Sa 118/19, zit. nach WKRS 2020, 13374).

Weitere Beispiele für gründliche, umfassende Fachkenntnisse:

- Aufstellen und Bewerten von Bilanzen

  (BAG 15.02.2006, 4 AZR 645/04, AP Nr. 32 zu §§ 22, 23 BAT-O)

- Bei einer **Fallmanagerin in einem Jobcenter** liegen gründliche, umfassende Fachkenntnisse vor: Für ihre Tätigkeit ist ein Fachwissen erforderlich, welches als Grundlage für analysierende, zur Entscheidung von Zweifelsfällen notwendige Denkvorgänge dient. Die Mitarbeiterin benötigt nach der von ihr angeführten Anlage zur BAK (Beschreibung des Aufgabenkreises) neben der Kenntnis der Vorschriften aus verschiedenen Büchern des SGB und der aktuellen sozialgerichtlichen Rechtsprechung zum SGB II darüber hinaus weitere umfangreiche Fachkenntnisse, z. B. über arbeitsmarktrechtliche Förderinstrumente, in den Bereichen

Konflikt-/Zeitmanagement und Kommunikation sowie Grundkenntnisse der sozialen Diagnostik.

(vgl. BAG 22.06.2022, 4 AZR 495/21, AP Nr. 8 zu § 12 TV-L)

- **Der Arbeitsvorgang Innenrevision** an einer Hochschule erfordert (bei pauschaler, summarischer Prüfung) gründliche, umfassende Fachkenntnisse: Die Mitarbeiterin, welche Verwaltungsfachwirtin ist, weist in ihren Tätigkeiten im Bereich der Prüfung von Drittmittelprojekten sowie der Studierendenschaft derartige gründliche, umfassende Kenntnisse auf. So sind Gegenstand der Ausbildung zur Verwaltungsfachwirtin auch haushaltsrechtliche Kenntnisse. Die Mitarbeiterin muss jedoch bei der Prüfung von Drittmittelprojekten sowie des Haushaltes der Studierendenschaft nicht nur die Rechtsgrundlagen, Bescheide etc. kennen, sondern diese zur Voraussetzung ihrer Prüftätigkeit machen und so anwenden, dass die von ihr zu prüfenden Vorgänge entweder der Rechtmäßigkeit oder Nichtrechtmäßigkeit in Anwendung dieser Vorschriften zugeführt werden können.

  (vgl. LAG M-V 09.10.2018, 5 Sa 223/17; zit. nach WKRS 2018, 52128)

- Die Tätigkeit der **betriebswirtschaftlichen Beratung von Handwerksbetrieben** erfordert gründliche, umfassende Fachkenntnisse. Es sind betriebswirtschaftliche Fachkenntnisse nötig, wie sie in einem Fachhochschul- oder einem vergleichbaren Studium vermittelt werden. Das entspricht den Bedingungen der Zuwendungsrichtlinie für die Einrichtung von Betriebsberatungsstellen. Nach Ziffer 5.1.1 der aktuell geltenden Richtlinie zur Förderung eines Innovationsclusters im Handwerk durch ein Informations-, Beratungs- und Technologietransfernetzwerk [Know-how-Transfer im Handwerk] des Bundesministeriums für Wirtschaft und Energie vom 10. Januar 2017 müssen Betriebsberater in der Regel ein Hochschulstudium abgeschlossen haben und über entsprechende Sachkunde im jeweiligen Tätigkeitsbereich sowie über die für die Beratung erforderlichen sozialen Kompetenzen verfügen. Neubesetzungen bedürfen der Zustimmung des ZDH. Um die Inhaber von Handwerksbetrieben, die regelmäßig über eine Meisterausbildung verfügen, in betriebswirtschaftlicher Hinsicht fachgerecht beraten zu können, bedarf es der Kenntnisse und Fähigkeiten aus einem FH- oder Bachelorstudium Betriebswirtschaft. Gegenstand eines solchen Studiums sind u. a.

grundlegende Fachkenntnisse zum betrieblichen Rechnungswesen (Buchführung/Bilanzierung), Steuerlehre, Controlling, Finanzierung, Investitionsplanung, Unternehmensführung, Personalplanung, Marketing usw. Betriebswirtschaftliche Kenntnisse dieses Umfangs werden in einer Meisterausbildung, die vor allem technische Kenntnisse zum Gegenstand hat, nicht vermittelt.

(vgl. LAG M-V 22.03.2022, 5 Sa 169/21; zit. nach WKRS 2022, 15306)

Selbständige Leistungen

Es gelten die gleichen Anforderungen wie bei Entgeltgruppe 8 und 9a. Lediglich die vorausgesetzten Fachkenntnisse erreichen hier ein neues Niveau. Sie müssen gründlich, umfassend sein.

Beispiele aus der Rechtsprechung:

1. Qualitätsmanagement-Mitarbeiter in einem Universitätsklinikum

   Das Zusammenstellen von Daten für den strukturierten Qualitätsbericht und weitere Statistiken sowie Reporte erfordert eine Verknüpfung unterschiedlicher Informationen und Überlegungsprozesse, wie weiter zu verfahren ist. Das gilt insbesondere für die Prüfung der Daten auf Vollständigkeit oder Unstimmigkeiten. Der Mitarbeiter hat auf der Grundlage des vorausgesetzten Fachwissens Wege zu finden, die ihm eine zuverlässige und schnelle Prüfung der eingegebenen Daten sowie eine Auswahl bestimmter Daten nach bestimmten Kriterien ermöglichen. Er hat sich Gedanken zu machen, wie er die einzelnen Kliniken informiert oder schult. Er hat für die Umsetzung der Vorgaben des Gemeinsamen Bundesausschusses (G-BA), des Instituts für Qualitätssicherung und Transparenz im Gesundheitswesen (IQTIG) und anderer Akteure im Qualitätswesen zu sorgen.

   (vgl. LAG M-V 28.01.2020, 5 Sa 118/19, zit. nach WKRS 2020, 13374)

2. Fallmanagerin in einen Jobcenter

   Ihr steht ein Ermessens-, Entscheidungs- und Gestaltungsspielraum bei der Erarbeitung des Arbeitsergebnisses zu. Sie führt Erstgespräche mit den Leistungsberechtigten mit

7

dem Ziel der Erfassung der vorhandenen Ressourcen und etwaiger Problemlagen, die Vermittlungshindernisse bilden können. Anschließend plant sie die möglichen Vermittlungsschritte, um eine Integration des Leistungsberechtigten in den Arbeitsmarkt zu erreichen. In diesem Zusammenhang erarbeitet sie Eingliederungsvereinbarungen, die auch fortgeschrieben und gegebenenfalls angepasst werden müssen. Dabei werden von der Mitarbeiterin Abwägungsprozesse verlangt, in deren Rahmen Anforderungen an das Überlegungsvermögen gestellt werden, weil für eine solche Entscheidung unterschiedliche Informationen verknüpft und gegeneinander abgewogen werden müssen.

(vgl. BAG 22.06.2022, 4 AZR 495/21, AP Nr. 8 zu § 12 TV-L)

3. Betriebswirtschaftliche Beratung von Handwerksbetrieben

   Die Mitarbeiterin verfügt über entsprechende Beurteilungs- und Gestaltungsspielräume, die eine Abwägung zwischen verschiedenen Möglichkeiten und Herangehensweisen erfordern. Sie muss sich darüber schlüssig werden, auf welchem Weg das Ziel am ehesten zu erreichen ist.

   (vgl. LAG M-V 22.03.2022, 5 Sa 169/21; zit. nach WKRS 2022, 15306)

4. Innenrevisor an einer Hochschule

   Die Tätigkeit erfordert (bei pauschaler, summarischer Prüfung) selbständige Leistungen: Die Mitarbeiterin stellt eigenständig Prüfberichte her über die von ihr zu prüfenden Vorgänge wie Drittmittelprojekte. Hierbei überprüft sie die Ausgaben im Hinblick auf zweckentsprechende Verwendung sowie die Belege, ob die Ausgaben durch entsprechende Belege gedeckt sind. Des Weiteren prüft sie eigenständig den Haushalt der Studierendenschaft und empfiehlt dem Rektor, ob dieser genehmigt werden kann.

   (vgl. LAG M-V 09.10.2018, 5 Sa 223/17; zit. nach WKRS 2018, 52128)

2. Abgeschlossene Hochschulbildung und entsprechende Tätigkeit

Die Fallgruppe 3 der Entgeltgruppe 9b TV-L fordert – wie der TVöD – im Vergleich zum alten BAT-B/L als neues Tätigkeitsmerkmal eine abgeschlossene Hochschulbildung und entsprechende Tätigkeiten. Die Anforderungen an die abgeschlossene Hochschulbildung wurden in Kapitel 6.2 vorgestellt. Für die entsprechende Tätigkeit gilt grundsätzlich das zu Entgeltgruppe 5 Fallgruppe 2 Gesagte entsprechend (siehe Kapitel 5.1). Für das hier erforderliche Dipl.-FH- bzw. BA-Niveau heißt das: Eine Tätigkeit entspricht einer Dipl.-FH-Ausbildung, wenn die durch diese konkrete Dipl.-FH-Ausbildung erworbenen Kenntnisse und Fähigkeiten zur Ausübung der Tätigkeit erforderlich, das heißt notwendig sind. Nicht ausreichend ist es hingegen, wenn die Dipl.-FH-Qualifikation des Mitarbeiters für seinen Aufgabenkreis lediglich nützlich oder erwünscht ist. Voraussetzung ist vielmehr, dass nur solche Mitarbeiter, die ein entsprechendes Dipl.-FH-Studium erfolgreich abgeschlossen haben oder über gleichwertige Fähigkeiten und Erfahrungen verfügen, die Tätigkeit ordnungsgemäß und sachgerecht ausüben können. Dies erfordert einen Vergleich mit den Studieninhalten und inwieweit der Mitarbeiter diese in der Praxis benötigt (vgl. LAG Berlin-Brandenburg 10.02.2011, 26 Sa 2121/10, zit. nach WKRS 2011, 17264; LAG M-V 11.01.2022, 5 Sa 111/21 m. w. N., zit. nach WKRS 2022, 10915).

3. Die Entgeltgruppe 9b Fallgruppe 1 – besonders verantwortungsvolle Tätigkeit

Darüber hinaus wird in der Entgeltgruppe 9b Fallgruppe 1 das Heraushebungsmerkmal der „besonders verantwortungsvollen" Tätigkeit gefordert (zu den Heraushebungsmerkmalen siehe Kapitel 2.7).

Mit dem Tätigkeitsmerkmal der besonders verantwortungsvollen Tätigkeit hat sich das BAG in seinen Entscheidungen vom 29.01.1986 (4 AZR 465/84, AP Nr. 115 zu §§ 22, 23 BAT 1975) und vom 19.03.1986 (4 AZR 642/84, AP Nr. 116 zu §§ 22, 23 BAT 1975) intensiv auseinandergesetzt. Die Rechtsprechung verweist regelmäßig auf diese Grundsatzentscheidungen (vgl. z. B. BAG 12.05.2004, 4 AZR 371/03, AP Nr. 301 zu §§ 22, 23 BAT 1975; BAG 21.01.2015, 4 AZR 253/13, AP Nr. 44 zu §§ 22, 23 BAT-O).

Nach den o. g. Grundsatzurteilen ist nach wie vor auch im TV-L von einer besonders verantwortungsvollen Tätigkeit auszugehen, wenn diese Bedingungen erfüllt sind.

§ Besonders verantwortungsvolle Tätigkeiten liegen vor, wenn die dem Beschäftigten übertragene Verantwortung beträchtlich gewichtiger ist als die bereits in der Vergütungsgruppe Vb Fallgruppe 1a geforderte „Normalverantwortung"

(vgl. BAG 19.03.1986, 4 AZR 642/84, AP Nr. 116 zu §§ 22, 23 BAT 1975; BAG 15.02.2006, 4 AZR 645/04, AP Nr. 32 zu §§ 22, 23 BAT-O).

Normalverantwortung bedeutet:

§ **BAG vom 09.05.2007**

Nach der ständigen Rechtsprechung des Senats ist unter „Verantwortung" im Sinne des zur Beurteilung stehenden Tarifmerkmals zunächst die Verpflichtung der Angestellten zu verstehen, dafür einstehen zu müssen, dass in dem ihr übertragenen Dienst- oder Arbeitsbereich die dort – auch von anderen Bediensteten – zu erledigenden Aufgaben sachgerecht, pünktlich und vorschriftsgemäß ausgeführt werden.

(BAG 09.05.2007, 4 AZR 351/06, AP Nr. 33 zu §§ 22, 23 BAT-O)

Die hier geforderte besondere Verantwortung erfordert demnach Tätigkeiten mit besonderer/erheblicher Tragweite (BAG 15.02.2006, 4 AZR 645/04, AP Nr. 32 zu §§ 22, 23 BAT-O; BAG 12.05.2004, 4 AZR 371/03, AP Nr. 301 zu §§ 22, 23 BAT 1975).

Die besondere Verantwortung kann sich damit typischerweise beziehen auf:

- andere Mitarbeiter (Leitungs-/Aufsichtsfunktionen)
- Dritte Personen
- Sachen
- Arbeitsabläufe
- zu gewinnende wissenschaftliche Resultate
- technische Zusammenhänge (beim Einsatz von Computern)

soweit diese mit Auswirkungen von erheblicher Tragweite verbunden sind (vgl. BAG 21.01.2015, 4 AZR 253/13, AP Nr. 44 zu §§ 22, 23 BAT-O; BAG 21.02.2001, 4 AZR 40/00, zit. nach WKRS 2001, 24761).

§

BAG vom 15.02.2006

Das Merkmal fordert allerdings nicht, dass der Angestellte die letzte oder alleinige Verantwortung trägt. Es kann nämlich im Einzelfall durchaus so liegen, dass der Angestellte, obwohl er als der Verantwortliche nicht in Erscheinung tritt, an Maßnahmen mit erheblichen Auswirkungen gegenüber dem öffentlichen Arbeitgeber oder Dritten deshalb wesentlich beteiligt ist, weil sein Vorgesetzter zur Nachprüfung aller vom Angestellten bearbeiteten Vorgänge schon zeitlich nicht in der Lage und deshalb nicht dazu verpflichtet ist. In solchen Fällen kann eine bestehende Mitverantwortung je nach Umfang und Bedeutung der Beteiligung des Angestellten die Eigenschaft der besonderen Verantwortung (...) begründen. Dabei kommt es **maßgeblich** darauf an, **ob und inwieweit eine echte Nachprüfung der vom Angestellten vorgelegten Sachen erfolgt. Ist dies nicht der Fall, kann somit eine Mitverantwortung des Angestellten ausreichend sein; eine Verantwortung nach außen wird dann nicht zwingend gefordert.**

(BAG 15.02.2006, 4 AZR 645/04, AP Nr. 32 zu §§ 22, 23 BAT-O m. w. N.; *Hervorhebung durch die Verfasser*)

So muss dem Mitarbeiter beispielsweise keine Unterschriftsbefugnis obliegen. Trotzdem kann – je nach Lage des Einzelfalls – der Unterschriftsbefugnis eine Bedeutung zukommen, nämlich dann, wenn dem Arbeitnehmer keine Unterschriftsbefugnis eingeräumt worden ist, da seine Arbeitsergebnisse inhaltlich im Detail kontrolliert und danach ggf. nochmals geändert werden. Bei einer solchen Fallkonstellation kann dem Arbeitnehmer die Arbeitsleistung und damit die Verantwortung nicht mehr unmittelbar zugerechnet werden. Er ist nicht selbst für die richtige Ausführung seiner Arbeit verantwortlich und muss dementsprechend auch nicht selbst für seine Arbeitsergebnisse einstehen (vgl. zur Bedeutung der Unterschriftsbefugnis: BAG 18.06.1997, 4 AZR 28/95, ZTR 1998, S. 87).

Zusammenfassend ist von diesen Prüfkriterien auszugehen:

Prüfung der besonders verantwortungsvollen Tätigkeit
■ Feststellung der stellen-/aufgabenbezogenen (Normal-)Verantwortung des Arbeitnehmers ■ Prüfen, welche konkreten Folgen sich aus dem Handeln bzw. Nichthandeln des Arbeitnehmers ergeben können, um Tätigkeiten mit erheblichen Auswirkungen zu ermitteln ■ Abgrenzung der Feststellungen nach oben, insbesondere dem Begriff der „Bedeutung" der Entgeltgruppe 10/11

Beispiele aus der Rechtsprechung:

1. So ergibt sich die besondere Verantwortung bei einem **Sachbearbeiter im Sachgebiet „Planfeststellung und Grunderwerb"** (Aufgaben siehe Kapitel 7.1) aus der Betroffenheit des Landes, der Allgemeinheit und der Eigentümer von den von ihm getroffenen Entscheidungen bzw. ihrer Auswirkungen. Vom Handeln des Mitarbeiters werden drei Interessengruppen berührt: Bei einem Eigentumswechsel sind die bisherigen Eigentümer und auch der Landesbetrieb betroffen. Es geht dabei um beträchtliche finanzielle Mittel. Daneben führen lange Verhandlungen zu Verzögerungen in der Bauausführung, wodurch die Allgemeinheit betroffen ist, weil Straßen später übergeben werden können und Verbesserungen des Verkehrsflusses erst verzögert eintreten. Dadurch können ggf. auch wiederum höhere Kosten für den Landesbetrieb, aber auch die Allgemeinheit anfallen.

   (LAG Berlin-Brandenburg 16.09.2010, 25 Sa 971/10)

2. Bei einem **Qualitätsmanagement-Mitarbeiter** in einem Universitätsklinikum liegen besonders verantwortungsvolle Tätigkeiten aus folgenden Überlegungen vor: Das Zusammenstellen von Daten für den strukturierten Qualitätsbericht und weitere Statistiken sowie Reporte ist mit einer besonderen Verantwortung verbunden, die sich von der Normalverantwortung, welche mit der Vergütungsgruppe Vb BAT-O (entspricht heute Entgeltgruppe 9b Fallgruppe 2 TV-L) abgegolten ist, deutlich abhebt. Der Mitarbeiter hat dafür einzustehen, dass die maßgeblichen Daten vollständig und rechtzeitig vorliegen und versandt werden können. Andernfalls drohen Sanktionen des Gemeinsamen Bundesausschusses. Eventuelle Fehler fallen auf den Mitarbeiter zurück, der sich hierfür gegenüber seinem Vorgesetzten zu rechtfertigen hat. Die Verantwortung liegt zu einem großen Teil bei ihm, nicht beim Vorgesetzten. Die Qualitätssicherung hat einen erheblichen Einfluss auf das Renommee des Klinikums, zu dem der Mitarbeiter einen maßgeblichen Beitrag leistet. Der Mitarbeiter trägt mehr Verantwortung als einem Mitarbeiter, der über gründliche, umfassende Fachkenntnisse bzw. eine einschlägige Fachhochschulausbildung verfügt und am Anfang seiner Berufslaufbahn steht, regelmäßig übertragen werden kann. Vielmehr ist eine mehrjährige einschlägige Berufserfahrung nötig, wie sie in der Stellenausschreibung (...) gefordert ist.

(vgl. LAG M-V 28.01.2020, 5 Sa 118/19, zit. nach WKRS 2020, 13374)

3. Die Tätigkeit einer **Fallmanagerin in einem Jobcenter** ist besonders verantwortungsvoll: Die Mitarbeiterin hat insbesondere Entscheidungen über Leistungen zur Beseitigung von Vermittlungshindernissen zu treffen, die für die Leistungsberechtigten Auswirkungen von erheblicher Tragweite haben.

   (vgl. BAG 22.06.2022, 4 AZR 495/21, AP Nr. 8 zu § 12 TV-L)

4. **Der Arbeitsvorgang Innenrevision** an einer Hochschule ist (bei pauschaler, summarischer Prüfung) besonders verantwortungsvoll: Die Erstellung der Verwendungsnachweisprüfung bei Drittmittelprojekten nach § 44 LHO M-V bzw. § 44 BHO, die Prüfung der Studierendenschaft sowie die Beachtung der Antikorruptionsrichtlinie und die Zusammenfassung in der Erstellung von Prüfberichten stellt dabei besonders verantwortungsvolle Tätigkeiten dar, da die Nichteinhaltung der Vorschriften bzw. fälschliche Erstellung der Prüfberichte Auswirkungen auf die Hochschule sowie Drittmittelgeber haben kann. Dies folgt bereits daraus, dass die Innenrevision die Tätigkeit der übrigen Verantwortlichen bei der Verwaltung der Projekte im Hinblick auf Ausgaben kontrolliert.

   (vgl. LAG M-V 09.10.2018, 5 Sa 223/17; zit. nach WKRS 2018, 52128)

5. Die Tätigkeit als **betriebswirtschaftliche Beraterin für Handwerksbetriebe** ist besonders verantwortungsvoll im Sinne des Tarifvertrages. Die Mitarbeiterin hat dafür einzustehen, dass die von ihr betreuten Handwerksbetriebe in betriebswirtschaftlicher Hinsicht ordnungsgemäß beraten werden. Sie selbst erstellt die entsprechenden Konzepte, ohne diese von einem Vorgesetzten prüfen und genehmigen zu lassen. Die Verantwortung für die Beratungstätigkeit liegt bei ihr, nicht bei einem Vorgesetzten. Sie unterliegt keiner engmaschigen Kontrolle. Sie selbst hat für die Richtigkeit und Fehlerfreiheit ihrer betriebswirtschaftlichen Analysen, der erstellten Businesspläne, des Vorgehens bei der Kapitalbeschaffung etc. einzustehen.

   (vgl. LAG M-V 22.03.2022, 5 Sa 169/21; zit. nach WKRS 2022, 15306)

Weitere Rechtsprechungs-Beispiele:

In diesen Fällen wurde eine besonders verantwortungsvolle Tätigkeit bejaht:

- Führen von Verhandlungen über privatrechtliche Duldungs-, Nutzungs-, Pacht-, Kauf- oder Tauschverträge über Grundstücke, ohne Abschlussvollmacht und anhand von Vertragsmustern

  (vgl. BAG 17.08.1994, 4 AZR 644/93, AP Nr. 183 zu §§ 22, 23 BAT 1975)

- einziger Personalsachbearbeiter einer Dienststelle

  (vgl. LAG Düsseldorf 04.02.1997, 16 Sa 1554/96, zit. nach Hofmann/Reidelbach, P 150)

- Controller als Projektleiter zur Einführung einer dienststellenweiten Kosten- und Leistungsrechnung

  (vgl. LAG Nds. 29.04.2002, 8 Sa 1049/01 E)

- Besonders verantwortungsvoll im tariflichen Sinne ist nämlich eine Arbeit vor allem dann, wenn eine Position mit Führungsaufgaben für Untergebene wahrgenommen wird und damit eine Zuständigkeit für das Funktionieren einer ganzen Einheit besteht.

  (vgl. LAG M-V 21.06.2022, 2 Sa 73/21 m. w. N., zit. nach WKRS 2022, 37272)

4. Die besondere Schwierigkeit und Bedeutung

§

Entgeltgruppe 10

Beschäftigte im Büro-, Buchhalterei-, sonstigen Innendienst und im Außendienst, deren Tätigkeit sich mindestens zu einem Drittel durch besondere Schwierigkeit und Bedeutung aus der Entgeltgruppe 9b Fallgruppe 1 heraushebt.

(Hierzu Protokollerklärung Nr. 3)

§

Entgeltgruppe 11

Beschäftigte im Büro-, Buchhalterei-, sonstigen Innendienst und im Außendienst, deren Tätigkeit sich durch besondere Schwierigkeit und Bedeutung aus der Entgeltgruppe 9b Fallgruppe 1 heraushebt.

(Hierzu Protokollerklärung Nr. 3)

§

Entgeltgruppe 14 Fallgruppe 1

Beschäftigte mit abgeschlossener wissenschaftlicher Hochschulbildung und entsprechender Tätigkeit sowie sonstige Beschäftigte, die aufgrund gleichwertiger Fähigkeiten und ihrer Erfahrungen entsprechende Tätigkeiten ausüben, deren Tätigkeit sich durch besondere Schwierigkeit und Bedeutung aus der Entgeltgruppe 13 heraushebt.

(Hierzu Protokollerklärung Nr. 1)

§

Entgeltgruppe 14 Fallgruppe 2

Beschäftigte mit abgeschlossener wissenschaftlicher Hochschulbildung und entsprechender Tätigkeit sowie sonstige Beschäftigte, die aufgrund gleichwertiger Fähigkeiten und ihrer Erfahrungen entsprechende Tätigkeiten ausüben, deren Tätigkeit sich mindestens zu einem Drittel durch besondere Schwierigkeit und Bedeutung aus der Entgeltgruppe 13 heraushebt.

(Hierzu Protokollerklärung Nr. 1)

Der Unterschied zwischen Entgeltgruppe 10 bzw. Entgeltgruppe 14 Fallgruppe 2 und Entgeltgruppe 11 bzw. Entgeltgruppe 14 Fallgruppe 1 TV-L liegt nicht in den inhaltlichen Anforderungen (besondere Schwierigkeit und Bedeutung). Diese sind in allen drei Entgeltgruppen identisch. Vielmehr kommt es ausschließlich auf den Zeitanteil an: Für Entgeltgruppe 10 bzw. Entgeltgruppe 14 Fallgruppe 2 TV-L genügt ein Drittel, für Entgeltgruppe 11 bzw. Entgeltgruppe 14 Fallgruppe 1 ist hingegen ein Zeitanteil von 50 Prozent erforderlich.

Alle drei Entgeltgruppen können im Folgenden aus inhaltlicher Sicht somit einheitlich betrachtet werden.

Begriffsklärung

Verlangt wird eine Heraushebung bezüglich der besonderen Schwierigkeit und Bedeutung der Tätigkeit (zum Begriff der Heraushebung siehe Kapitel 2.7).

Mit den Tätigkeitsmerkmalen „besondere Schwierigkeit und Bedeutung“ werden zwei voneinander abgrenzbare, unterschiedliche tarifliche Anforderungen gestellt. Die Schwierigkeit betrifft die Anforderungen an das fachliche Können des Beschäftigten, die Bedeutung hingegen die Auswirkungen der übertragenen Aufgaben (BAG 22.06.2022, 4 AZR 495/21, AP Nr. 8 zu § 12 TV-L m. w. N. auf die Rechtsprechung des BAG).

Dabei ist insbesondere zu berücksichtigen, dass beide Anforderungen kumulativ (= gleichzeitig) erfüllt sein müssen. Im Rahmen der Eingruppierung ist deshalb im Einzelnen und unabhängig voneinander zu prüfen, ob die Tätigkeiten des Beschäftigten das Heraushebungsmerkmal der besonderen Schwierigkeit erfüllen und ob sie darüber hinaus auch noch bedeutungsvoll sind (vgl. BAG 21.03.2012, 4 AZR 292/10, AP Nr. 322 zu §§ 22, 23 BAT 1975).

Die tarifliche Anforderungskombination der „besonderen Schwierigkeit“ bezieht sich nach der ständigen Rechtsprechung des BAG auf die fachliche Qualifikation des Arbeitnehmers, das heißt auf sein fachliches Können und auf seine fachliche Erfahrung. Sie verlangt, dass sich die Tätigkeit des Arbeitnehmers hinsichtlich der fachlichen Anforderungen in beträchtlicher, gewichtiger Weise von denjenigen der niedrigeren Entgeltgruppe abhebt. Wird dort in dem einschlägigen Tätigkeitsmerkmal eine einem bestimmten Beruf entsprechende Tätigkeit („Normaltätigkeit“) gefordert, sind die Ausbildungsinhalte dieses Berufs während des streitigen Anspruchszeitraums maßgebend. Die erhöhte Qualifizierung im Vergleich zur „Normaltätigkeit“ dieses Berufs kann sich im Einzelfall aus der Breite und Tiefe des geforderten fachlichen Wissens und Könnens ergeben, aber auch aus außergewöhnlichen Erfahrungen oder einer sonstigen gleichwertigen Qualifikation, etwa Spezialkenntnissen (vgl. BAG 22.06.2022, 4 AZR 495/21, AP Nr. 8 zu § 12 TV-L; BAG 18.11.2015, 4 AZR 605/13, AP Nr. 335 zu §§ 22, 23 BAT 1975; BAG 11.02.2004, 4 AZR 684/02, AP Nr. 24 zu §§ 22, 23 BAT-O m. w. N.).

Die besondere Schwierigkeit in diesem Sinne ergibt sich beispielsweise nicht aus der reinen Anwendung einer Software zur Sachverhaltserfassung. Die reine Anwendung entsprechender Software erfordert keinen besonderen technischen Sachverstand. Besondere IT-Kenntnisse – wie etwa zur Programmierung einer Software oder zum Vornehmen von Softwareanpassungen – sind nicht erforderlich (vgl. LAG SLH 27.09.2012, 5 Sa 48/12, ZTR 2013, S. 29 ff.).

Spezialkenntnisse im Sinne der besonderen Schwierigkeit liegen nur vor, wenn diese ein besonderes Gebiet abdecken, das nicht bereits in der grundständigen Ausbildung vermittelt worden ist. Die bloße Einarbeitung in die konkrete berufliche Tätigkeit stellt ebenso wenig Spezialkenntnisse dar wie die Aktualisierung der beruflichen Kenntnisse und Fähigkeiten sowie eine berufliche Weiterbildung im Hinblick auf veränderte technische Entwicklungen. Für den Vergleich sind die aktuellen Studien- und Ausbildungsinhalte maßgeblich (vgl. BAG zum vergleichbaren Begriff der Spezialausbildung: BAG 20.05.2009, 4 AZR 184/08, AP Nr. 12 zu § 1 TVG Tarifverträge: Arbeiterwohlfahrt m. w. N.).

Praxis-Tipp:

Da die Rechtsprechung bei gründlichen, umfassenden Fachkenntnissen von Dipl.-FH-Niveau ausgeht, ist für die besondere Schwierigkeit im Sinne der Entgeltgruppe 10/11 somit ein Wissen erforderlich, das nicht mehr im Rahmen der einschlägigen Dipl.-FH-Ausbildung vermittelt wird.

Gleiches gilt auch für die Entgeltgruppe 14. Hier geht die Rechtsprechung davon aus, dass, wenn in dem einschlägigen Tätigkeitsmerkmal – wie in Entgeltgruppe 13 die abgeschlossene wissenschaftliche Hochschulbildung – eine einem bestimmten Beruf entsprechende Tätigkeit („Normaltätigkeit") gefordert wird, die Ausbildungsinhalte dieses Berufs während des streitigen Anspruchszeitraums für die Prüfung maßgebend sind. Die erhöhte Qualifizierung im Sinne der Entgeltgruppe 14 muss sich demnach durch einen entsprechenden Vergleich zur „Normaltätigkeit" im Sinne des aktuellen Berufs/Berufsbilds gemäß Ausbildungs- und Prüfungsanforderungen ergeben (vgl. BAG 11.02.2004, 4 AZR 684/02, AP Nr. 24 zu §§ 22, 23 BAT-O m. w. N.; BAG 18.11.2015, 4 AZR 605/13, AP Nr. 335 zu §§ 22, 23 BAT 1975; BAG 14.09.2015, 4 AZR 964/13, AP Nr. 46 zu §§ 22, 23 BAT-O).

Wertender Vergleich	
Normaltätigkeit	**Heraushebungsmerkmal**
	z. B. Schwierigkeit:
= das in der Ausbildung Erlernte	= das in der Ausbildung nicht Erlernte
= der zum Berufsbild in jedem Fall gehörende Arbeitsinhalt	= der nicht regelmäßig zum Berufsbild gehörende Arbeitsinhalt
...	...

(vgl. BAG 11.02.2004, 4 AZR 684/02, AP Nr. 24 zu §§ 22, 23 BAT-O; BAG 18.11.2015, 4 AZR 605/13, AP Nr. 335 zu §§ 22, 23 BAT 1975; BAG 14.09.2015, 4 AZR 964/13, AP Nr. 46 zu §§ 22, 23 BAT-O)

Darüber hinaus ist zu beachten, dass sich die Schwierigkeit unmittelbar aus der Tätigkeit selbst ergeben muss. Eine Tätigkeit kann nicht als besonders schwierig im Tarifsinne angesehen werden, „nur" weil sie unter belastenden Arbeitsbedingungen geleistet werden muss (vgl. z. B. BAG 22.06.2022, 4 AZR 495/21, AP Nr. 8 zu § 12 TV-L).

Im Gegensatz zur besonderen Schwierigkeit knüpft die **„Bedeutung"** an die Auswirkungen der Tätigkeit an. Bei der Auslegung dieses Tätigkeitsmerkmals sind zwei Besonderheiten zu beachten:

- Es fehlt das Adjektiv „besonders".
- Die Tarifvertragsparteien greifen erstmals auf diese Anforderung im Entgeltgefüge für Arbeitnehmer mit Dipl.-FH- bzw. abgeschlossener wissenschaftlicher Hochschulbildung zurück.

Aus diesen Gründen genügt es, wenn sich die Tätigkeit des Beschäftigten überhaupt durch ihre Bedeutung deutlich wahrnehmbar aus den Anforderungen der Entgeltgruppe 9b Fallgruppe 1 bzw. Entgeltgruppe 13 TV-L heraushebt.

Die Auslegung des Begriffs „Bedeutung" orientiert sich am allgemeinen Sprachgebrauch, wonach etwas von Bedeutung ist, wenn es von Belang oder großer Tragweite ist, gewichtige Nachwirkungen hat. Dabei ist grundsätzlich jede Art der Auswirkung der Tätigkeit eines Beschäftigten geeignet, die Bedeutung des Aufgabengebiets im tariflichen Sinne zu begründen. Im Einzelnen kommen in Betracht:

- Art oder Größe des Aufgabengebiets bzw.
- die Tragweite für den innerdienstlichen Bereich oder die Allgemeinheit

(vgl. BAG 22.06.2022, 4 AZR 495/21, AP Nr. 8 zu § 12 TV-L; BAG 14.04.1999, 4 AZR 334/98, AP Nr. 263 zu §§ 22, 23 BAT 1975 m. w. N.).

Dabei müssen weitreichende Auswirkungen bzw. erhebliche Folgewirkungen vorliegen. Von einer entsprechenden Tragweite der Arbeit des Arbeitnehmers kann zunächst ausgegangen werden, wenn er bei der Lösung dieser Aufgaben auch über entsprechende Entscheidungskompetenzen verfügt. Fehlen solche Entscheidungskompetenzen, fehlt es auch an den entsprechenden – unmittelbaren – Auswirkungen der Tätigkeit des Arbeitnehmers (vgl. BAG 14.04.1999, 4 AZR 334/98, AP Nr. 263 zu §§ 22, 23 BAT 1975).

Weitreichende Auswirkungen sind zudem regelmäßig erst gegeben, wenn der Mitarbeiter keine Einzelfallentscheidungen trifft, sondern strategische, fallübergreifende Entscheidungen, die für eine Vielzahl von Fallgestaltungen relevant sind, oder Grundsatzentscheidungen zumindest mit zu treffen hat (vgl. BAG 16.05.2013, 4 AZR 445/11, ZTR 2014, S. 90 ff., AP Nr. 328 zu §§ 22, 23 BAT 1975).

Das Vorliegen der o. g. Tätigkeitsmerkmale kann daher nur durch einen wertenden Vergleich zwischen der Grundtätigkeit und der herausgehobenen Tätigkeit begründet werden. Im Streitfall ist es somit nicht ausreichend, wenn die Tätigkeit im Einzelnen dargestellt wird. Vielmehr müssen darüber hinaus Tatsachen dargelegt werden, die den erforderlichen Vergleich mit den nicht herausgehobenen Tätigkeiten ermöglichen (vgl. BAG 22.06.2022, 4 AZR 495/21, AP Nr. 8 zu § 12 TV-L; BAG 07.05.2008, 4 AZR 303/07, AP Nr. 37 zu §§ 22, 23 BAT-O; zum Prüfvorgehen vgl. auch Kapitel 2.7).

Praxis-Tipp:

Diese Anforderungen werden nur durch eine Stellenbeschreibung und eine darauf aufgebaute Stellenbewertung erfüllt. Eine Stellenbeschreibung allein ist nicht ausreichend.

Beispiele:

1. **Fallmanagerin in einem Jobcenter**

   Ob die Tätigkeit besonders schwierig ist, hat die Mitarbeiterin nicht ausreichend vorgetragen. Es fehlt an einer näheren Darlegung, welche konkreten Anforderungen an ihre fachliche Qualifikation sich im Einzelnen im Vergleich zur Ausgangsgruppe ergeben. Eine Aufzählung von Tätigkeiten und Kompetenzen allein erlaubt noch keine Rückschlüsse auf ihren Stellenwert in einem aufeinander aufbauenden Eingruppierungsgefüge.

   (vgl. BAG 22.06.2022, 4 AZR 495/21, ZTR 2022, 719 ff.)

2. **Betriebswirtschaftliche Beraterin für Handwerksbetriebe**

   Die Tätigkeit ist nicht besonders schwierig im Sinne des Tarifvertrages. Die Tätigkeit erfordert kein Wissen und Können, das deutlich über dasjenige einer Diplom-Kauffrau (FH) hinausgeht. Die Mitarbeiterin benötigt keine auf dem Studium aufbauenden Zusatzqualifikationen oder Spezialkenntnisse oder langjährige Erfahrungen auf bestimmten Gebieten, um ihren Aufgaben fachgerecht nachgehen zu können. Vielmehr hat sie die Tätigkeit im Anschluss an ihr Studium aufgenommen und diese ordnungsgemäß ausgeführt. Die im Laufe der Tätigkeit gewonnenen Erfahrungen erhöhen zwar die Qualität ihrer Dienstleistung, ändern aber nichts am Anforderungsprofil der Stelle. Diese Qualitätssteigerung wird durch die verschiedenen Stufen innerhalb einer Entgeltgruppe abgegolten. Die verschiedenen und durchaus zahlreichen Förderinstrumente aus Landes-, Bundes- und europäischen Mitteln sind zwar nicht, jedenfalls nicht in den Einzelheiten, Gegenstand eines betriebswirtschaftlichen Studiums. Das Gleiche gilt für die besonderen Wirtschaftsbedingungen in den verschiedenen Handwerkszweigen. Die Mitarbeiterin musste sich während der Einarbeitung in ihr neues Aufgabengebiet mit den konkreten Fördermöglichkeiten für Handwerksbetriebe ebenso vertraut machen wie mit den Spezifika der verschiedenen Branchen im Hinblick auf Marketing, Absatzlage, Personalsituation, Kalkulationsgrundlagen, Fremdkapitalfinanzierung, Unternehmensbewertung usw. Darüber hinaus ist es notwendig, dieses Wissen stets auf dem aktuellen Stand zu halten und regelmäßig entsprechende Fortbildungen zu besuchen. Hierfür bedarf es jedoch keiner zusätzlichen, auf dem Studium aufbauenden Qualifikation im Sinne von Spezialkenntnissen oder eines langjährigen Erfahrungswissens. Vielmehr handelt es sich um arbeitsplatzbezogene Kenntnisse, die sich die Stelleninhaberin im Rahmen der Einarbeitung aneignen und regelmäßig aktualisieren muss. Die Mitarbeiterin benötigte keine über das Studium hinausgehende zusätzliche Ausbildung, um die betriebswirtschaftliche Beratung fachgerecht wahrnehmen zu können. Das Studium vermittelte ihr die notwendigen betriebswirtschaftlichen Fähigkeiten, um beispielsweise die Förderbedingungen verstehen und praktisch anwenden zu können. Diese Kenntnisse ermöglichen es ihr, sich in den Netzwerken der Beklagten und Fördermittelgeber die nötigen Informationen zu beschaffen und die Handwerksbetriebe dementsprechend fachkundig zu beraten. Als Diplom-Kauffrau (FH) ist sie ohne weiteres in der Lage, für die von ihr beratenen Handwerksbetriebe Businesspläne zu erstellen, diese beim Marketing zu beraten, die notwendigen betriebswirtschaftlichen Kennzahlen zu erheben etc. Eine Zusatzqualifikation oder mehrjährige Erfahrungen auf bestimmten Fachgebieten benötigte sie hierfür nicht. Die von der Mitarbeiterin besuchten Fortbildungen führten nicht zu einer Zusatzqualifikation, sondern dienten im Wesentlichen der Aktualisierung des Wissensstandes. Je nach Lage eines Betriebs können durchaus arbeitsrechtliche, sozialversicherungsrechtliche, steuerrechtliche oder sonstige Rechtsfragen auftreten. Insofern genügt es jedoch, wenn die Mitarbeiterin über Grundkenntnisse verfügt, die es ihr ermöglichen, den Betriebsinhaber auf Standardprobleme aufmerksam zu machen. Bei weitergehenden Fragen sind die entsprechenden Fachleute hinzuzuziehen, also Rechtsanwälte, Sozialversicherungsträger, Steuerberater, Wirtschaftsprüfer etc. Da der Mitarbeiterin weder die Rechts- noch die Steuerberatung obliegen, benötigt sie keine tiefergehenden Kenntnisse auf diesen Gebieten.

(vgl. LAG M-V 22.03.2022, 5 Sa 169/21; zit. nach WKRS 2022, 15306)

3. **Gleichstellungsbeauftragte**

Die besondere Schwierigkeit ergibt sich aus der globalen Aufgabenstellung als Gleichstellungsbeauftragte. Die Tätigkeit reicht von der Mitwirkung bei Personalentscheidungen über die Einflussnahme auf Entscheidungen der Aufsichtsgremien bis zur konzeptionellen Arbeit, Öffentlichkeitsarbeit und Kontaktpflege. Es liegt also kein klar umrissenes, inhaltlich vorbestimmtes Aufgabenfeld vor. Vielmehr umfasst das Aufgabengebiet alle Bereiche der Dienststelle, in die sich die Gleichstellungsbeauftragte ggf. einarbeiten muss. So ist es für die konzeptionelle Arbeit erforderlich, wissenschaftliche Literatur zu sichten, Forschungsergebnisse zu prüfen sowie Daten zu sammeln und zu erheben. Hierzu sind unter anderem Kenntnisse über Statistik und die Methoden empirischer Sozialforschung notwendig. Weiterhin werden Grundkenntnisse in den Methoden verschiedener Wissenschaftsdisziplinen (Politikwissenschaften, Soziologie, Erziehungswissenschaften, Jura, Psychologie, Sprachwissenschaften) benötigt, um sich in die Texte dieser Disziplinen schnell einarbeiten zu können. Es werden Rechtskenntnisse aus den Bereichen Arbeitsrecht, Sozialhilferecht, Arbeitsförderungsrecht usw. erwartet. Für die Öffentlichkeitsarbeit, zu der es auch gehört, Pressemitteilungen zu erarbeiten und herauszugeben sowie konzeptionelle Vorüberlegungen zur Gestaltung von Informationsmaterial anzustellen, werden publizistische Kenntnisse benötigt. Diese Umstände lassen eine beträchtliche Breite des geforderten fachlichen Wissens und Könnens erkennen.

Die Bedeutung der Tätigkeit ist gegeben durch die Mitwirkung bei Entscheidungen, deren Auswirkungen für die Betroffenen unter Umständen erheblich seien (z. B. Personalentscheidungen, Vorstandsentscheidungen). Zudem trägt die Gleichstellungsbeauftragte durch ihre Öffentlichkeitsarbeit nicht unerheblich zum äußeren Erscheinungsbild der Dienststelle bei.

(vgl. BAG 20.09.1995, 4 AZR 413/94, AP Nr. 205 zu §§ 22, 23 BAT 1975)

5. Das Maß der Verantwortung

Begriffsklärung

Entgeltgruppe 12

Beschäftigte im Büro-, Buchhalterei-, sonstigen Innendienst und im Außendienst, deren Tätigkeit sich durch das Maß der damit verbundenen Verantwortung erheblich aus der Entgeltgruppe 11 heraushebt.

(Hierzu Protokollerklärung Nr. 3)

Entgeltgruppe 15 Fallgruppe 1

Beschäftigte mit abgeschlossener wissenschaftlicher Hochschulbildung und entsprechender Tätigkeit sowie sonstige Beschäftigte, die aufgrund gleichwertiger Fähigkeiten und ihrer Erfahrungen entsprechende Tätigkeiten ausüben, deren Tätigkeit sich durch das Maß der damit verbundenen Verantwortung erheblich aus der Entgeltgruppe 14 Fallgruppe 1 heraushebt.

(Hierzu Protokollerklärung Nr. 1)

Der Begriff der Verantwortung kommt im TV-L – wie im BAT – in zwei Varianten vor:

- besonders verantwortungsvolle Tätigkeit (Entgeltgruppe 9b Fallgruppe 1)
- Maß der Verantwortung (Entgeltgruppe 12; Entgeltgruppe 15 Fallgruppe 1).

Die Rechtsprechung zum BAT geht davon aus, dass begrifflich dasselbe gemeint ist (vgl. z. B. BAG 13.05.2020, 4 AZR 173/19, AP Nr. 1 zu § 12 TVöD).

Dabei ist nach dem erkennbaren Sinn und Zweck der entsprechenden Tarifnormen auf die Bedeutung des Wortes „Verantwortung" im allgemeinen Sprachgebrauch zurückzugreifen. Dieser versteht darunter die mit einer bestimmten Stellung oder Aufgabe verbundene Verantwortung, das heißt die Verpflichtung, der jeweiligen Stellung oder Aufgabe entsprechend dafür zu sorgen, dass innerhalb eines bestimmten Rahmens oder Lebensbereiches alles einen guten, sachgerechten Verlauf nimmt, was beispielsweise mit der entsprechenden Verantwortung von Eltern, Lehrern, aber auch Ärzten, Ingenieuren und Redakteuren erläutert wird.

In diesem allgemeinen Sinne verstehen die Tarifvertragsparteien unter „Verantwortung" auch im Rahmen des zur Beurteilung stehenden Tarifmerkmals die Verpflichtung des Angestellten, dafür einstehen zu müssen, dass in dem ihm übertragenen Dienst- oder Arbeitsbereich die dort – auch von anderen Bediensteten – zu erledigenden Aufgaben sachgerecht, pünktlich und vorschriftsgemäß ausgeführt werden. Hingegen ist bei dem Begriff der Verantwortung nicht auf die jeweilige zivilrechtliche oder strafrechtliche Verantwortlichkeit abzustellen, auch nicht auf die sogenannte „politische Verantwortung".

(vgl. grundlegend BAG 29.01.1986, 4 AZR 465/84, AP Nr. 115; BAG 19.03.1986, 4 AZR 642/84, AP Nr. 116 beide zu §§ 22, 23 BAT 1975)

Auf Basis dieser Grunddefinition fordern die Tarifvertragsparteien beim Maß der Verantwortung – aufbauend auf den Tätigkeitsmerkmalen der Entgeltgruppe 11 bzw. Entgeltgruppe 14 Fallgruppe 1 – als weitere Qualifizierung eine besonders weitreichende, hohe Verantwortung des Beschäftigten.

§

BAG vom 07.05.2008

Die Erfüllung der Vergütungsgruppe III Fallgruppe 1a (im TV-L: Entgeltgruppe 12) setzt eine nochmals erhebliche Heraushebung aus der Vergütungsgruppe IVa Fallgruppe 1b (im TV-L: Entgeltgruppe 11) durch das Maß der mit der Tätigkeit verbundenen Verantwortung voraus. Dafür ist eine besonders weitreichende, hohe Verantwortung zu fordern. Dieses Maß der Verantwortung kann nur in einer Spitzenposition des gehobenen Angestelltendienstes erreicht werden, z. B.

- durch Angestellte, die große Arbeitsbereiche bei Verantwortung für mehrere Arbeitsgruppen mit qualifizierten Gruppenleitern leiten, oder
- durch Angestellte, die besonders schwierige Grundsatzfragen mit richtungweisender Bedeutung für nachgeordnete Bereiche oder die Allgemeinheit bearbeiten.

7

(BAG 07.05.2008, 4 AZR 303/07, AP Nr. 37 zu §§ 22, 23 BAT-O; *Ergänzungen durch die Verfasser*)

In der Rechtsprechung des BAG wurde zudem in Bezug auf die o. g. Frage der **Spitzenstellung** regelmäßig geprüft, in welcher Fachhierarchieebene sich der Arbeitnehmer befindet. Dabei hat das BAG den allgemeinen Rechtssatz entwickelt, dass das herausgehobene Maß der Verantwortung im Sinne einer Spitzenposition nicht mehr vorliegt, wenn sich der Arbeitnehmer in der dritten Fachhierarchieebene befindet. In dieser fachlichen Ebene zweifelt das BAG grundsätzlich an, dass der Beschäftigte fachliche Grundsatzfragen richtungsweisender Bedeutung im o. g. Sinne zu bearbeiten hat. Auch das Vorliegen großer Arbeitsbereiche wird regelmäßig zu verneinen sein (vgl. z. B. BAG 12.06.1996, 4 AZR 94/95, AP Nr. 33 zu §§ 22, 23 BAT – Sozialarbeiter m. w. N.).

Beispiele aus der Rechtsprechung:

1. Beispiel:

Gruppenleiter in einer Großstadt

Dem Gruppenleiter obliegen – ohne nachgeordnete Organisationseinheiten – die Arbeitsbereiche

a) Leitung eines Jugendhauses

b) Schutzstellen

c) Jugendnotdienst

d) „Betreutes Wohnen"

Das Maß der Verantwortung ist nicht gegeben, da sich der Gruppenleiter in der dritten Fachhierarchieebene befindet:

1. Fachhierarchieebene: Amtsleiter des Jugendamts
2. Fachhierarchieebene: Abteilungsleiter „Verbundsystem Krisenhilfe"

(vgl. BAG 12.06.1996, 4 AZR 94/95, AP Nr. 33 zu §§ 22, 23 BAT 1975 – Sozialarbeit)

2. Beispiel:

Gleichstellungsbeauftragte

(Fortführung des 3. Beispiels in Kapitel 7.4):

Das Spitzenmaß an Verantwortung wird **nicht** erreicht. Zwar hat die Gleichstellungsbeauftragte in ihrem Bereich dafür einzustehen, dass die zu erledigenden Aufgaben sachgerecht, pünktlich und vorschriftsgemäß ausgeführt werden.

1. Hierbei handelt es sich jedoch nicht um eine **größere Abteilung** innerhalb der Dienststelle, in der eine größere Anzahl von Mitarbeitern tätig ist. Der Gleichstellungsbeauftragten ist nur ein Mitarbeiter unterstellt. Die ihr obliegende Ver-

antwortung hat nicht einen solchen Umfang wie die eines Arbeitnehmers, der für die Arbeit mehrerer, ihm unterstellter Mitarbeiter einstehen muss.

2. Auch mit der **konzeptionellen Arbeit** ist nicht eine Verantwortung verbunden, wie sie tariflich gefordert ist. Die von ihr erstellten Konzepte sind **für andere Bereiche der Dienststelle nicht verbindlich.** Insofern übernimmt die Gleichstellungsbeauftragte keine Verantwortung für die Arbeit anderer Abteilungen der Dienststelle.

(vgl. BAG 20.09.1995, 4 AZR 413/94, AP Nr. 205 zu §§ 22, 23 BAT 1975)

3. Beispiel:

Sachbearbeiterin und Koordinatorin im Tiefbau-/Verkehrsamt

Das Spitzenmaß an Verantwortung wird nicht erreicht:

1. Zunächst sind keine größeren Arbeitsbereiche mit qualifizierten Gruppenleitern zu leiten: Als Sachbearbeiterin und Koordinatorin (faktisch SGL) hat die Mitarbeiterin Führungsfunktion ggü. 10 bis 12 Mitarbeitern auszuüben. Soweit in der Rechtsprechung von einem „großen Arbeitsbereich" die Rede ist, waren das Sachverhalte mit 30 oder mehr untergebenen Mitarbeitern. In diesem Sinne kann das Sachgebiet mit den 10 bis 12 Untergebenen nicht als großer Arbeitsbereich angesehen werden. Zudem fehlt es an dem weiteren Merkmal der qualifizierten Gruppenleiter. Alle unterstellten Mitarbeiter arbeiten als unmittelbar nachgeordnete Beschäftigte. Der Sachbearbeiterin/Koordinatorin unterstehen damit also keine Gruppenleiter mit eigener Personalverantwortung für ihnen unterstellte Beschäftigte.

2. Es sind auch keine besonders schwierigen Grundsatzfragen zu lösen:

   2.1 Soweit die Sachbearbeiterin/Koordinatorin für den Haushalt Ausgaben und Einnahmen im Amtsbereich verwaltet, kommt dieser Tätigkeit ebenfalls nicht das erforderliche Maß der herausgehobenen Verantwortung zu. Denn es handelt sich im Kern um buchhalterische Aufgaben, die nach strengen Regeln abzuarbeiten sind und damit kaum Spielraum für eigene Entscheidungen lassen. Schwierige Grundsatzfragen stellen sich dabei nicht.

2.2 Ähnliches gilt für den Entwurf der zukünftigen Haushaltspläne. Im Kern geht es hier um die Fortschreibung des laufenden Haushaltsplans und die Berechnung der unvermeidbaren Ausgaben. Eigene Gestaltungsmöglichkeiten bestehen also allenfalls, soweit es um die Einwerbung von Geldern für Investitionsmaßnahmen geht. Dabei muss aber beachtet werden, dass dieser Aspekt schon eine kommunalpolitische Komponente hat, was bedeutet, dass in diesen Fragen – je nach Bedeutung der Angelegenheit – sowohl der Amtsleiter als auch der Oberbürgermeister und die Senatoren mitentscheiden (wollen). Die Aufgabe der Sachbearbeiterin/Koordinatorin beschränkt sich hier also auf die Lieferung einer soliden Datenbasis, auf der man die notwendigen Entscheidungen treffen kann.

2.3 Auch die Anlagenbewirtschaftung ist keine besonders schwierige Grundsatzfrage.

Das Sachgebiet Haushalt hat innerhalb des Amtes 66 nach wie vor eine dienende Funktion, die Verantwortung für den Betrieb und für die Sicherheit und Funktionstüchtigkeit der im Amt verwalteten (Verkehrs-)Anlagen liegt nach wie vor bei den Fachleuten des Amtes. Die Sachbearbeiterin/Koordinatorin hat lediglich dafür Sorge zu tragen, dass dabei die neuen Regeln der ordnungsgemäßen Anlagenbewirtschaftung auch eingehalten werden. Dies gilt auch für den von der Sachbearbeiterin/Koordinatorin immer wieder hervorgehobenen Beurteilungsspielraum. Es ist sicherlich seine Aufgabe, bei den Fachleuten des Amtes das Bewusstsein für diesen Beurteilungsspielraum zu wecken. Das Gericht kann aber nicht erkennen, dass er die Kompetenz hat, mit Wirkung für und gegen die einzelnen Abteilungen des Amtes damit zusammenhängende Fragen alleine oder auch nur maßgeblich zu entscheiden.

(vgl. LAG M-V 13.06.2017, 2 Sa 76/16 m. w. N. auf die Rechtsprechung des BAG; zit. nach WKRS 2017, 51747)

Teil I: Die Entgeltgruppen 13 bis 15

1. Die entsprechende Tätigkeit

Neben der abgeschlossenen wissenschaftlichen Hochschulbildung fordert die Entgeltgruppe 13 eine entsprechende Tätigkeit:

Entgeltgruppe 13

1. **Beschäftigte mit abgeschlossener wissenschaftlicher Hochschulbildung und entsprechender Tätigkeit sowie sonstige Beschäftigte, die aufgrund gleichwertiger Fähigkeiten und ihrer Erfahrungen entsprechende Tätigkeiten ausüben.**

(Hierzu Protokollerklärung Nr. 1)

Begriffsklärung

Eine solche entsprechende Tätigkeit liegt nur vor, wenn die auszuübende Tätigkeit einen sogenannten „akademischen Zuschnitt" aufweist, das heißt die Fähigkeiten erfordert, wie ein einschlägig ausgebildeter Akademiker auf dem entsprechenden Fachgebiet Zusammenhänge zu überschauen und selbständig Ergebnisse zu entwickeln (BAG 15.03.2006, 4 AZR 157/05; vgl. BAG 14.09.2016, 4 AZR 964/13, AP Nr. 46 zu §§ 22, 23 BAT-O, ZTR 2017, S. 221 ff.; vgl. auch LAG B-W 10.04.2018, 19 Sa 57/17, ZTR 2018, S. 582 ff.; BAG 18.04.2012, 4 AZR 441/10, AP Nr. 323 zu §§ 22, 23 BAT 1975).

Zur Aufgabenlösung muss ein Fachkönnen notwendig sein, das der Stelleninhaber bei seinem speziellen einschlägigen Hochschulstudium erworben hat (BAG 18.04.2012, 4 AZR 441/10, AP Nr. 323 zu §§ 22, 23 BAT 1975). Darüber hinaus ist es nicht erforderlich, dass der Stelleninhaber wissenschaftliche Arbeitsweisen und -methoden anwenden muss (BAG 18.05.1977, 4 AZR 18/76, AP Nr. 97 zu §§ 22, 23 BAT 1975).

Das Vorliegen entsprechender Tätigkeiten ist anhand der erforderlichen Berufsbilder zu prüfen. Vergleichsgrundlage sind dabei die im Anspruchszeitraum maßgeblichen Studieninhalte. Sie geben die Normaltätigkeit eines einschlägig Ausgebildeten wieder (vgl. BAG 11.02.2004, 4 AZR 684/02, AP Nr. 24 zu §§ 22, 23 BAT-O; BAG 18.11.2015, 4 AZR 605/13, AP Nr. 335 zu §§ 22, 23 BAT 1975; BAG 14.09.2016, 4 AZR 964/13, AP Nr. 46 zu §§ 22, 23 BAT-O).

Dabei steht der Anerkennung des akademischen Zuschnitts nicht entgegen, dass ein Arbeitnehmer – wie heute üblich – nur auf einem Teilgebiet seines akademischen Faches eingesetzt wird, wenn dadurch lediglich der allgemeinen Entwicklung zur Spezialisierung Rechnung getragen wird und die auszuübende Tätigkeit ansonsten die o. g. Anforderungen erfüllt (BAG 25.10.1978, 4 AZR 177/77, AP Nr. 10 zu §§ 22, 23 BAT 1975).

Tätigkeiten eines Beschäftigten mit abgeschlossener wissenschaftlicher Hochschulbildung sind dementsprechend gekennzeichnet durch den Einsatz von Konzeptions- und Planungskompetenzen, um Problemstellungen aus der Praxis des jeweiligen Fachgebietes auf wissenschaftlicher Grundlage zu analysieren und Lösungsstrategien zu erarbeiten. Der Arbeitnehmer mit wissenschaftlicher Hochschulbildung ist damit in der Lage, Zusammenhänge (seines akademischen Fachgebietes) zu überblicken und daraus entsprechende Erkenntnisse zu entwickeln (vgl. ständige Rechtsprechung des BAG, z. B. 21.06.2000, 4 AZR 389/99, ZTR 2001, S. 125 ff.).

Beispiele aus der Rechtsprechung

1. Beispiel:

Diplom-Soziologe

Dem Mitarbeiter waren als ausgebildetem Diplom-Soziologen folgende Tätigkeiten übertragen: Leitung der Referategruppe „Gesundheitsschutz" und Leitung des Referats „Reproduktions- und Transplantationsmedizin" innerhalb der o. g. Referategruppe.

(vgl. BAG 26.01.2005, 4 AZR 6/04, AP Nr. 302 zu §§ 22, 23 BAT).

2. Beispiel:

Diplom-Biologe

Als Diplom-Biologe oblag dem Mitarbeiter die Erstellung kriminaltechnischer Gutachten mittels DNA-Analytik.

(vgl. BAG 11.02.2004, 4 AZR 684/02, AP Nr. 24 zu §§ 22, 23 BAT-O)

3. Beispiel:

Strahlenschutzbeauftragter in der Klinik für Strahlentherapie

Der Mitarbeiter absolvierte von 1980 bis 1986 ein Studium der Medizin, das er nicht abschloss. Von 1986 bis 1990 studierte er an der Fachhochschule „Physikalische Technik“. Dieses Studium schloss er erfolgreich ab.

Der Mitarbeiter verfügt zunächst über eine „abgeschlossene wissenschaftliche Ausbildung“. Nach der Protokollerklärung Nr. 1 Abs. 2 Satz 3 TV-L liegt eine abgeschlossene wissenschaftliche Hochschulausbildung auch dann vor, wenn der Master an einer Fachhochschule erlangt wurde und den Zugang zur Laufbahn des höheren Dienstes bzw. zur entsprechenden Qualifikationsebene eröffnet. Diese Voraussetzung ist in der Person des Mitarbeiters erfüllt. Seine an der FH erworbene Qualifikation würde sich nach heutigen Maßstäben, auf die es ankommt, in diesem Sinne darstellen. Der Mitarbeiter übt auch Tätigkeiten aus, die eine derartige Qualifikation erfordern.

(vgl. LAG Köln 08.06.2015, 5 Sa 210/15; zit. nach WKRS 2015, 24259)

4. Beispiel:

Medienpädagogischer Referent im Bildungsministerium

Der Arbeitsvorgang „Erstellung von Konzepten zur Implementierung der Medienbildung in den Schulen“ füllt 90 Prozent der Arbeitszeit aus und ist damit für die Eingruppierung ausschlaggebend. Der Mitarbeiter verfügt über eine abgeschlossene wissenschaftliche Hochschulbildung. Die Tätigkeiten des o.g. Arbeitsvorgangs entsprechen zudem einer wissenschaftlichen Hochschulbildung.

Einschlägig für die Aufgaben ist die Ausbildung für das Lehramt an Gymnasien oder beruflichen Schulen bzw. eine vergleichbare pädagogische Qualifikation (vgl. Stellenausschreibung vom 13.11.2012). Das Studium für ein Lehramt umfasst neben der Ausbildung in den jeweiligen Fächern einen bildungswissenschaftlichen Teil (§ 6 des Gesetzes über die Lehrerbildung in M-V). In den Bildungswissenschaften sind unter anderem medienpädagogische Gesichtspunkte einschließlich des Datenschutzes zu berücksichtigen (§ 5 Abs. 6 Satz 2 LehrbildG M-V). Der Lehrer muss unabhängig von seinem Lehramt und seiner Fächerkombination die Konzepte der Medienpädagogik und -psychologie und die Möglichkeiten und Grenzen eines anforderungs- und situationsgerechten Einsatzes von Medien im Unterricht kennen (§ 29 der Verordnung über die Erste Staatsprüfung für Lehrämter an allgemeinbildenden und beruflichen Schulen im Lande M-V – LehPrVO M-V, Kapitel 6 Fachanhänge, Kompetenzbereich: Unterrichten, Kompetenz 1, 4. Spiegelstrich).

Der Mitarbeiter benötigt solche Kenntnisse, um seiner Aufgabe nachkommen zu können. Darüber hinaus sind verschiedene weitere Kenntnisse aus dem Lehramtsstudium erforderlich, z. B. zu den Lerntheorien und den Formen des Lernens, zur Leistungsmotivation, zu den pädagogischen, soziologischen und psychologischen Theorien der Entwicklung und der Sozialisation von Kindern und Jugendlichen etc.

(vgl. LAG M-V 07.12.2017, 5 Sa 64/17; zit. nach WKRS 2017, 48130)

In allen Beispielen wurden die entsprechenden Tätigkeiten anerkannt, da die Stelleninhaber über den jeweils einschlägigen Hochschulabschluss im Vergleich zur auszuübenden Tätigkeit verfügten und sich die übertragenen Aufgaben und das dazu erforderliche Wissen und Können den jeweiligen Ausbildungs- und Prüfungsanforderungen zuordnen ließ.

Negativ-Beispiel:

Qualitätsmanagement-Mitarbeiter in einem Universitätsklinikum

(Fortführung des Beispiels aus Kapitel 7.1):

Der Mitarbeiter ist mit dem Zusammenstellen der notwendigen Qualitätskennzahlen für den strukturierten Qualitätsbericht (§ 136b Abs. 1 Satz 1 Nr. 3 SGB V) befasst. Zwar verfügt er über eine abgeschlossene wissenschaftliche Hochschulbildung (Diplom-Mathematiker), jedoch übt er keine einer wissenschaftlichen Hochschulbildung entsprechende Tätigkeit aus. Die mathematischen Kenntnisse und Fähigkeiten des Mitarbeiters sind für sein Aufgabengebiet durchaus von erheblichem Vorteil. Sie sind allerdings nicht notwendig, um die Tätigkeiten fachgerecht erledigen zu können.

Mathematiker/innen entwickeln mathematische Formeln, Theorien und Methoden weiter und übertragen die gewonnenen Erkenntnisse auf praktische Anwendungsgebiete, z. B. in der Medizin, den Natur-, Ingenieur- oder Wirtschafts- und Sozialwissenschaften. Bei der Untersuchung komplexer Datenstrukturen und Systeme bilden sie die realen Strukturen und Systeme exakt und vereinfacht ab, etwa durch numerische Algorithmen oder die Erarbeitung statistischer Analyseverfahren. Im Controlling von Firmen analysieren sie Risiko- und Ertragskennzahlen für die Geschäftsplanerstellung. In Versicherungsunternehmen wirken sie an der Berechnung der Produkttarife bzw. der Kalkulation der Versicherungsprämien mit. In der Pharmaindustrie werten sie Forschungsergebnisse stochastisch aus. In der Technomathematik entwickeln sie computergerechte mathematische Modelle, mit denen man technische Fragestellungen lösen und auswerten kann (https://berufenet.arbeitsagentur.de).

Der erfolgreiche Abschluss des Bachelor- und des Masterstudiengangs Mathematik an der Universität B-Stadt befähigt dazu, außermathematische Aufgabenstellungen als mathematisches Problem zu formulieren, geeignete mathematische Methoden zur Lösung des Problems auszuwählen oder zu entwickeln und diese Lösung in die Praxis zu übersetzen sowie die daraus resultierenden Entscheidungen herzuleiten (§ 3 Abs. 2 Studiengangsspezifische Prüfungs- und Studienordnung für den Bachelorstudiengang Mathematik der Universität B-Stadt vom 08.09.2018; § 3 Abs. 2 Studiengangsspezifische Prüfungs- und Studienordnung für den Masterstudiengang Mathematik der Universität B-Stadt vom 08.09.2018).

8

Das Zusammenstellen der notwendigen Qualitätskennzahlen für den strukturierten Qualitätsbericht sowie für sonstige Statistiken und Auswertungen erfordert solche Kenntnisse und Fähigkeiten nicht. Der Mitarbeiter entwickelt keine eigenen mathematischen Formeln. Er muss keine Algorithmen oder statistischen Analyseverfahren erarbeiten, um die anfallenden Daten zu strukturieren und ihre Auswertung zu ermöglichen. Die zu erfassenden Daten sind vom G-BA (Gemeinsamer Bundesausschuss) bzw. dem IQTIG (Institut für Qualitätssicherung und Transparenz im Gesundheitswesen) ebenso vorgegeben wie die Rechenregeln. Die erhebliche Menge der zu verarbeitenden Daten ändert daran nichts. Der Mitarbeiter bereitet die Daten nicht unter Einsatz mathematischer Methoden auf, sondern trägt sie zusammen und prüft sie auf Vollständigkeit und Plausibilität. Die Prüfkriterien sind vorgegeben. Der Mitarbeiter hat lediglich eine statistische Basisprüfung durchzuführen. Er erstellt keine computergerechten mathematischen Modelle zur Lösung technischer Fragestellungen. Mit der Programmierung von Software ist er nicht betraut. Soweit die Programme an die sich ständig ändernden Qualitätsindikatoren angepasst werden müssen, sind dafür externe Dienstleister oder die hauseigene IT-Abteilung zuständig. Der Mitarbeiter mag die Anschaffung weiterer Softwaretools initiieren; mit der Entwicklung mathematischer Lösungsmodelle ist diese Tätigkeit jedoch nicht verbunden. Um den Bedarf an den gewünschten Modulen zu begründen, sind vorrangig haushaltsrechtliche Kenntnisse erforderlich, nicht aber mathematische. Die Zusammenarbeit mit den einzelnen Kliniken, insbesondere die Schulung der für Qualitätssicherung verantwortlichen Ärzte zu Neuerungen, setzt keine mathematischen Fachkenntnisse aus einem wissenschaftlichen Hochschulstudium voraus. Voraussetzung hierfür ist, dass sich der Mitarbeiter mit den zahlreichen Vorschriften, Hinweisen, Musterformularen und Datenmasken intensiv befasst hat. Die Beantwortung und ggf. Interpretation der medizinischen Fragestellungen obliegt den Ärzten und dem medizinischen Fachpersonal. Die wissenschaftliche Hochschulbildung des Mitarbeiters mag seine Akzeptanz bei der Ärzteschaft fördern und einen Umgang auf Augenhöhe ermöglichen. Für die Tätigkeit notwendig ist das Mathematikstudium deshalb aber noch nicht.

(vgl. LAG M-V 28.01.2020, 5 Sa 118/19, zit. nach WKRS 2020, 13374)

2. Die besondere Schwierigkeit und Bedeutung im Sinne der Entgeltgruppe 14

Der Begriff der besonderen Schwierigkeit und Bedeutung wurde bereits unter Kapitel 7.3 näher erläutert.

In diesen Fällen wurde die besondere Schwierigkeit und Bedeutung im Sinne der Entgeltgruppe 14 anerkannt:

1. Beispiel:

Abteilungsleiter im Tiefbauamt einer Großstadt

Die Abteilung ist zuständig für:

- projektbezogene Angelegenheiten der Eisenbahnen und U-Bahnen, soweit Belange der Baubehörde berührt werden
- grundsätzliche Anliegen des nichtschienengebundenen öffentlichen Nahverkehrs, soweit Belange des Tiefbauamtes berührt werden
- die Ermittlung überörtlicher Leitungstrassen für Eisen- und U-Bahnen

Dies alles gilt mit Ausnahme der Aufgaben des Schnellbahnneubaues und der technischen Aufsicht über U-Bahnen. Dem Abteilungsleiter obliegen:

1. Führungsaufgaben zu 20 Prozent an der Gesamtarbeitszeit
2. Fachaufgaben zu 80 Prozent an der Gesamtarbeitszeit, hier die Wahrnehmung der Aufgaben als Träger der Straßenbaulast mit diesen Einzeltätigkeiten

- Aufstellung und Abschluss von Vereinbarungen mit den Verkehrsunternehmen bei der Änderung vorhandener oder der Herstellung neuer Eisenbahnkreuzungen im Rahmen einzelner Bauvorhaben. Hier kann der Abteilungsleiter nach innerbetrieblicher Abstimmung selbständig entscheiden. Das Baurechtsamt überprüft insoweit die rechtlichen Aspekte.
- Auslegung und eigenverantwortliche Verhandlung mit den Verkehrsunternehmen über Maßnahmen an vorhandenen Eisenbahnkreuzungen aufgrund bestehender Verträge. Hier wirkt der Abteilungsleiter an der Erarbeitung und dem Abschluss von öffentlich-rechtlichen Verträgen lediglich mit.

(vgl. BAG 24.06.1998, 4 AZR 304/97, AP Nr. 241 zu §§ 22, 23 BAT 1975)

2. Beispiel:

Juristischer Mitarbeiter

Dem Mitarbeiter in einer Kreisverwaltung (zur vergleichbaren Rechtslage im TVöD-VKA) oblag die Beratung und Unterstützung der Fach- und politischen Ebenen eines Landkreises in juristischen Fragen der Rechnungs- und Gemeindeprüfung, des Bereichs Bau- und Liegenschaften, der Finanzverwaltung, der offenen Vermögensfragen und der Zentralen Dienste, hier vor allem auf den Gebieten des Arbeits- und Beamtenrechts.

Die besondere Schwierigkeit ergibt sich vor allem aus zwei Aspekten: Zum einen aus der Breite und Tiefe des erforderlichen juristischen Wissens. So benötigt der Mitarbeiter Kenntnisse auf den Gebieten:

1. Arbeitsrecht
2. Beamtenrecht (einschließlich Disziplinarrecht)
3. kommunales Haushaltsrecht bezüglich der eigenen Haushaltsführung und der der kreisangehörigen Gemeinden
4. offene Vermögensfragen (öffentlich-rechtliche und privatrechtliche Aspekte)

Im Vergleich zu den Ausbildungs- und Prüfungsanforderungen wird deutlich, dass Fragen des Beamtenrechts und des kommunalen Haushaltsrechts allenfalls in Grundzügen Studieninhalt sind, während offene Vermögensfragen nicht zu den Bestandteilen der juristischen Ausbildung zählen. Der Mitarbeiter musste somit über juristische Kenntnisse verfügen, die in Breite und Tiefe über den regulären Studieninhalt hinausgehen. Zum anderen war er bei der Lösung dieser Fragen auf sich allein gestellt. Aufgrund der Organisationsstruktur des Kreises gibt es weder einen ebenfalls juristisch ausgebildeten Vorgesetzten, der die Arbeit entsprechend dem Können und der Berufserfahrung einteilt und der auch einen Teil der Verantwortung für die Tätigkeit trägt, noch gibt es verbindliche Mechanismen der gegenseitigen Hilfe und Kontrolle der anderen Juristen der Kreisverwaltung untereinander. Beides, die Breite des geforderten Fachwissens und die fehlende Einbindung in eine Ämterstruktur mit mehreren juristischen Fachleuten, führen zur Anerkennung der besonderen Schwierigkeit.

Die Bedeutung im tariflichen Sinne ergibt sich aus der besonderen Stellung, die dem Mitarbeiter eingeräumt wurde, um den Anforderungen aus § 115 Abs. 8 Kommunalverfassung MV zu genügen. Nach dieser Vorschrift muss der Landrat oder ein ihm unmittelbar nachgeordneter leitender Mitarbeiter des Landkreises die Befähigung zum höheren allgemeinen Verwaltungsdienst (in der heutigen Fassung des Gesetzes: zum Richteramt) besitzen. Mit dieser Anforderung will der Gesetzgeber offensichtlich sicherstellen, dass der Landkreis ordentlich und auf gesetzlicher Grundlage geführt wird und auch die Einwohner des Landkreises dem Recht und Gesetz entsprechend behandelt werden. Der Anforderung kommt daher eine überragende Bedeutung zu.

Seinerzeit verfügten weder der Landrat noch seine beiden Beigeordneten über die notwendige Laufbahnbefähigung. Um die Wahl des Landrats und der Beigeordneten dennoch rechtlich unangreifbar zu machen, wurde der juristische Mitarbeiter, der diese Befähigung mitbringt, vermittelt durch die Position des Leiters der zentralen Steuerungsunterstützung zu einer außerordentlichen Führungskraft erhoben und in den Verwaltungsrat und den Kreisausschuss eingebunden. Der Mitarbeiter sollte somit wie normalerweise der Landrat oder jedenfalls einer der Beigeordneten den für die Führung der Verwaltung eines Landkreises notwendigen professionellen Fachverstand mit einbringen. Auf ihm allein lastete seinerzeit die besondere Verantwortung, die der Gesetzgeber mit dem Erfordernis der Befähigung zum höheren Verwaltungsdienst verbunden hat, nämlich das Einstehen für die Rechtmäßigkeit des Verwaltungshandelns. Diese Funktion geht weit über eine normale juristische Beratungstätigkeit hinaus, denn der Mitarbeiter muss nicht nur auf an ihn herangetragene Problemstellungen reagieren, sondern er hat die Verantwortung für die Rechtmäßigkeit des Verwaltungshandelns getragen und musste daher ggf. auch ungefragt intervenieren, wenn er den Eindruck hatte, dass in der Verwaltungsspitze Pläne erwogen werden, die sich rechtlich nicht verwirklichen lassen.

Die Bedeutung dieser ungewöhnlichen Rolle innerhalb der seinerzeitigen Führungsmannschaft des Landkreises kann eigentlich gar nicht hoch genug eingeschätzt werden. Die seinerzeitige Tätigkeit des Mitarbeiters mag vielleicht keine oder jedenfalls nur wenige sichtbare Auswirkungen gehabt haben. Das liegt aber an dem Gegenstand seiner dortigen Tätigkeit, denn im Verhältnis zu den durch ihre Wahl mit besonderer Macht und Einfluss ausgestatteten übrigen Mitgliedern der Führungsebene hatte der Mitarbeiter vor allem die Rolle des Mahners, des Bedenkenträgers und des Bremsers einzunehmen, um auf diese Weise die Rechtmäßigkeit des Verwaltungshandelns abzusichern.

Dass die Bedeutung dieser besonderen Form der beratenden Tätigkeit des Mitarbeiters weit über die Bedeutung einer sachbearbeitenden juristischen Tätigkeit in den ersten Berufsjahren hinausgeht, braucht wohl nicht weiter ausgeführt zu werden.

(vgl. LAG M-V 26.10.2010, 5 Sa 134/09)

3. Beispiel:

Strahlenschutzbeauftragter in der Klinik für Strahlentherapie

(Fortführung des 3. Beispiels in Kapitel 8.1)

Das Tatbestandsmerkmal der **„besonderen Schwierigkeit"** ist erfüllt. Die fachlichen Anforderungen, die der Mitarbeiter erfüllen muss, um als Medizin-Physik-Experte (MPE) tätig zu sein, heben sich in beträchtlicher und gewichtiger Weise von denjenigen der Entgeltgruppe 13 TV-L ab. Er musste Spezialkenntnisse erwerben, über die er aufgrund eines bloßen Hochschulstudiums nicht verfügt hat. Dies ergibt sich bereits aus der Anlage 1 Unterpunkt A 2 der Richtlinie zur Strahlenschutzverordnung. Dort ist ausgeführt, dass ein MPE über ein erfolgreich abgeschlossenes Hochschulstudium in einem naturwissenschaftlich-technischen Fach an einer Hochschule oder Fachhochschule verfügen muss **sowie darüber hinaus** Nachweise, dass das Qualifikationsniveau gemäß Anlage A 2.3 in medizinischer Physik erreicht ist, zu erbringen hat. In diesem Sinne bestimmt § 3 Abs. 2 Nr. 21 Strahlenschutzverordnung, dass ein MPE ein „in medizinischer Physik besonders ausgebildeter Diplom-Physiker **mit** der erforderlichen Fachkunde im Strahlenschutz oder eine inhaltlich gleichwertig ausgebildete Person mit Hochschul- oder Fachhochschulabschluss **und mit** der erforderlichen Fachkunde im Strahlenschutz" ist.

Die Tätigkeit des Mitarbeiters hebt sich durch **Bedeutung** aus der Entgeltgruppe 13 TV-L heraus. Seine Tätigkeit ist deutlich wahrnehmbar bedeutungsvoller als die Tätigkeiten, die unter die Entgeltgruppe 13 TV-L fallen. Dies ergibt sich aus der Tragweite der Tätigkeit für den innerdienstlichen Bereich und für die Allgemeinheit. Dabei hat die Kammer berücksichtigt, dass nahezu alle Tätigkeiten in einem Krankenhaus eine gewisse Tragweite für den innerdienstlichen Bereich und für die Allgemeinheit haben. Sie ist jedoch zu der Auffassung gelangt, dass die Tätigkeit des Mitarbeiters erheblich über diese generelle Tragweite hinausgeht, die bereits von der Entgeltgruppe 13 TV-L erfasst ist. Dies ergibt sich aus der Erwägung, dass der Mitarbeiter in einem ganz besonders sensiblen Bereich tätig ist, in dem es regelmäßig – ohne dass dies zu hoch gegriffen ist – um Leben oder Tod geht. Er ist an maßgeblicher Stelle an der Behandlung schwerstkranker Patienten beteiligt. Darüber hinaus arbeitet er mit Strahlen, die neben ihrem Nutzen – wie allgemein bekannt ist – erhebliche Risiken für alle Personen mit sich bringen, die ihnen ausgesetzt sind. Er darf sich in seiner Tätigkeit keinen Fehler erlauben, weil dieser mit erheblichen Folgen für die Patienten, aber auch für die Beklagte (Öffentlichkeitswirkung) verbunden wäre.

(vgl. LAG Köln 08.06.2015, 5 Sa 210/15; zit. nach WKRS 2015, 24259)

8

4. Beispiel:

Medienpädagogischer Referent im Bildungsministerium

(Fortführung des 4. Beispiels in Kapitel 8.1)

Der Arbeitsvorgang „Erstellung von Konzepten zur Implementierung der Medienbildung in den Schulen" füllt 90 Prozent der Arbeitszeit aus und ist damit für die Eingruppierung ausschlaggebend.

Dieser Arbeitsvorgang erfordert Kenntnisse und Erfahrungen, die beträchtlich über das im Lehramtsstudium vermittelte Wissen eines Gymnasiallehrers hinausgehen. Gegenstand des

Studiums ist, wie bereits unter Entgeltgruppe 13 dargelegt, die Vermittlung von Kenntnissen zu den Konzepten der Medienpädagogik und -psychologie. Der Mitarbeiter hat jedoch nicht die Aufgabe, vorhandene Konzepte zur Medienbildung zu vermitteln und anzuwenden. Seine Tätigkeit besteht vielmehr darin, diese Konzepte zu erstellen und damit eine Grundlage für die Medienbildung in der Aus- und Fortbildung der Lehrkräfte zu schaffen. Die Umsetzung von vorhandenen Konzepten gehört zur Normaltätigkeit einer Lehrkraft sowie der Regionalbeauftragten für Medienbildung. Die Entwicklung solcher Konzepte verlangt demgegenüber deutlich umfangreichere Fachkenntnisse und insbesondere langjährige Erfahrungen in diesem Bereich.

Die Medienbildung ist zwar ein abgrenzbares Spezialgebiet innerhalb der Bildungswissenschaften, das schließt jedoch eine Heraushebung aufgrund des fachlichen Könnens und der fachlichen Erfahrungen nicht aus. Ein umfangreiches und vertieftes Spezialwissen hat keinen geringeren Stellenwert als ein breit angelegtes, fachübergreifendes Grundlagenwissen. Ausschlaggebend ist allein, dass die geforderten Fachkenntnisse und Erfahrungen deutlich über den für die Normaltätigkeit notwendigen Stand hinausgehen. Um Medienbildungskonzepte für andere, mehr oder weniger langjährig tätige Lehrkräfte erstellen zu können, muss der Mitarbeiter zunächst selbst mehrere Jahre als Lehrkraft gearbeitet haben. Ohne umfangreiche eigene Kenntnisse des Schulalltags kann es nicht gelingen, praktikable Empfehlungen und Handlungsanleitungen für die verschiedenen Lehrkräfte zu erstellen. Ein Berufsanfänger mit dem Lehramt für Gymnasien oder einer vergleichbaren pädagogischen Qualifikation ist hierzu auch nach einer angemessenen Einarbeitungszeit nicht in der Lage. Das beklagte Land hat deshalb zu Recht in seiner Stellenausschreibung vom 13.11.2012 verlangt, dass der Bewerber nicht nur über eine einschlägige Lehramtsausbildung, sondern zudem über Kenntnisse und Erfahrungen im Einsatz von neuen Medien im Unterricht verfügen muss und möglichst ein Medienprojekt im schulischen Umfeld erfolgreich abgeschlossen haben soll. Derartige Kenntnisse und Erfahrungen bringt der Mitarbeiter mit, der langjährig als Lehrer tätig war und darüber hinaus annähernd sechs Jahre lang als medienpädagogischer Berater auf regionaler

Ebene gearbeitet hat. Der Mitarbeiter ist für eine Zielgruppe tätig, die ebenfalls über eine akademische Ausbildung verfügt und von den Konzepten einen Erkenntnisgewinn erwartet.

Des Weiteren muss der Mitarbeiter seine Konzepte auf unterschiedliche Schularten und Altersklassen zuschneiden. Während sich die Lehrerausbildung nur auf ein bestimmtes Lehramt erstreckt (Grundschule, Regionale Schule, Gymnasium, Berufliche Schule), benötigt der Mitarbeiter Fachkenntnisse, die über seinen Ausbildungsgang hinausgehen. Seine konzeptionelle Tätigkeit ist nicht auf eine bestimmte Schulart beschränkt. Dementsprechend hat er sich unabhängig von seinem speziellen Lehramt auch mit den pädagogischen Rahmenbedingungen in anderen Schularten zu befassen. Zudem erstrecken sich die zu erstellenden Konzepte zur Medienbildung auf alle Schulfächer, also auch Fächer, die nicht Gegenstand seines Studiums waren. Hier benötigt der Mitarbeiter zumindest Grundlagenkenntnisse zu den inhaltlichen Besonderheiten dieser Unterrichtsfächer bezogen auf die Möglichkeiten eines Medieneinsatzes. All das geht über das im Studium vermittelte Wissen deutlich hinaus.

Der Arbeitsvorgang hebt sich durch die **Bedeutung** der Tätigkeit aus der Entgeltgruppe 13 TV-L heraus. Die Tragweite der Tätigkeit geht deutlich über das hinaus, was bei einem im Verwaltungsdienst eingesetzten Akademiker üblich ist. Der Mitarbeiter hat mit seinen Konzepten Einfluss auf mehr als 100.000 Schüler und 10.000 Lehrer. Die Konzepte wirken – vermittelt durch die Regionalbeauftragten für Medienbildung – in den schulischen Alltag des gesamten öffentlichen Schulwesens hinein.

8

Die Medienbildung hat in all ihren positiven und negativen Ausprägungen zwangsläufig einen hohen Stellenwert in der schulischen Bildung, was sämtliche Schularten und sämtliche Unterrichtsfächer betrifft. Der Mitarbeiter beeinflusst hinsichtlich der Medienbildung die Ausbildung von Referendaren ebenso wie die Fortbildung der Lehrkräfte. Seine Tätigkeit wirkt sich zudem auf die technische Ausstattung der Schulen aus. Letztlich gestaltet er, worauf bereits das Arbeitsgericht hingewiesen hat, ein Stück weit die moderne und zukunftsfähige Bildungs- und Medienlandschaft mit. Seine Tätigkeit hat eine erheblich größere Tragweite als z. B. diejenige der Regionalbeauftragten für Medienbildung, die ebenfalls eine abgeschlossene wissenschaftliche Hochschulbildung im Sinne der Entgeltgruppe 13 TV-L oder gleichwertige Fähigkeiten und Erfahrungen benötigen und deren Aufgabe es ist, die vom Mitarbeiter erstellten Konzepte in den Schulen ihres Bezirks zu vermitteln.

(vgl. LAG M-V 07.12.2017, 5 Sa 64/17; zit. nach WKRS 2017, 48130)

3. Hochwertige Leistungen bei besonders schwierigen Aufgaben im Sinne der Entgeltgruppe 14

Diese Merkmalskombination kennt die Entgeltordnung des TV-L nur in Entgeltgruppe 14:

Entgeltgruppe 14

3. Beschäftigte mit abgeschlossener wissenschaftlicher Hochschulbildung und entsprechender Tätigkeit sowie sonstige Beschäftigte, die aufgrund gleichwertiger Fähigkeiten und ihrer Erfahrungen entsprechende Tätigkeiten ausüben, deren Tätigkeit sich dadurch aus der Entgeltgruppe 13 heraushebt, dass sie mindestens zu einem Drittel hochwertige Leistungen bei besonders schwierigen Aufgaben erfordert.

(Hierzu Protokollerklärung Nr. 1)

Die Merkmalkombination der Fallgruppe 3 hat in der Eingruppierungspraxis faktisch keine Bedeutung erlangt. Dementsprechend finden sich kaum nähere Ausführungen in Rechtsprechung und Literatur.

Hochwertige Leistungen setzen eine besondere Aufgabenstellung voraus. Die Erfüllung dieser Aufgabenstellung muss ein besonderes Gewicht für die Dienststelle haben, so dass sich daraus eine herausragende Bedeutung im Hinblick auf das Ergebnis und die damit verbundene Verantwortung ergibt. Dementsprechend sind hochwertige Leistungen nur dann anzunehmen, wenn über das eigentliche Fachgebiet hinaus umfassende organisatorische Aufgaben oder leitende Funktionen in einem größeren Arbeitsbereich auszuüben sind (vgl. Reidelbach/Wieland/Fattler, Kap. 1 Rn. 264). Besonders schwierige Aufgaben erfordern erheblich über dem Durchschnitt liegende fachliche Anforderungen (vgl. Reidelbach/Wieland/Fattler, Kap. 1 Rn. 275).

4. Das Maß der Verantwortung im Sinne der Entgeltgruppe 15

Die generellen Anforderungen an das Maß der Verantwortung wurden bereits in Kapitel 7.5 näher erläutert.

Im folgenden Fall wurde das erhebliche Maß an Verantwortung im Sinne der Entgeltgruppe 15 nicht anerkannt:

1. Beispiel:

Tätigkeiten der Referatsleitung auf den Gebieten „Gesundheitsschutz" und „Reproduktions- und Transplantationsmedizin"

(Fortführung des 1. Beispiels in Kapitel 8.1):

Die Leitung der aus ursprünglich sechs und später fünf Referaten bestehenden Referategruppe „Gesundheitsschutz" als solche hebt sich nicht durch das Maß der damit verbundenen Verantwortung erheblich aus der VG Ib FG 1a heraus. Wenn das Merkmal der Verantwortung bereits begrifflich das Einstehenmüssen für die Tätigkeit von anderen Bediensteten umfasst (Senat 24.06.1998 – 4 AZR 304/97 – AP BAT 1975 § 22 Nr. 241 [I 3.2.1 der Gründe]), bedarf es für die Erfüllung des Tatbestandsmerkmals der „erheblichen Heraushebung durch das Maß der Verantwortung" **einer über die normale Vorgesetztenstellung deutlich hinausgehenden Stellung**. Dabei muss es sich – auch nach Einführung der VG I – um eine Spitzenstellung des höheren Dienstes mit großem Arbeitsbereich, vorwiegend in der Leitung **großer Organisationseinheiten oder** mit der **Entscheidungskompetenz über Grundsatzfragen allgemeiner und richtungsweisender Bedeutung** handeln.

(BAG 26.01.2005, 4 AZR 6/04, AP Nr. 302 zu §§ 22, 23 BAT 1975 m. w. N.; *Hervorhebungen durch die Verfasser*)

8

2. Beispiel:

Referent im Institut für Qualitätssicherung

Das erhebliche Maß an Verantwortung liegt bei einem Referenten im Institut für Qualitätssicherung (Aus- und Fortbildung Lehrkräfte an den Schulen des Landes) nicht vor. Der Referent ist koordinierend zuständig für Fragen des Gesundheitsmanagements, des Betrieblichen Eingliederungsmanagements und der Gesundheit an der Schule (Arbeitsschutz und -sicherheit):

Zunächst trägt der Referent keine Verantwortung in Grundsatzfragen allgemeiner oder richtungsweisender Bedeutung. Denn soweit der Mitarbeiter Verwaltungsvorschriften zum o.g. Zuständigkeitsbereich vorbereitet, trägt er für diese nicht die Verantwortung im tariflichen Sinne, da er diese Verwaltungsvorschriften lediglich vorbereitet. Seine Vorschläge werden dann innerhalb der Behörde durch die weiteren Vorgesetzten geprüft und dann letztlich auf der politischen Ebene verabschiedet.

Der Referent trägt auch keine Verantwortung für einen großen ihm untergeordneten Personalkörper. Dem Referenten sind lediglich zwei Mitarbeiter zugeordnet. Dazu kommen weitere zehn Beschäftigte, die in anderen Einheiten eingegliedert sind, die aber unter der Fachaufsicht des Referenten stehen. Damit ist der Mitarbeiter verantwortlich für zwölf Beschäftigte. Damit lässt sich das erforderliche besondere Maß der Verantwortung nicht begründen.

Auch besteht keine Weisungskompetenz gegenüber Schulräten in Fragen des Arbeitsschutzes. Die Pflichten nach § 13 Abs. 2 ArbSchG sind dem Mitarbeiter nicht übertragen worden.

Auch die Bedeutung seiner Aufgaben (Gesundheitsmanagement und Eingliederungsmanagement) für die Qualität des gesamten Bildungssektors und für die Reduzierung des Unterrichtsausfalls lässt keine besondere Verantwortung im Tarifsinne erkennen.

Zweifellos gibt es viele Indizien, die auf den vom Mitarbeiter gesehenen Kausalzusammenhang zwischen einer erfolgreichen Förderung der Gesundheit der Lehrkräfte und der Qualität des Unterrichts oder auch der Anzahl der Ausfallstunden hindeuten. Auch der Arbeitgeber geht in seiner Stellungnahme von diesem Kausalzusammenhang aus und von der Hoffnung, dass man durch eine kluge und erfolgreiche Förderung der Gesundheit der Lehrkräfte auch als Arbeitgeber durch die Verringerung der Anzahl der Ausfallstunden profitieren könne. Damit ist aber lediglich dargetan, dass der Mitarbeiter eine wichtige Aufgabe wahrnimmt. Man erwartet vom Mitarbeiter, dass er seine Aufgaben ordentlich erledigt, damit die erhofften Effekte eintreten. Das ist aber nichts anderes als die Normalverantwortung, die der Arbeitgeber von einem Beschäftigten der akademischen Laufbahn ohne Weiteres erwarten darf. Auch der Verweis des Mitarbeits darauf, dass er die Bereiche „Gesundheitsmanagement", „Betriebliches Eingliederungsmanagement" und „Gesundheit an der Schule" erst eingeführt und aufgebaut habe, rechtfertigt keine andere Beurteilung. Für die Eingruppierung ist nicht entscheidend, wie erfolgreich ein Mitarbeiter die ihm übertragenen Aufgaben bewältigt.

(vgl. LAG M-V 13.06.2017, 2 Sa 237/16 m. w. N. auf die Rechtsprechung des BAG, zit. nach JurionRS 2017, 22709)

Hingegen war folgendes Arbeitsfeld ausreichend für die Anerkennung des erheblichen Maßes an Verantwortung im Sinne der Entgeltgruppe 15:

3. Beispiel:

Abteilungsleiter Hochbaubezirk Süd im staatlichen Hochbau- und Vermögensamt

Der Abteilungsleiter befand sich in der 2. Fachhierarchieebene unter dem Amtsleiter. Ihm waren drei Mitarbeiter des höheren Dienstes, 14 Mitarbeiter des gehobenen Dienstes und zwei Verwaltungsmitarbeiter unterstellt. Hinzu kam die Steuerung neun freier Mitarbeiter (vergleichbar dem höheren Dienst). Die Aufgaben der Abteilungsleitung umfassten im Wesentlichen:

- Planung und Durchführung sämtlicher Baumaßnahmen im Bezirk insbesondere durch Entwicklung und Überwachung in Form von Rahmenvorgaben, Zielvorgaben für Einzelbauprojekte der Honorarzone IV der Honorarordnung für Architekten und Ingenieure (überdurchschnittliche Planungsanforderungen)

- Vergabe von Baumaßnahmen bis zu 1,25 Mio. Euro
- Bauherrenvertreter
- Führung der unterstellten Mitarbeiter und Steuerung der freien Mitarbeiter

Im Rahmen dieser Aufgaben war die Abteilungsleitung gemäß Geschäftsverteilungsplan verantwortlich für die Wirtschaftlichkeit, Angemessenheit, Fachgerechtigkeit, aber auch für die gestalterische und technische Qualität der Aufgabenerledigung bei Baumaßnahmen.

Das erhebliche Maß an Verantwortung wurde damit begründet, dass die Abteilungsleitung einen personell großen Arbeitsbereich im Vergleich zu den anderen Abteilungen des Arbeitgebers zu führen hat, zu dem neben der Führung der unterstellten Mitarbeiter hinaus auch die Steuerung der freien Mitarbeiter zählt. Darüber hinaus ergibt sich die herausgehobene Verantwortung aus der behördeninternen Verantwortung mit entsprechender Haftung im Rahmen der Bauherrenvertretung, der Befugnis zu Vergabeentscheidungen und damit aus der Sicherstellung einer behördenangemessenen Unterbringung im zugewiesenen Landesteil/Bezirk.

(vgl. LAG BW 30.01.2003, 22 Sa 29/02)

5. Eingruppierung nach der Zahl der Unterstellten

Neben den o. g. Heraushebungsmerkmalen eröffnet sich in den Entgeltgruppen 14 und 15 auch eine Eingruppierung über die Zahl der unterstellten Mitarbeiter:

§

Entgeltgruppe 14

4. **Beschäftigte mit abgeschlossener wissenschaftlicher Hochschulbildung und entsprechender Tätigkeit sowie sonstige Beschäftigte, die aufgrund gleichwertiger Fähigkeiten und ihrer Erfahrungen entsprechende Tätigkeiten ausüben, denen mindestens drei Beschäftigte mindestens der Entgeltgruppe 13 durch ausdrückliche Anordnung ständig unterstellt sind.**

(Hierzu Protokollerklärungen Nrn. 1 und 2)

§

Entgeltgruppe 15

2. **Beschäftigte mit abgeschlossener wissenschaftlicher Hochschulbildung und entsprechender Tätigkeit sowie sonstige Beschäftigte, die aufgrund gleichwertiger Fähigkeiten und ihrer Erfahrungen entsprechende Tätigkeiten ausüben, denen mindestens fünf Beschäftigte mindestens der Entgeltgruppe 13 durch ausdrückliche Anordnung ständig unterstellt sind.**

(Hierzu Protokollerklärungen Nrn. 1 und 2)

Die Tätigkeitsmerkmale ermöglichen somit die Eingruppierung über Leitungsfunktionen.

Zunächst muss die Leitungstätigkeit selbst das Niveau einer abgeschlossenen wissenschaftlichen Hochschulbildung erfüllen, was der jeweils erste Halbsatz verdeutlicht.

§ **Beschäftigte mit abgeschlossener wissenschaftlicher Hochschulbildung und entsprechender Tätigkeit**

Ist diese Anforderung erfüllt, gilt es diese Anforderungen an die Leitungsfunktion zu prüfen:

1. ständige Unterstellung
2. durch ausdrückliche Anordnung
3. von drei bzw. fünf Beschäftigten mindestens der Entgeltgruppe 13

Ständige Unterstellung

Unterstellung bedeutet, dass dem Leiter gegenüber den unterstellten Mitarbeitern eine Weisungs- und Aufsichtsbefugnis zusteht. Bei der Aufsichtsbefugnis kann es sich um Fach-, Rechts- oder bloße Dienstaufsicht handeln (vgl. BAG 12.03.2008, 4 AZR 67/07, AP Nr. 36 zu §§ 22, 23 BAT-O). Darüber hinaus muss eine dienstlich-organisatorische Weisungsbefugnis vorliegen. Diese erfordert grundsätzlich die Beschäftigung von vorgesetzten und unterstellten Mitarbeitern in derselben Organisationseinheit (vgl. BAG 22.03.2000, 4 AZR 118/99, AP Nr. 278 zu §§ 22, 23 BAT 1975 m. w. N.).

So wird ein Mitarbeiter, dem wiederum andere Mitarbeiter zugeordnet sind, regelmäßig auch als Leiter dieser Organisationseinheit bezeichnet. Leitung bedeutet dabei im Sinne der Verwaltungssprache die Verbindung von Aufgaben der Planung, Organisation, Anweisung, Koordination und Kontrolle, das heißt die organisatorische Gesamtzuständigkeit für die übertragene Aufgabe (vgl. BAG 16.05.2019, 6 AZR 93/18, AP Nr. 97 zu § 611 BGB Kirchendienst m. w. N.). So setzt auch die „ständige Unterstellung" voraus, dass die zugeordneten Mitarbeiter dem Leiter unmittelbar zugeordnet sind. Eine mittelbare Unterstellung im Rahmen der Behördenhierarchie reicht nicht aus (vgl. BAG 26.01.2005, 4 AZR 6/04, AP Nr. 302 zu §§ 22, 23 BAT 1975).

Das Wort „ständig" verdeutlicht, dass die Weisungs- und Aufsichtsrechte auf Dauer bestehen und nicht nur für einen vorübergehenden Zeitraum (vgl. BAG 11.11.1987, 4 AZR 336/87, AP Nr. 140 zu §§ 22, 23 BAT 1975 m. w. N.). In diesem Sinne ist eine ständige Unterstellung dann anzunehmen, wenn die Unterstellung auf eine gewisse, nicht unerhebliche Zeit erfolgt. Eine nicht unerhebliche Zeit ist zumindest dann gegeben, wenn sie ein Jahr andauert. Ob der Arbeitsvertrag der/des unterstellten Angestellten befristet ist, ist dabei unerheblich (vgl. BAG 20.02.1991, 4 AZR 408/90, AP Nr. 16 zu § 24 BAT 1975).

Zum anderen bedeutet ständig, dass der Beschäftigte seine o. g. Aufsichts- und Weisungsrechte gegenüber den Unterstellten dauerhaft und fortwährend ausübt. Der Beschäftigte muss also jederzeit – während der gesamten Arbeitszeit – in der Lage sein, durch Erteilung entsprechender Anordnungen seine Aufsichts- und Weisungsrechte aktiv wahrzunehmen, selbst dann, wenn er gerade mit anderen (eigenen Fach-)Aufgaben beschäftigt ist. Auf den Zeitanteil für den tatsächlichen Aufwand für diese Führungsaufgaben kommt es damit nicht an. Führungs- und Fachaufgaben bilden eine untrennbare Arbeitseinheit, einen Arbeitsvorgang (vgl. BAG 20.06.1990, 4 AZR 91/90, AP Nr. 150 zu §§ 22, 23 BAT 1975 m. w. N. auf die Rechtsprechung des BAG).

Ausdrückliche Anordnung

Das Merkmal „ausdrückliche Anordnung" fordert, dass die Übertragung durch das zuständige Organ des jeweiligen öffentlichen Arbeitgebers getroffen worden ist (vgl. BAG 12.03.2008, 4 AZR 67/07, AP Nr. 36 zu §§ 22, 23 BAT-O).

Es handelt sich um eine den Inhalt des Arbeitsvertrages betreffende Willenserklärung. Diese muss demnach vom zuständigen Organ des Arbeitgebers ausgesprochen und dem Arbeitnehmer zugegangen sein (vgl. BAG 12.03.2008, 4 AZR 67/07, AP Nr. 36 zu §§ 22, 23 BAT-O).

Das zuständige Organ kann die ausdrückliche Anordnung durch eine entsprechende schriftliche oder mündliche Erklärung, aber auch durch Dienstanweisungen, Verwaltungsverfügungen und Geschäftsverteilungspläne vornehmen, die dem Beschäftigten zugehen. Konkludentes Verhalten des öffentlichen Arbeitgebers oder die lediglich faktische Herstellung entsprechender Organisationsformen in der Verwaltung sind nicht ausreichend, auch nicht die Benachrichtigung lediglich der unterstellten Beschäftigten (vgl. BAG 12.03.2008, 4 AZR 67/07, AP Nr. 36 zu §§ 22, 23 BAT-O).

Zahl der Unterstellten

Gemäß Vorbemerkung Nr. 6 zu allen Teilen der Entgeltordnung sind diese Regeln bei der Ermittlung der Anzahl der Unterstellten zu beachten:

8 **Vorbemerkung Nr. 6 zu allen Teilen der Entgeltordnung**

[1]Soweit die Eingruppierung von der Zahl der unterstellten Beschäftigten abhängig ist, rechnen hierzu auch Angehörige der vergleichbaren Besoldungsgruppen. [2]Bei der Zahl der unterstellten bzw. beaufsichtigten oder der in dem betreffenden Bereich beschäftigten Personen zählen Teilzeitbeschäftigte entsprechend dem Verhältnis der mit ihnen im Arbeitsvertrag vereinbarten Arbeitszeit zur regelmäßigen Arbeitszeit eines Vollzeitbeschäftigten. [3]Für die Eingruppierung ist es unschädlich, wenn im Organisations- und Stellenplan zur Besetzung ausgewiesene Stellen nicht besetzt sind.

Satz 1 bedarf der Erläuterung, da im Gegensatz zur alten Regelung im BAT-B/L hier nicht mehr der tabellarische Vergleich von Vergütungs- und Besoldungsgruppen übernommen wurde. In Anlehnung an die alte Vorbemerkung Nr. 6 zu allen Vergütungsgruppen der Anlage 1a BAT-B/L sind folgende Entgeltgruppen und Besoldungsgruppen vergleichbar:

Entgeltgruppen	Besoldungsgruppen
EG 1	A 1
EG 2	A 2
EG 2	A 3
EG 3 und 4	A 5
EG 5 und 6	A 6
EG 7	A 7
EG 8 und EG 9a	A 8
EG 9b FG 2 und 3	A 9
EG 9b FG 1	A 10
EG 10/11	A 11
EG 12	A 12
EG 13	A 13
EG 14	A 14
EG 15	A 15
	A 16

8

Teil III: Beschäftigte mit körperlich/ handwerklich geprägten Tätigkeiten

1. Die Struktur von Teil III

Teil III der Entgeltordnung ist aufgrund seiner ausschließlichen Beschränkung auf alle körperlich/handwerklich geprägten Tätigkeiten (Vorbemerkung Nr. 2 zu allen Teilen der Entgeltordnung) eine in sich abgeschlossene Regelung innerhalb der gesamten Entgeltordnung. So fallen alle Tätigkeiten, die bei Fortgeltung des MTArb/MTArb-O dem Lohngruppenverzeichnis unterlegen hätten, in diesen Teil der Entgeltordnung (Protokollerklärung zu Vorbemerkung Nr. 2 zu allen Teilen der Entgeltordnung).

Dementsprechend ist Teil III wie folgt aufgebaut:

§

Vorbemerkungen zu Teil III der Entgeltordnung

Abschnitt 1: Allgemeine Tätigkeitsmerkmale

Abschnitt 2: Besondere Tätigkeitsmerkmale für sämtliche Bereiche

2.1 Facharbeiter
2.2 Fahrer, Maschinenführer, Tankwarte und Wagenpfleger
2.3 Hausmeister, Pförtner, Reinigungs- und Wachpersonal, Kunsteisbahn-, Sporthallen- und Sportplatzwarte
2.4 Beschäftigte in der Entsorgung
2.5 Kesselwärter (Heizer), Maschinisten, Turbinenmaschinisten und Schichtführer an Hochdruckkesselanlagen
2.6 Taucher
2.7 Tierwärter

Abschnitt 3: Besondere Tätigkeitsmerkmale für einzelne Bereiche

3.1 Beschäftigte in Galerien, Museen, Schlössern
3.2 Beschäftigte im Gartenbau
3.3 Beschäftigte im Gesundheitswesen
3.4 Beschäftigte in der Landwirtschaft
3.5 Beschäftigte in Lehr-, Forschungs- und Materialprüfungseinrichtungen
3.6 Beschäftigte in der Polizeiverwaltung
3.7 Beschäftigte im Straßenbetriebsdienst und Straßenbau
3.8 Beschäftigte im Vermessungswesen
3.9 Beschäftigte im Wasserbau in den Ländern Baden-Württemberg und Bayern
3.10 Beschäftigte im Wasserbau in den übrigen Ländern (gilt nicht für die Freie und Hansestadt Hamburg)

3.11 Beschäftigte im Weinbau
3.12 Beschäftigte in Gestüten
3.13 Beschäftigte in Münzen
3.14 Beschäftigte in der Wilhelma
3.15 Beschäftigte in Häfen im Land Niedersachsen
3.16 Beschäftigte in Kraftzeugwerkstätten des Landes Berlin

Anhang zu Teil III der Entgeltordnung

Richtlinien für verwaltungseigene Prüfungen

Für die Anwendung von Teil III ist also zunächst zu klären, ob die auszuübende Tätigkeit gemäß § 12 TV-L körperlich/handwerklich geprägt ist. Dies ist nach der Protokollerklärung zu Vorbemerkung Nr. 2 zu allen Teilen der Entgeltordnung dann anzunehmen, wenn bei Fortgeltung des MTArb/MTArb-O die auszuübende Tätigkeit dem Lohngruppenverzeichnis unterlegen hätte.

Ob dies der Fall ist, war früher zunächst eine Frage der Zuordnung zu den unterschiedlichen rentenversicherungsrechtlichen Systemen für Angestellte und Arbeiter. Danach war nach einem Fünf-Punkte-Schema zu prüfen, ob letztlich eher Tätigkeiten als Angestellter im Sinne des BAT oder eher Tätigkeiten als Arbeiter in Sinne der MTArb/MTArb-O vorlagen:

§ **BAG vom 04.08.1993**

Zur rentenversicherungsrechtlichen Einordnung eines Arbeitnehmers als Arbeiter oder Angestellter ist, da es keine umfassende gesetzl. Definition gibt, nach der ständigen Rechtsprechung des BSG (Urteil vom 24.10.1978 – 12 RK 60/76 – BSG 47, 106; Urteil vom 09.12.1982 – 12 RK 6/82 – SozR 2400 § 3 Nr. 5; Urteil vom 11.11.1987 – 12 RK 6/86 – SozR 2400 § 3 Nr. 6) eine mehrstufige Prüfung vorzunehmen. Dabei ist von einer Stufe auf die folgende erst überzugehen, wenn auf der vorangegangenen keine Entscheidung möglich ist.

Auf der **ersten Stufe** ist zu untersuchen, ob der Beschäftigte zu einer der in § 133 Abs. 2 SGB VI (vor 1992: § 3 Abs. 1 AVG) beispielhaft aufgezählten Gruppen gerechnet wird.

Ist dies nicht der Fall, so ist in einem **zweiten Schritt** zu prüfen, ob die Beschäftigung einer der im sog. Berufsgruppenkatalog des Reichsarbeitsministeriums (vom 08.03.1924 – RGBl. I S. 274 – mit Änderungen vom 04.02.1927 – RGBl. I S. 58 – und vom 15.07.1927 – RGBl. I S. 222) aufgeführten Gruppen entspricht.

Ist auch das nicht der Fall, so ist auf der **dritten Stufe** zu untersuchen, ob die Beschäftigung derjenigen einer Berufsgruppe entspricht, deren

Angehörige nach der Verkehrsanschauung allgemein als Angestellte betrachtet werden.

Ergibt sich auch hiernach keine Lösung, so hängt die Frage, ob der Beschäftigte Angestellter oder Arbeiter ist, auf einer **vierten Stufe** davon ab, ob die Beschäftigung vorwiegend geistig oder vorwiegend körperlich geprägt ist.

Ergibt die Abwägung anhand des Gesamtbildes kein deutliches Übergewicht für eine körperliche oder für eine geistige Prägung, so ist auf der **fünften und letzten Stufe** auf den übereinstimmenden Willen der Vertragspartner des Beschäftigungsverhältnisses abzustellen.

(BAG 04.08.1993, 4 AZR 515/92, AP Nr. 1 zu § 1 BAT; *Hervorhebungen durch die Verfasser*)

Praxis-Tipp:

Das Rentenversicherungsrecht unterscheidet seit 2005 nicht mehr nach Angestellten und Arbeitern. Damit scheiden die Stufen 1 bis 3 als Prüfkriterium aus. Es bleibt letztlich bei den Stufen 4 und 5, von denen der TV-L mit seiner Protokollerklärung zu Vorbemerkung Nr. 2 zu allen Teilen der Entgeltordnung letztlich auf Stufe 5 verweist.

2. Die Vorbemerkungen zu Teil III der Entgeltordnung

Text der Vorbemerkungen

§

1. [1]Die Fallgruppen des Abschnitts 1 (Allgemeine Tätigkeitsmerkmale) gelten, sofern die Tätigkeit nicht in besonderen Tätigkeitsmerkmalen der Abschnitte 2 und 3 aufgeführt ist. [2]Dies gilt nicht für Beschäftigte der Entgeltgruppe 2, die überwiegend Arbeiten zu verrichten haben, die die Körperkräfte außerordentlich beanspruchen.

2. (1) [1]Die besonderen Tätigkeitsmerkmale des Abschnitts 3, die für bestimmte Verwaltungen, Ämter und Betriebe (z. B. für die Polizeiverwaltung) vorgesehen sind, gelten nur für die Beschäftigten in diesen Verwaltungen, Ämtern und Betrieben. [2]Das schließt nicht aus, dass Beschäftigte außerhalb dieser Verwaltungen, Ämter und Betriebe, die gleichartige Tätigkeiten zu verrichten haben, bei Erfüllung der allgemeinen Tätigkeitsmerkmale in dieselbe Entgeltgruppe eingruppiert sind.

   (2) Die Tätigkeitsmerkmale, die für ein bestimmtes Fachgebiet (z. B. für das Vermessungswesen) vorgesehen sind, gelten für alle Beschäftigten in diesem Fachgebiet ohne Rücksicht darauf, in welcher Verwaltung, welchem Amt oder Betrieb sie tätig sind.

3. Erfolgt eine Eingruppierung nach einem besonderen Tätigkeitsmerkmal, kommt es auf die berufliche Vorbildung nicht an, es sei denn, das Tätigkeitsmerkmal fordert eine bestimmte Ausbildung oder eine andere berufliche Qualifikation.

4. (1) [1]Anerkannte Ausbildungsberufe sind die nach dem Berufsbildungsgesetz oder der Handwerksordnung staatlich anerkannten oder als staatlich anerkannt geltenden Ausbildungsberufe. [2]In besonderen Tätigkeitsmerkmalen genannte Ausbildungsberufe umfassen auch die entsprechenden früheren Ausbildungsberufe.

   (2) Der Besitz eines Handwerksmeisterbriefs, eines Industriemeisterbriefs oder eines Meisterbriefs in einem anderen anerkannten Ausbildungsberuf hat keinen Einfluss auf die Eingruppierung, soweit dieser nicht ausdrücklich in einem Tätigkeitsmerkmal gefordert ist.

   (3) Zu den Beschäftigten mit erfolgreich abgeschlossener Ausbildung in einem einschlägigen anerkannten Ausbildungsberuf mit einer Ausbildungsdauer von mindestens drei Jahren gehören auch die Beschäftigten der Entgeltgruppe 5 Fallgruppe 2 mit verwaltungseigener Prüfung.

5. Die Besatzungen von Wasserfahrzeugen der Polizeiverwaltungen sind wie die entsprechenden Beschäftigten in der Binnen- bzw. Seeschifffahrt (Teil II Abschnitt 19) eingruppiert.

6. Für die Beschäftigten der Häfen des Landes Niedersachsen gelten auch die Tätigkeitsmerkmale für die Beschäftigten im Wasserbau.

7. Die Richtlinien für die verwaltungseigenen Prüfungen, deren Ablegung die Voraussetzung für die Eingruppierung in bestimmte Entgeltgruppen bildet, sind im Anhang zu Teil III festgelegt.

8. (1) [1]Beschäftigte, die zu Vorarbeitern von Beschäftigten der Entgeltgruppen 1 bis 4 bestellt worden sind, erhalten für die Dauer der Tätigkeit als solche eine monatliche Zulage gemäß Anlage F Abschnitt III Nr. 1. [2]Beschäftigte, die zu Vorarbeitern von Beschäftigten mindestens der Entgeltgruppe 5 bestellt worden sind, erhalten für die Dauer der Tätigkeit als solche eine monatliche Zulage gemäß Anlage F Abschnitt III Nr. 2. [3]Die Vorarbeiterzulage verändert sich bei allgemeinen Entgeltanpassungen um den von den Tarifvertragsparteien für die jeweilige Entgeltgruppe festgelegten Vomhundertsatz; Sockelbeträge, Mindestbeträge und vergleichbare nichtlineare Steigerungen bleiben unberücksichtigt.

   (2) [1]Sofern ein Anspruch auf die Vorarbeiterzulage nicht für alle Tage eines Kalendermonats besteht, gilt § 24 Absatz 3. [2]Wird die Bestellung zum Vorarbeiter widerrufen, so wird die Vorarbeiterzulage für die Dauer von zwei Wochen weitergezahlt, es sei denn, dass die Bestellung von vornherein für eine bestimmte Zeit erfolgt ist.

   (3) [1]Vorarbeiter sind Beschäftigte, die durch schriftliche Verfügung zu Gruppenführern von Beschäftigten bestellt worden sind und selbst mitarbeiten. [2]Die Gruppe muss außer dem Vorarbeiter aus mindestens zwei Beschäftigten bestehen. [3]Zur Arbeit zugeteilte Insassen von psy-

chiatrischen Krankenanstalten, Justizvollzugsanstalten, Landesblindenanstalten, Landesjugendheimen und Beschäftigte von Firmen rechnen wie entsprechende Beschäftigte. [4]Auszubildende nach dem Tarifvertrag für Auszubildende der Länder nach dem Berufsbildungsgesetz (TVA-L BBiG) vom 12. Oktober 2006 in der jeweils geltenden Fassung können ab dem dritten Ausbildungsjahr als Beschäftigte der Entgeltgruppe 5 Nr. 1 gerechnet werden.

(4) Beschäftigte, bei denen die Aufsichtsfunktion zum Inhalt ihrer Tätigkeit gehört, sind nicht Vorarbeiter im Sinne dieser Vorschrift.

(5) Bei der Sicherung des Lohnstandes nach der Protokollerklärung zum 3. Abschnitt des TVÜ-Länder gilt die Vorarbeiterzulage als Bestandteil des Monatstabellenlohnes.

Erläuterung der Vorbemerkungen

Die Vorbemerkungen Nr. 1 und 2 erläutern die Anwendung der einzelnen Abschnitte untereinander. Danach kommt dem Abschnitt 1 eine ähnliche Auffangfunktion zu, wie dem Teil I der Entgeltordnung.

Vorbemerkung Nr. 8 regelt die Eingruppierung von Vorarbeitern. Anders als der TV-V kennt der TV-L damit weiterhin die Vorarbeiterzulage. Die Bestellung zum Vorarbeiter wird anders als im TV-V nicht über eine befristete Höhergruppierung geregelt. Vielmehr wird eine Zulage gezahlt, die nicht der Mitbestimmung des Personal- bzw. Betriebsrats unterliegt (vgl. Fitting, § 99 Rn. 112 m. w. N.). Die Vorbemerkung Nr. 8 regelt das Verfahren. Dort wird insbesondere definiert, wer Vorarbeiter ist und wie der Begriff zu anderen Beschäftigten abgegrenzt wird:

(3) [1]Vorarbeiter sind Beschäftigte, die durch **schriftliche Verfügung** zu **Gruppenführern** von Beschäftigten bestellt worden sind **und selbst mitarbeiten**. [2]Die Gruppe muss außer dem Vorarbeiter aus **mindestens zwei Beschäftigten** bestehen. [3]Zur Arbeit zugeteilte **Insassen** von psychiatrischen Krankenanstalten, Justizvollzugsanstalten, Landesblindenanstalten, Landesjugendheimen und Beschäftigte von Firmen **rechnen wie** entsprechende **Beschäftigte.** [4]**Auszubildende** nach dem Tarifvertrag für Auszubildende der
9 Länder nach dem Berufsbildungsgesetz (TVA-L BBiG) vom 12. Oktober 2006 in der jeweils geltenden Fassung können **ab dem dritten Ausbildungsjahr** als Beschäftigte der Entgeltgruppe 5 Nr. 1 gerechnet werden.

(4) Beschäftigte, bei denen die Aufsichtsfunktion zum Inhalt ihrer Tätigkeit gehört, sind nicht Vorarbeiter im Sinne dieser Vorschrift.

(Hervorhebungen durch die Verfasser)

Die Höhe der Vorarbeiterzulage richtet sich zunächst nach der Eingruppierung der unterstellten Beschäftigten: Für Beschäftigte der Entgeltgruppen 1 bis 4 TV-L gilt Nr. 2, für Beschäftigte ab Entgeltgruppe 5 TV-L die Nr. 1 des Abschnitts III der Anlage F zum TV-L: Die aktuelle Höhe der Zulage sieht damit wie folgt aus:

Unterstellte	Zulagennummer gemäß Abschnitt III Anlage F	Vorarbeiterzulage pro Monat
EG 1 bis 4	1	176,49 EUR
ab EG 5	2	302,10 EUR

3. Die Abschnitte von Teil III im Überblick

Da nicht alle Abschnitte für alle Dienststellen anzuwenden sind, werden wir im Folgenden aus den drei Abschnitten den Abschnitt 1 sowie ausgewählte Teile des Abschnitts 2 näher erläutern.

9

Teil III: Allgemeine Tätigkeitsmerkmale

1. Übersicht

Allgemeine Tätigkeitsmerkmale für Arbeitertätigkeiten

EG 1
einfachste Tätigkeiten

EG 2
einfache Tätigkeiten

EG 3

FG 1:
eingehende Einarbeitung

FG 2:
Angelernte

FG 3:
Arbeitnehmer der EG 2 mit Tätigkeiten
- die die Körperkräfte außerordentlich beanspruchen

oder
- die mit besonderer Verantwortung verbunden sind

EG 4

Arbeitnehmer
- mit erfolgreich abgeschlossener Ausbildung in einem anerkannten Ausbildungsberuf
- mit einer Ausbildungsdauer von weniger als drei Jahren
- in ihrem oder verwandten Beruf beschäftigt

EG 5

FG 1:
Arbeitnehmer
- mit erfolgreich abgeschlossener Ausbildung in einem anerkannten Ausbildungsberuf
- mit einer Ausbildungsdauer von mindestens drei Jahren
- in ihrem oder verwandten Beruf beschäftigt

FG 2:
Arbeitnehmer, die
- nach einer mindestens dreijährigen ununterbrochenen Beschäftigung
- in einem anerkannten Ausbildungsberuf mit einer Ausbildungsdauer von mindestens drei Jahren
- eine verwaltungseigene Prüfung erfolgreich abgelegt haben

und
- eine entsprechende Tätigkeit ausüben

EG 6
Arbeitnehmer der EG 5 FG 1 und 2
mit hochwertigen Arbeiten

EG 7
Arbeitnehmer der EG 5 FG 1 und 2
mit besonders hochwertigen Arbeiten

2. Einfachste Tätigkeiten (Entgeltgruppe 1)

§

Entgeltgruppe 1

Beschäftigte

mit einfachsten Tätigkeiten.

(Hierzu Protokollerklärung Nr. 5)

Protokollerklärung Nr. 5

[1] Einfachste Tätigkeiten üben z. B. aus

- Essens- und Getränkeausgeber,
- Garderobenpersonal,
- Beschäftigte, die spülen, Gemüse putzen oder sonstige Tätigkeiten im Haus- und Küchenbereich ausüben,
- Reiniger in Außenbereichen wie Höfen, Wegen, Grünanlagen, Parks,
- Wärter von Bedürfnisanstalten,
- Servierer,
- Hausarbeiter und
- Hausgehilfen.

[2] Ergänzungen können durch landesbezirklichen Tarifvertrag geregelt werden.

Da es sich bei Teil III um eine in sich abgeschlossene Regelung für ehemals Arbeitertätigkeiten handelt, wurde das Tätigkeitsmerkmal der Entgeltgruppe 1 des Teils I wortgleich in Teil III übernommen. Auf die generellen Ausführungen zu Entgeltgruppe 1 Teil I in Kapitel 4.1 kann entsprechend verwiesen werden.

Bei den Beispielen zu Entgeltgruppe 1 handelt es sich hingegen durchgängig um körperlich-handwerkliches Tun und damit um Arbeitertätigkeiten im Sinne des Teil III. Die Rechtsprechung hat diese bisher wie folgt ausgelegt.

1. Beispiel: Küchen- und Reinigungsarbeiten

So können die Tätigkeiten einer Küchenhilfe in einem Krankenhaus als „einfachste Tätigkeit" im Sinne der Entgeltgruppe 1 TVöD-VKA (vgl. LAG Baden-Württemberg 20.06.2007, 12 TaBV 3/07, ZTR 2007, S. 620, 621) zu bewerten sein:

Auszuübende Tätigkeit	Zeitanteil ... der Gesamttätigkeit
a) Portionierung von Speisen	zu etwa 33 %
b) Reinigen der Küche	zu etwa 25 %
c) Beschickung und Entladung des Geschirrspülbandes	zu etwa 35 %
d) Wickeln von Bestecken	zu etwa 7 %

In seiner Entscheidung hat das LAG Baden-Württemberg (tarifwidrig) keinen Arbeitsvorgang gebildet, sondern wohl untechnisch einerseits von „Arbeitsvorgang" und andererseits „Arbeitsvorgängen" gesprochen. Tatsächlich ist von vier Arbeitsvorgängen auszugehen (zur Bildung von Arbeitsvorgängen im Arbeiterbereich siehe Gamisch/Mohr, Grundlagen, Kapitel 3.12).

Die Tätigkeit zu a) ist trotz eines erhöhten intellektuellen Aufwandes eine einfachste Tätigkeit im Sinne der Entgeltgruppe 1 (siehe auch BAG 20.05.2009, 4 ABR 99/08, AP Nr. 2 zu § 17 TVÜ zur Eingruppierung einer Küchenhilfe nach Entgeltgruppe 1). Das gilt auch für die Tätigkeit zu c), bei der kein höherer Schwierigkeitsgrad zu erkennen ist. Ein Zeitdruck, der durch die Geschwindigkeit des Geschirrspülbands entsteht, führt nicht zu einer höheren körperlichen oder geistigen Anforderung an den Beschäftigten.

Praxis-Tipp:

Widrige Arbeitsumstände, wie Hitze und Dampf, sind nicht eingruppierungsrelevant, sondern können lediglich einen Anspruch auf entsprechende Zuschläge gemäß § 19 Abs. 2 TV-L begründen.

Bei der Tätigkeit müssen vom Stelleninhaber selbst keine Hygienevorschriften beachtet werden, weil er die Spülmaschine nicht bedient, das heißt nicht in Gang setzen und nicht mit Spülmittel versehen muss.

Vor diesem Hintergrund sind „einfachste Tätigkeiten":

- das Fluten von Fußböden mit durch Reinigungsmittel angereichertem Wasser mittels Schiebe- und Wischtätigkeit

- die Reinigung anderer Flächen und Geräte mit anderen Lappen
- sofern kein Zerlegen und Reinigen von Maschinen erfolgt

(vgl. LAG Baden-Württemberg 20.06.2007, 12 TaBV 3/07; Rechtsbeschwerde nicht zugelassen; ZTR 2007, S. 620, 621)

Wichtig: Die Rechtslage ist anders, wenn umfangreiche rechtliche oder tatsächliche Vorgaben zu beachten sind.

So sind folgende Reinigungsarbeiten in einem Pflegeheim keine einfachsten Tätigkeiten im Sinne der Entgeltgruppe 1 TVöD (vgl. TV-L):

- Bei den Sicht- und Unterhaltsreinigungen sind Hygienevorschriften zu beachten, für die eine mehrstündige Schulung erforderlich ist.
- Auch die Beachtung umfangreicher Desinfektionspläne, die eine eigenständige Entscheidung des Arbeitnehmers erfordern, welche Flächen wie aufgrund der selbst festzustellenden Verschmutzungen zu reinigen sind, schließt die Eingruppierung in Entgeltgruppe 1 aus.

(BAG 28.01.2009, 4 ABR 92/07, AP Nr. 37 zu § 99 BetrVG 1972 Eingruppierung, NZA 2009, S. 1042).

Die Anforderungen der Entgeltgruppe 1 sind bei Reinigungsarbeiten hingegen erfüllt, wenn der Arbeitgeber den ganz konkreten Ablauf, den Arbeitsinhalt und die Arbeitsmittel klar und eindeutig vorgibt. Die Vorgaben des Arbeitgebers müssen so sein, dass die zu beachtenden Reinigungsanweisungen konkrete Handlungsanweisungen geben im Hinblick auf:

- die im Einzelnen zu reinigenden Bereiche (z. B. Fußböden, Oberflächen, Nassbereich, WC)
- die Reinigungsmittel und in welcher Dosierung sie zum Einsatz kommen, wobei die sachgerechte Dosierung über Dosieranlagen und nicht durch die Reinigungskraft selbst erfolgt
- die anzuwendenden Reinigungsgeräte (z. B. welcher Eimer, welche Lappen) und
- die konkrete Art und Weise der Reinigung für jeden der o. g. Bereiche (z. B. nass und/oder trocken nachwischen)

(vgl. BAG 20.05.2009, 4 AZR 315/08, AP Nr. 1 zu § 17 TVÜ)

2. Beispiel: Hausarbeit

Unter „Hausarbeit" wird die Arbeit im Haushalt verstanden, wobei zu den Hausarbeiten im eigentlichen Sinn neben dem Einkaufen und Putzen auch das Waschen gezählt wird (BAG 28.01.2009, 4 ABR 92/07, AP Nr. 37 zu § 99 BetrVG 1972 Eingruppierung m. w. N.; Hock/Hock ZTR 2009, S. 243, 248).

Allein der letztgenannte Umstand führt aber nicht dazu, dass Personen, die in einer Wäscherei tätig sind, zugleich „Hausarbeiter/innen" im Sinne der Entgeltgruppe 1 sind. Hiergegen spricht zunächst, dass nach dem allgemeinen Sprachgebrauch mit dem Begriff der „Hausarbeit" gerade verschiedenartige Tätigkeiten im Haushalt erfasst werden, ohne dass ein fest umrissenes oder auf einen Aufgabenbereich begrenztes Tätigkeitsfeld besteht, für das die betreffende Person eingestellt wurde. Demgegenüber werden AN, die für Tätigkeiten in einer Wäscherei eingestellt werden, speziell für diese Tätigkeit eingestellt, ohne dass andere Hausarbeitstätigkeiten von ihnen zu verrichten sind. Sind diese zudem in einer Wäscherei tätig, in der ein umfangreicher Maschinenpark eingesetzt wird (u. a. vier Großtrockner, eine Groß- und eine Kleinteilemangel einschließlich Eingabe- und Faltmaschine sowie Stapler, zwei Trockenwäsche-Faltmaschinen einschl. einer Bündelungsmaschine und ein Tunnel-Finisher) und bei der am Tag weit über 10.000 Textilteile an den verschiedenen Maschinen zur Bearbeitung anfallen, liegt ein gewerblich geprägter Wäschereibetrieb vor, so dass diese Wäschereitätigkeit bereits nach dem allgemeinen Sprachgebrauch nicht mehr vom Begriff der „Hausarbeit" erfasst wird.

(BAG 01.07.2009, 4 ABR 16/08, zit. nach WKRS 2009, 25020)

Praxis-Tipp:

Arbeitgeber dürfen die Anforderungen an ihre Mitarbeiter nicht überspannen: Arbeitsaufgaben der Entgeltgruppe 1 TV-L können nur „mechanische" Tätigkeiten sein, die keine geistigen Anforderungen stellen.

Sobald Vorschriften zu beachten sind, zum Beispiel Prozessbeschreibungen des Qualitätsmanagements oder Rechtsvorschriften des
10 Arbeits- und Unfallschutzes, kann nur in Entgeltgruppe 2 TV-L eingruppiert werden.

Praxis-Tipp:
Bei der Übertragung der Tätigkeiten gilt: Weniger ist mehr!

Auch in dieser Qualifikationsebene ist der Arbeitgeber faktisch gezwungen, tarifkonforme Stellenbeschreibungen vorzuhalten. Anderenfalls kann es zu bösen Überraschungen in der Einigungsstelle oder vor dem Arbeits- bzw. Verwaltungsgericht kommen.

3. Einfache Tätigkeiten (Entgeltgruppe 2)

Entgeltgruppe 2

Beschäftigte

mit einfachen Tätigkeiten.

(Hierzu Protokollerklärung Nr. 4)

Protokollerklärung Nr. 4

[1]Einfache Tätigkeiten sind Tätigkeiten, die weder eine Vor- noch eine Ausbildung, aber eine Einarbeitung erfordern, die über eine sehr kurze Einweisung oder Anlernphase hinausgeht. [2]Die Einarbeitung dient dem Erwerb derjenigen Kenntnisse und Fertigkeiten, die für die Beherrschung der Arbeitsabläufe als solche erforderlich sind.

Das Merkmal der Entgeltgruppe 2 entspricht dem alten Merkmal der Lohngruppe 1 MTArb/-O. Ansonsten entspricht das Tätigkeitsmerkmal der Entgeltgruppe 2 des Teils I. Auf die Ausführungen zu Entgeltgruppe 2 Teil I kann entsprechend verwiesen werden (siehe Kapitel 4.2).

Beispiel aus der Rechtsprechung:

Die Tätigkeiten in einer Wäscherei (Bedienung Groß- und Kleinmangelmaschine; Maschine zum maschinellen Bedampfen), die eine zweiwöchige Einarbeitungszeit in jede Maschine erfordert, **um die Arbeitsabläufe an den Maschinen zu beherrschen und den Ablauf zu verinnerlichen, erfüllt die Anforderungen an einfache Tätigkeiten**. Für die Anerkennung von „einfach" reichte die Einarbeitung und Tätigkeit an einer Maschine.

(vgl. BAG 01.07.2009, 4 ABR 18/08, AP Nr. 39 zu § 99 BetrVG Eingruppierung, *Hervorhebungen durch die Verfasser*)

4. Die Entgeltgruppe 3

Die Entgeltgruppe 3 sieht drei Eingruppierungsmöglichkeiten vor:

Entgeltgruppe 3

1. **Beschäftigte**

   mit Tätigkeiten, für die eine eingehende Einarbeitung erforderlich ist.

   (Keine Stufe 6)

2. **Angelernte Beschäftigte.**

   (Hierzu Protokollerklärung Nr. 3)

3. **Beschäftigte**

   mit Tätigkeiten der Entgeltgruppe 2,

   die die Körperkräfte außerordentlich beanspruchen oder mit besonderer Verantwortung verbunden sind.

Protokollerklärung Nr. 3

Das sind Beschäftigte mit Tätigkeiten, die eine handwerkliche oder fachliche Anlernung erfordern.

Die eingehende Einarbeitung

Das Tätigkeitsmerkmal der Entgeltgruppe 3 Fallgruppe 1 Teil III TV-L entspricht dem alten Merkmal der Lohngruppe 2 Fallgruppe 1 MTArb/-O und ist vergleichbar mit dem Tätigkeitsmerkmal der Entgeltgruppe 3 Teil I der Entgeltordnung zum TV-L. Auch dort wird eine eingehende Einarbeitung gefordert. Auf die Ausführungen zu Entgeltgruppe 3 Teil I kann entsprechend verwiesen werden (siehe Kapitel 4.3).

Für die Abgrenzung von Entgeltgruppe 2 und 3 bei handwerklich/körperlichen Tätigkeiten kann ergänzend folgendes Beispiel aus der Rechtsprechung herangezogen werden:

BAG vom 11.10.2006

Als städtischem Reiniger oblagen dem Beschäftigten folgende Aufgaben: Er fährt als Bezirksreiniger bzw. Reinigungsfahrer mit einem Arbeitskollegen in einem bestimmten, ihm zugewiesenen Bereich der Stadt mit einem Pritschenwagen von Bushaltestelle zu Bushaltestelle und leert die dort angebrachten Papierkörbe auf seine Ladefläche aus, wobei der Kläger sich weit überwiegend auf das Fahren des Fahrzeugs beschränkt. Soweit im Bereich der Haltestelle Verunreinigungen sind, beseitigt er diese. Um diese Tätigkeit ausüben zu können, benötigt der Beschäftigte neben einer Fahrerlaubnis vor allem Kenntnisse über die abzufahrende Route.

Diese Kenntnisse reichen für die Anerkennung einer eingehenden Einarbeitung nicht aus:

1. zur Fahrerlaubnis: Der Erwerb einer solchen und die damit erlangte Qualifikation beruhen nicht auf einer eingehenden Einarbeitung im Tarifsinne. Bei der Wahl dieses Begriffs sind die Tarifparteien ersichtlich davon ausgegangen, dass es sich um (ggf. zusätzliche) Kenntnisse handelt, die durch eine Einarbeitung erlangt werden, die vom Arbeitgeber durchgeführt werden kann. Bei einer Fahrerlaubnis dagegen handelt es sich um eine Qualifikation, die im Regelfall außerhalb des Arbeitsverhältnisses erworben wird und im Streitfall Bestandteil des Anforderungsprofils für die konkrete Tätigkeit ist.

2. zur Kenntnis der abzufahrenden Route: Die erforderlichen Kenntnisse über Lage, Ort und Reihenfolge der anzufahrenden Stellen erfordern notwendigerweise keine eingehende Einarbeitung. Soweit beim Beschäftigten keine Ortskenntnisse vorliegen, reicht für die sachgerechte Aufgabenerledigung die Aushändigung eines Stadtplans mit den darin vermerkten Anlaufpunkten aus.

(BAG 11.10.2006, 4 AZR 534/05, AP Nr. 9 zu § 20 BMT-G II)

Die Anlernung

Das Tätigkeitsmerkmal der Entgeltgruppe 3 Fallgruppe 2 Teil III TV-L entspricht dem alten Merkmal der Lohngruppe 2a Fallgruppe 1 MTArb/-O und ist vergleichbar mit dem Tätigkeitsmerkmal der Entgeltgruppe 3 Teil I der Entgeltordnung zum TV-L. Auch dort wird eine fachliche Anlernung gefordert. Auf die Ausführungen zu Entgeltgruppe 3 Teil I kann entsprechend verwiesen werden (siehe Kapitel 4.3).

Die Begriffe „eingehende Einarbeitung" und „fachliche Anlernung" in der Entgeltgruppe 3 unterscheiden sich dadurch, dass bei der Einarbeitung der Beschäftigte produktiv mitarbeitet, bei der Anlernung hingegen das Üben und Probieren ohne gleichzeitigen vollen Einsatz in der Produktion im Mittelpunkt steht. Angelernte Beschäftigte im Sinne der Entgeltgruppe 3 Fallgruppe 2 sind nach Protokollerklärung Nr. 3 zu Abschnitt 1 Teil III EntgO zum TV-L Beschäftigte mit Tätigkeiten, die eine handwerkliche oder fachliche Anlernung erfordern. Eine Anlernung mag sich in zeitlicher Hinsicht nicht von einer eingehenden Einarbeitung unterscheiden. Beide müssen daher über den Zeitraum von mehreren Tagen oder wenigen Wochen hinausgehen. Im Unterschied zur Einarbeitung steht bei der fachlichen Anlernung aber zunächst nicht die Arbeit im Mittelpunkt, sondern eine Art innerbetriebliche Ausbildung. Bei der Einarbeitung arbeitet der Beschäftigte produktiv mit. Bei der Anlernung steht das Üben und Probieren – eben der Lernaufwand – im Mittelpunkt ohne den vollen gleichzeitigen Einsatz in der Produktion (vgl. BAG 15.10.1986, 4 AZR 572/85, AP Nr. 51 zu § 1 TVG Tarifverträge: Metallindustrie, Rn. 21 zum Begriff des Anlernens im Lohnrahmenabkommen in der Eisen-, Metall- und Elektroindustrie Nordrhein-Westfalen in der Fassung vom 19.02.1975; vgl. LAG Nürnberg 05.08.2015, 2 Sa 21/15, ZTR 2015, S. 651 ff.).

Die Fallgruppe 3

Die Tätigkeitsmerkmale der Fallgruppe 3 entsprechen dem alten Merkmal der Lohngruppe 2a Fallgruppe 3 MTArb/-O.

Im Unterschied zu den Fallgruppen 1 und 2 werden hier keine höheren Anforderungen an die fachlichen Voraussetzungen gestellt. Vielmehr sollen die mit der Tätigkeitsausübung verbundenen körperlichen Anforderungen bzw. die damit verbundene Verantwortung honoriert werden.

Die mit der Tätigkeitsausübung verbundenen körperlichen Anforderungen sollen dann eine höhere Eingruppierung rechtfertigen, wenn die Körperkräfte außerordentlich beansprucht werden. In welchen Fällen eine solche Beanspruchung vorliegt, definiert der TV-L nicht. Der alte MTArb/-O nannte zumindest beispielhaft:

Helfer an Heizungsanlagen

Lagerarbeiter; soweit nicht höher eingereiht

Diese Beispiele können auch als Orientierung für die Anwendung der TV-L-Regelung dienen. Dies folgt unmittelbar aus der Vorbemerkung Nr. 2 zu allen Teilen der Entgeltordnung. Danach sind in Teil III nur Beschäftigte eingruppiert, die bei Fortgeltung des alten Rechts im MTArb/-O einzureihen wären. Da der Teil III im Wesentlichen Struktur und Tätigkeitsmerkmale des MTArb/-O übernommen hat, kann daraus auch geschlossen werden, dass zur Auslegung die alten Beispiele ergänzend herangezogen werden können (vgl. z. B. BAG 06.11.1996, 4 AZR 334/95).

Darüber hinaus ist aber zunächst auf den allgemeinen Sprachgebrauch zurückzugreifen. Danach liegt eine außerordentliche Beanspruchung der Körperkräfte vor, wenn die körperlichen Anforderungen vom Gewohnten abweichen, ungewöhnlich, überdurchschnittlich sind (vgl. Duden, S. 242).

Zweifelhaft ist, ob dieses Tätigkeitsmerkmal AGG-konform ist. Das LAG Hamm hat in seiner Entscheidung vom 11.08.1997 (16 Sa 213/96) bereits die Ansicht vertreten, dass das Merkmal frauendiskrimierend ist.

Verantwortung bedeutet zunächst, dass der Beschäftigte dafür einstehen muss, dass die ihm übertragenen Aufgaben der Entgeltgruppe 2 sachgerecht, pünktlich und vorschriftsgemäß ausgeführt werden. Auf dieser Normalverantwortung aufbauend liegt eine besondere Verantwortung dann vor, wenn sich die Tätigkeit aus dieser Normalverantwortung in gewichtiger und beträchtlicher Weise heraushebt (siehe zur vergleichbaren Rechtslage im BAT-AOK: BAG 26.01.2005, 4 AZR 487/03, AP Nr. 31 zu §§ 22, 23 BAT-O).

5. Die Entgeltgruppe 4

Entgeltgruppe 4

Beschäftigte mit erfolgreich abgeschlossener Ausbildung in einem anerkannten Ausbildungsberuf mit einer Ausbildungsdauer von weniger als drei Jahren, die in ihrem oder einem diesem verwandten Beruf beschäftigt werden.

Die Tätigkeitsmerkmale sind grundsätzlich der Lohngruppe 3 Fallgruppe 1 zum MTArb/-O entnommen. Die Tarifvertragsparteien haben aber auf die aktuelle Situation der Berufsausbildung reagiert und die verlängerte Regelausbildungsdauer von drei statt zweieinhalb Jahren übernommen (§ 5 Abs. 1 Nr. 2 BBiG; § 26 Abs. 1 Nr. 2 HwO).

Bei der anerkannten (Berufs-)Ausbildung handelt es sich um ein subjektiv (in der Person des Beschäftigten) zu erfüllendes Tätigkeitsmerkmal. Ein anerkannter Ausbildungsberuf liegt vor, wenn er als solcher gesetzlich geregelt ist. Rechtsgrundlagen für die Berufsausbildung im handwerklichen Bereich sind vor allem:

- Berufsbildungsgesetz
- Handwerksordnung (i. V. m. Berufsbildungsgesetz)

Die Ausbildung muss nach der dazu ergangenen Ausbildungsordnung erfolgen (§ 4 BBiG, § 25 HwO). Als abgeschlossen im berufsbildungsrechtlichen Sinne gilt eine solche Ausbildung, wenn der Auszubildende die Prüfung vor der zuständigen Stelle erfolgreich bestanden hat (§ 37 BBiG, § 31 HwO).

Beispiele für Berufe mit einer Regelausbildungsdauer von weniger als drei Jahren:

Berufsbild	Ausbildungs-dauer
Ausbaufacharbeiter	2 Jahre
Fachlagerist	2 Jahre
Fachkräfte im Gastgewerbe	2 Jahre
Fachkräfte für Kurier-, Express- und Postdienstleistungen	2 Jahre
Industrieelektriker der Fachrichtung Betriebstechnik	2 Jahre
Industrieelektriker der Fachrichtung Geräte und Systeme	2 Jahre
Kraftfahrzeugservicemechaniker	2 Jahre

(siehe www.berufenet.arbeitsagentur.de)

Beruf ist im Sinne des allgemeinen Sprachgebrauchs die Zugehörigkeit zu einem Erwerbszweig (BAG 24.01.2007, 4 AZR 28/06, AP Nr. 10 zu § 20 BMT-G II m. w. N.).

Beschäftigung in ihrem Beruf bedeutet dementsprechend, dass die Beschäftigten Tätigkeiten auszuüben haben, die im Rahmen der für die Tätigkeit passenden/einschlägigen Berufsausbildung vermittelt werden. Einschlägig ist ein Beruf nur dann, wenn die jeweilige Berufsausbildung das adäquate Mittel ist, die für die Tätigkeitsausübung erforderlichen Kenntnisse und praktischen Fertigkeiten zu erwerben. Die Berufsausbildung ist somit notwendige Voraussetzung zur sachgerechten Arbeitsausführung (vgl. BAG 24.11.1999, 4 AZR 772/98, AP Nr. 11 zu § 51 TVAL II; vgl. auch BAG 01.07.2009, 4 AZR 249/08, ZTR 2010, S. 28 ff.).

Wichtig: Alles das, was der Beschäftigte im Rahmen der Ausbildung an Kenntnissen, Fertigkeiten und berufstypischen Aufgaben vermittelt bekommt, zählt zur „Normaltätigkeit" und führt damit zur Anerkennung der Entgeltgruppe 4 (siehe zur vergleichbaren Rechtslage im BMT-G II: BAG 27.08.2008, 4 AZR 484/07, AP Nr. 210

zu § 1 TVG Auslegung; vgl. auch BAG 01.07.2009, 4 AZR 249/08, ZTR 2010, S. 28 ff.).

Dementsprechend erfordert auch die Formulierung „in ihrem erlernten Beruf beschäftigt sind" eine Tätigkeit, die im Wesentlichen dem Berufsbild des erlernten Berufs entspricht (vgl. BAG 01.07.2009, 4 AZR 249/08, ZTR 2010, S. 28 ff.; BAG 24.09.2008, 4 ABR 83/07, AP Nr. 94 zu § 1 TVG Tarifverträge: Einzelhandel; zum BMT-G: LAG Nürnberg 04.08.2004, 4 Sa 252/03, zit. nach Beck-online).

Für die Anwendung des Begriffs „verwandter Beruf" kommt es damit nicht auf die Ähnlichkeit der jeweiligen Tätigkeit an. Entscheidend ist vielmehr, ob die Berufe als solche untereinander verwandt sind. Damit genügt es nicht, dass sich einzelne Tätigkeiten in Randgebieten überschneiden. Die Beschäftigung in einem „verwandten Beruf" setzt voraus, dass die Berufsbilder des ausgeübten Berufs und des Ausbildungsberufs in den wesentlichen, prägenden Einzelheiten übereinstimmen und dass sich die Inhalte der Ausbildung und Prüfung zu einem großen Teil überschneiden (vgl. BAG 01.07.2009, 4 AZR 249/08, ZTR 2010, S. 28 ff.; BAG 24.01.2007, 4 AZR 28/06, AP Nr. 10 zu § 20 BMT-G II m. w. N.; siehe auch zur vergleichbaren Rechtslage im TVöD-NRW: LAG Düsseldorf 21.01.2020, 14 Sa 524/19, zit. nach WKRS 2020, 70440).

Praxis-Tipp:
Diese Berufsinformationen bietet das Informationsportal der Bundesagentur für Arbeit unter: www.berufenet.arbeitsagentur.de unter der Rubrik „Alternativen" als Job- und Besetzungsalternativen.

Zusammenfassung:

In seinem Ausbildungsberuf beschäftigt ist derjenige Mitarbeiter, der regelmäßig die wesentlichen zu diesem Berufsbild gehörenden Tätigkeiten auszuüben hat. Es reicht nicht aus, dass der Beschäftigte einzelne Tätigkeiten aus diesem Berufsbild wahrnimmt und es auf begrenzten Teilgebieten zu Überschneidungen kommt. Für eine Eingruppierung in der Entgeltgruppe 4 (bzw. 5) genügt es nicht, einen anerkannten Ausbildungsberuf abgeschlossen zu haben. Der Beschäftigte muss auch in diesem Ausbildungsberuf bzw. einem verwandten Beruf beschäftigt sein, also die diesen Beruf kennzeichnenden Tätigkeiten mit dem in der Ausbildung erworbenen

Wissen und Können verrichten. Sinn und Zweck der Entgeltgruppe 4 (bzw. 5) ist es nicht, den erfolgreichen Abschluss einer bestimmten Ausbildung zu belohnen, sondern die Ausübung der diesem Beruf entsprechenden Tätigkeiten in seiner typischen Bandbreite.

(vgl. zu den Anforderungen an Entgeltgruppe 5: LAG M-V 31.05.2022, 5 Sa 258/21, zit. nach WKRS 2022, 25216; Entscheidung zu einem am TV-L angelehnten Haus-TV)

6. Die Entgeltgruppe 5

§

Entgeltgruppe 5

1. **Beschäftigte mit erfolgreich abgeschlossener Ausbildung in einem anerkannten Ausbildungsberuf**

   mit einer Ausbildungsdauer von mindestens drei Jahren,

   die in ihrem oder einem diesem verwandten Beruf beschäftigt werden.

2. **Beschäftigte,**

   die nach einer mindestens dreijährigen ununterbrochenen Beschäftigung in einem anerkannten Ausbildungsberuf mit einer Ausbildungsdauer von mindestens drei Jahren eine verwaltungseigene Prüfung erfolgreich abgelegt haben und

   eine entsprechende Tätigkeit ausüben.

Die Tätigkeitsmerkmale der Fallgruppe 1 sind grundsätzlich der Lohngruppe 4 Fallgruppe 1 MTArb/-O entnommen. Die Tarifvertragsparteien haben aber auf die aktuelle Situation der Berufsausbildung reagiert und die verlängerte Regelausbildungsdauer von drei statt zweieinhalb Jahren übernommen (§ 5 Abs. 1 Nr. 2 BBiG; § 26 Abs. 1 Nr. 2 HwO). Inhaltlich unterscheiden sie sich lediglich in der Ausbildungsdauer von den Anforderungen der Entgeltgruppe 4. Auf die obigen Ausführungen kann deshalb grundsätzlich entsprechend verwiesen werden.

Zusammengefasst bereitet eine abgeschlossene Berufsausbildung von mindestens drei Jahren im Sinne der Entgeltgruppe 5 auf berufliche Handlungsfähigkeit vor, die insbesondere das selbständige Planen, Durchführen und Kontrollieren einschließt. Verlangt werden kann von den Beschäftigten der Entgeltgruppe 5 damit üblicherweise, dass sie über die berufsprofilgebenden Fertigkeiten, Fähigkeiten und Kenntnisse des Berufes verfügen und diese praktisch im

Rahmen der auszuübenden Tätigkeiten anwenden können (vgl. LAG M-V 19.01.2022, 5 TaBV 8/21, ZTR 2022, S. 233 ff.).

Ergänzend ist hinzuzufügen, dass es für die hier geforderte mindestens dreijährige Berufsausbildung nicht ausreichend ist, wenn der Beschäftigte nur auf einem eng begrenzten Teilgebiet eines Ausbildungsberufs tätig ist:

Beispiel aus der Rechtsprechung:

Reparaturarbeiten an Motoren von Kraftfahrzeugen durch einen ausgebildeten Kraftfahrzeugmechaniker

Der Mitarbeiter war im Rahmen von Reparaturarbeiten an Motoren von Kraftfahrzeugen regelmäßig nicht nur an kleineren Motoren, sondern gerade an dem hinsichtlich Hubraum und Abmessung größten Motor des gesamten Reparaturprogramms eingesetzt. Zu den eigenverantwortlich und selbständig ausgeführten Tätigkeiten gehörten insbesondere:

- Öffnen und erforderlichenfalls Zerlegen des Motors
- Austausch von Motorenteilen
- erforderlichenfalls vollkommener Neuaufbau des Motors (z. B. neue Kurbelwelle, neue Nockenwelle, neue Lager, neue Zylinder)
- Montage der äußeren Motorenteile

Insoweit gibt es keinerlei Einschränkungen in der Einsatzfähigkeit des Mitarbeiters im Vergleich zu anderen in der Werkstatt tätigen Schwergeräte-Mechanikern.

Diese Reparaturarbeiten an Motoren von Kraftfahrzeugen lassen nicht den Schluss zu, dass diese Tätigkeiten eine abgeschlossene Berufsausbildung zum Kraftfahrzeugmechaniker erfordern. Die Ausbildung zum Kraftfahrzeugmechaniker befähigt nicht nur zur Wartung und Reparatur von Motoren – gewiss ein wichtiges Tätigkeitsfeld dieses Berufes –, sondern zu einer sehr viel breiteren Einsetzbarkeit im Kraftfahrzeughandwerk. Die Blätter zur Berufskunde Kraftfahrzeugmechaniker/ Kraftfahrzeugmechanikerin (1-II A 402, 6. Aufl. 1989, unter 1.1) führen insgesamt 40 zum Arbeitsgebiet von Kraftfahrzeugmechanikern gehörende Baugruppen/Systeme auf, von denen lediglich vier „Motoren und Kühlung" betreffen. Damit hat der Mitarbeiter nur auf einem eng begrenzten Teilgebiet des

Berufs gearbeitet, auf dem die dort geforderten Tätigkeiten möglicherweise ohne die Qualifikation zum Kraftfahrzeugmechaniker ordnungsgemäß ausgeübt werden können (vgl. BAG 24.11.1999, 4 AZR 772/98, AP Nr. 11 zu § 51 TV AL II).

Beispiele für nicht verwandte Berufe:

- Die Beschäftigung als Kraftfahrer ist für einen ausgebildeten Kraftfahrzeugschlosser keine Tätigkeit in einem „verwandten Beruf" (siehe zum gleichlautenden Merkmal im BMT-G-O: BAG 24.01.2007, 4 AZR 28/06, AP Nr. 10 zu § 20 BMT-G II).
- Die Beschäftigung als Kraftfahrer ist für einen ausgebildeten Elektroinstallateur keine Tätigkeit in einem „verwandten Beruf" (siehe zur vergleichbaren Rechtslage im TVöD-NRW: LAG Düsseldorf 21.01.2020, 14 Sa 524/19, zit. nach WKRS 2020, 70440)
- Die Ausbildung als Elektroniker für Gebäude- und Infrastruktursysteme ist kein dem Instandhaltungsmechaniker „verwandter Beruf" (LAG Sachsen-Anhalt 26.04.2007, 9 Sa 387/06 E).

Die Tätigkeitsmerkmale der Fallgruppe 2 entsprechen der Lohngruppe 4 Fallgruppe 2 MTArb/-O. Eine ununterbrochene Beschäftigung liegt nicht nur dann vor, wenn der Beschäftigte durchgängig im anerkannten Ausbildungsberuf tätig war, sondern davon ist auch dann auszugehen, wenn es eine nur kurze und deshalb rechtlich nicht erhebliche Unterbrechung gab (siehe zur vergleichbaren Rechtslage: BAG 20.08.1998, 2 AZR 76/98, AP Nr. 9 zu § 1 KSchG 1969 Wartezeit).

Richtlinien für verwaltungseigene Prüfungen

Inhalt und Verfahren der verwaltungseigenen Prüfung werden durch entsprechende Richtlinien geregelt (siehe Anhang zu Teil III der Entgeltordnung zum TV-L, abgedruckt in Effertz, S. 1221 ff.).

Eine entsprechende Tätigkeit als kumulativ (gleichzeitig) zu erfüllendes Tätigkeitsmerkmal ist objektiver Natur. Während das Vorliegen oder Nichtvorliegen einer verwaltungseigenen Prüfung regelmäßig nur in der Person des Beschäftigten begründet liegen kann, hängt das Erfordernis der entsprechenden Tätigkeiten von der Art der übertragenen Aufgaben ab. Es kann somit objektiv geprüft werden, ob der übertragene Aufgabenbereich auch die Anwendung der durch die verwaltungsinterne Prüfung nachgewiesenen Kenntnisse, Fähigkeiten und Erfahrungen erfordert. Nicht ausreichend ist es, wenn dieses Wissen und Können lediglich nützlich oder wünschenswert ist, sondern es muss notwendig sein. Erst wenn diese Bedingung erfüllt ist, handelt es sich um entsprechende Tätigkeiten im Tarifsinn (vgl. BAG 24.11.1999, 4 AZR 772/98, AP Nr. 11 zu § 51 TVAL II).

Die Anforderung entspricht inhaltlich den Anforderungen an das Tätigkeitsmerkmal „in ihrem Beruf" beschäftigt. Auf die obigen Ausführungen kann entsprechend verwiesen werden.

7. Hochwertige Arbeiten (Entgeltgruppe 6)

§

Entgeltgruppe 6

Beschäftigte der Entgeltgruppe 5 Fallgruppen 1 und 2,

die hochwertige Arbeiten verrichten.

(Hierzu Protokollerklärung Nr. 2)

Protokollerklärung Nr. 2

Hochwertige Arbeiten sind Arbeiten, die an das Überlegungsvermögen und das fachliche Geschick des Beschäftigten Anforderungen stellen, die über das Maß dessen hinausgehen, das von einem solchen Beschäftigten üblicherweise verlangt werden kann.

Die Feststellung, ob die in Protokollerklärung Nr. 2 gestellten Anforderungen an das Überlegungsvermögen und an das fachliche Geschick erfüllt sind, bedarf eines wertenden Vergleichs mit demjenigen Überlegungsvermögen und demjenigen fachlichen Geschick, welches bereits die Arbeiten der Entgeltgruppe 5 – das heißt Arbeiten, die einer abgeschlossenen Berufsausbildung von mindestens drei Jahren bedürfen – voraussetzen (siehe zur vergleichbaren Rechtslage im MTArb: BAG 15.02.2006, 4 AZR 634/04, AP Nr. 3 zu §§ 22, 23 BAT Rückgruppierung; LAG M-V 19.01.2022, 5 TaBV 8/21, ZTR 2022, S. 233 ff.).

Dabei bedeutet Überlegungsvermögen im Sinne des allgemeinen Sprachgebrauchs, dass die Tätigkeit vom Beschäftigten die Fähigkeit erfordert, sich selbst Gedanken darüber zu machen, wie konkret die übertragenen Aufgaben zu lösen sind. Er muss daher selbst entscheiden, wie er konkret vorgeht (vgl. Duden, S. 1853, 1948). Diese Selbständigkeit bei der Arbeitsausführung muss dann mit der Selbständigkeit verglichen werden, wie sie bereits im Rahmen der einschlägigen Ausbildung vermittelt wird. Als genereller Maßstab für die durch Ausbildungen vermittelte Selbständigkeit kann die berufliche Handlungsfähigkeit nach § 1 Abs. 3 BBiG dienen:

§ 1 Abs. 3 BBiG: Ziele und Begriffe der Berufsbildung

(3) Die Berufsausbildung hat die für die Ausübung einer qualifizierten beruflichen Tätigkeit in einer sich wandelnden Arbeitswelt notwendigen beruflichen Fertigkeiten, Kenntnisse und Fähigkeiten (berufliche Handlungsfähigkeit) in einem geordneten Ausbildungsgang zu vermitteln. Sie hat ferner den Erwerb der erforderlichen Berufserfahrungen zu ermöglichen.

Berufliche Handlungsfähigkeit bedeutet eine Verbindung von Kenntnissen, Fertigkeiten und Fähigkeiten. Bei Kenntnissen handelt es sich um theoretisches Wissen und bei Fertigkeiten um die praktische Handhabung des Erlernten (BAG 08.08.2002, 8 AZR 647/00, AP Nr. 23 zu §§ 22, 23 BAT-O m. w. N.). Der Begriff der Fähigkeit flankiert beides. Fähigkeiten sind die Gesamtheit körperlicher und seelisch-geistiger Bedingungen, die zur Ausführung einer bestimmten Aufgabe erforderlich sind (vgl. Gröner/Fuchs-Brüninghoff, S. 162 f.). Beruflich handlungsfähig ist demnach der, der in der Lage ist, ohne fachliche Einzelanweisungen Arbeiten zu verrichten, die er im Rahmen der Ausbildung erlernt hat.

Zusammengefasst: Überlegungsvermögen beschreibt die Fähigkeit, etwas gründlich durchdenken zu können. Die auszuführenden Arbeiten stellen dann erhöhte Anforderungen an das Überlegungsvermögen des Beschäftigten, wenn sie ein reifliches Nachdenken erfordern, weil es sich beispielsweise nicht um Routine- oder Standardtätigkeiten handelt. Insbesondere bei atypischen Anlagen oder ungewöhnlichen Fehlermeldungen ist es nötig, sich gründlich damit auseinanderzusetzen und über die nötigen Schritte nachzudenken (vgl. LAG M-V 19.01.2022, 5 TaBV 8/21, ZTR 2022, S. 233 ff.).

Fachliches Geschick bedeutet hingegen, dass man im einschlägigen Fach-/Wissensgebiet auch über praktische Fertigkeiten verfügt (vgl. Duden, S. 582, 729). Der Begriff „fachliches Geschick" bezieht sich also auf das praktische Können. Tätigkeiten erfordern ein erhöhtes fachliches Geschick, wenn der Beschäftigte spezielle Fertigkeiten benötigt, um seine Aufgaben ordnungsgemäß bewältigen zu können. Das können besondere manuelle Fähigkeiten, zum Beispiel eine besondere Fingerfertigkeit, sein, aber auch eine besondere Kompetenz bei der Suche und Beseitigung von Störungen, erst recht, wenn diese unter Zeitdruck und/oder an Spezialanlagen durchzuführen ist. Die Anforderungen an das fachliche Geschick müssen über das hinausgehen, was üblicherweise von einem einschlägig ausgebildeten Facharbeiter erwartet werden kann (vgl. LAG M-V 19.01.2022, 5 TaBV 8/21, ZTR 2022, S. 233 ff.).

Beispiel aus der Rechtsprechung:

Der Arbeitsvorgang „Betreuung Haustechnik" stellt sowohl an das Überlegungsvermögen als auch an das fachliche Geschick höhere Anforderungen als die Normaltätigkeit eines einschlägig ausgebildeten Facharbeiters: Die Komplexität der zu betreuenden sicherheitstechnischen Anlagen bedingt, sich hiermit gedanklich tiefgehend auseinanderzusetzen. Ohne einschlägige Berufserfahrung ist das regelmäßig nicht zu bewältigen. Um auf Fehlermeldungen zeitnah und zielgerichtet reagieren bzw. das Nötige veranlassen zu können, muss sich der Beschäftigte mit den technischen Abläufen und der Funktionsweise gründlich vertraut gemacht und diese verstanden haben. Das setzt eine vermehrte gedankliche Arbeit voraus. Die Arbeiten an den sicherheitstechnischen Anlagen setzen zudem ein erhöhtes fachliches Geschick voraus, da sie für den Betrieb des Museums von erheblicher Bedeutung sind, weshalb Störungen unverzüglich behoben werden müssen. Der Beschäftigte muss in der Lage sein, die Störung schnell zu erkennen und zu lokalisieren und – sofern möglich – selbst zu beheben oder die Reparatur in Abstimmung mit der Teamleitung zu veranlassen. Das erfordert regelmäßig einschlägige Erfahrungen, die von einem Berufsanfänger nach Abschluss der Ausbildung noch nicht erwartet werden können.

(vgl. LAG M-V 19.01.2022, 5 TaBV 8/21, ZTR 2022, S. 233 ff.)

8. Besonders hochwertige Arbeiten (Entgeltgruppe 7)

§

Entgeltgruppe 7

Beschäftigte der Entgeltgruppe 5 Fallgruppen 1 und 2,

die besonders hochwertige Arbeiten verrichten.

(Hierzu Protokollerklärung Nr. 1)

Protokollerklärung Nr. 1

Besonders hochwertige Arbeiten sind Arbeiten, die neben vielseitigem und hochwertigem fachlichen Können besondere Umsicht und Zuverlässigkeit erfordern.

Vielseitiges fachliches Können erfordert über die Erfordernisse beim Durchschnittshandwerker hinaus breitere fachliche Kenntnisse und Erfahrungen (vgl. BAG 03.02.1988, 4 AZR 493/87, AP Nr. 4 zu § 22 SV 2a MTB II).

Das Adjektiv hochwertig steht für hohe Qualität aufweisend (vgl. Duden, S. 895). Unter fachlich versteht man ein bestimmtes Fach/ Fachgebiet betreffendes Wissen (vgl. Duden, S. 582). Als Können bezeichnet der allgemeine Sprachgebrauch ein erworbenes Vermögen, auf einem bestimmten Gebiet mit Sachverstand etwas zu leisten (vgl. Duden, S. 1057).

Praxis-Tipp:

Vielseitiges hochwertiges fachliches Können erfordert also zur ordnungsgemäßen Ausführung der Arbeiten ein fachliches Können, das zum einen in der Breite über die Ausbildungsinhalte hinausgeht („vielseitig") und zum anderen eine höhere Qualität aufweist („hochwertig"). Solche erweiterten Fachkenntnisse können sich beispielsweise aus Zusatzausbildungen oder langjährigen Erfahrungen in speziellen Bereichen ergeben. Verlangt ist ein fachliches Können auf der letzten Stufe vor einer Meisterausbildung. Meister mit entsprechender Tätigkeit sind in der Entgeltgruppe 8 eingruppiert (siehe zur vergleichbaren Rechtslage im TVöD: LAG M-V 19.01.2022, 5 TaBV 8/21, ZTR 2022, S. 233 ff.).

Darüber hinaus muss die besondere Umsicht und Zuverlässigkeit vorliegen. Umsichtig handelt, wer bedacht, überlegt, alle Umstände bedenkend vorgeht. Besonders umsichtig handelt derjenige, an den gesteigerte Anforderungen an seine Überlegungen gestellt werden (vgl. BAG 27.08.2008, 4 AZR 484/07, AP Nr. 210 zu § 1 TVG Auslegung).

Nach dem allgemeinen Sprachgebrauch bedeutet zuverlässig „so beschaffen, dass man sich auf ihn verlassen kann, vertrauenswürdig, verlässlich". Auf eine Tätigkeit bezogen bedeutet dies, dass der Arbeitnehmer keiner besonderen Kontrolle bedarf, weil man sich auf ihn verlassen kann. Fordert man hingegen, dass die fachliche Aufsicht auf ein Mindestmaß beschränkt werden kann, sind diese Anforderungen zu hoch (vgl. BAG 03.02.1988, 4 AZR 493/87, AP Nr. 4 zu § 22 MTB II SV 2a).

Positiv-Beispiel aus der Rechtsprechung:

Besonders hochwertige Arbeiten sind gegeben bei einem Waffenmechaniker in der technischen Materialprüfung. Die **Vielseitigkeit** war gegeben, da der Mitarbeiter nicht nur jede Waffe umfassend kennen, sondern darüber hinaus eine Vielzahl unterschiedlicher Waffentypen kontrollieren und ihre spezifischen Eigenarten beherrschen muss.

Die **Hochwertigkeit** (hohe Qualität der erforderlichen Kenntnisse) war erfüllt, da der Waffenmechaniker als Beispiel im Tarifvertrag entsprechend benannt ist.

Die **Umsichtigkeit** war erfüllt, da der Mitarbeiter die Waffen auf Mängel zu überprüfen und die Beanstandungen in der „Zustands-Karte Gerät" zu dokumentieren hat und obendrein unter Festlegung der „Arbeitswert-Werte" Instandsetzungsanweisungen erteilen und schließlich die Bewertungsstufe festlegen muss. Der Mitarbeiter muss also im Hinblick auf die Schützensicherheit, die bei nicht sorgfältiger Mängelfeststellung gefährdet wäre und im Hinblick auf die Einsatzfähigkeit einzelner Truppeneinheiten, in außergewöhnlicher Weise sorgfältig und umsichtig sein.

Die **Zuverlässigkeit** war gegeben, da wegen der besonderen Fachkunde und Umsicht des Mitarbeiters die fachliche Aufsicht auf ein Mindestmaß beschränkt ist. Damit sind die Anforderungen an die Zuverlässigkeit in diesem Fall sogar übererfüllt.

(BAG 03.02.1988, 4 AZR 493/87, AP Nr. 4 zu § 22 MTB II SV 2a)

Negativ-Beispiel aus der Rechtsprechung:

(Fortführung des Beispiels aus Kapitel 10.7):

Die Tätigkeiten des Arbeitsvorgangs „Betreuung Haustechnik" erfordern keine Fachkenntnisse, die deutlich von denjenigen einer Ausbildung zum Anlagenmechaniker für Sanitär-, Heizungs- und Klimatechnik abweichen. Zu dieser Ausbildung gehört es u. a. auch, Arbeiten an elektrischen Anlagen durchzuführen, Steuerungs-, Regelungs- und Überwachungsprogramme zu prüfen, Regelungsparameter nach Vorgaben einzustellen usw. Die Überwachung und Bedienung bzw. – soweit möglich und zulässig – Reparatur der sicherheitstechnischen Anlagen, also der Einbruchmelde- und der Brandmeldeanlage, der Brandschutz-/Fluchttüren, der Aufzugsanlage und der Gebäudeleittechnik, sowie der Haus- und Ausstellungstechnik und der Schließanlage erfordern zwar regelmäßige anlagenbezogene Schulungen und Einweisungen, nicht jedoch eine Zusatzausbildung oder umfangreiche Spezialkenntnisse. Diese Tätigkeiten lassen sich mit einer einschlägigen Facharbeiterausbildung sowie einem gesteigerten Überlegungsvermögen und einem gesteigerten fachlichen Geschick, wie es die Entgeltgruppe 6 voraussetzt, fachgerecht bewältigen. Fachübergreifende Fähigkeiten und Kenntnisse sind nicht verlangt. Ein Anlagenmechaniker für Sanitär-, Heizungs- und Klimatechnik ist zwar im Rahmen seiner Ausbildung nicht zwangsläufig mit einer Einbruchmelde- oder Brandmeldeanlage in Berührung gekommen. Er hat jedoch das nötige technische Verständnis für elektrische Anlagen erworben, um diese – soweit zulässig – steuern und regeln bzw. warten und instand halten zu können. Dies schließt ein, Fehlerprüfsysteme einzusetzen, Bauteile und Baugruppen unter Beachtung der Sicherheitsvorschriften zu demontieren und wieder einzubauen, elektrische Leiter und Komponenten anzuschließen, Sensoren zu justieren etc. Soweit die zu betreuenden Anlagen aufgrund der Gebäudegröße eine höhere Komplexität aufweisen, sind die sich hieraus ergebenden Anforderungen mit der Entgeltgruppe 6 berücksichtigt.

(vgl. LAG M-V 19.01.2022, 5 TaBV 8/21, ZTR 2022, S. 233 ff.)

Teil III: Besondere Tätigkeitsmerkmale für sämtliche Bereiche

1. Die Struktur der besonderen Tätigkeitsmerkmale

Soweit nicht ausdrücklich etwas anderes bestimmt ist, werden technische Begriffe von den Tarifvertragsparteien in ihrer allgemeinen fachtechnischen Bedeutung verwendet (BAG 31.08.1988, 4 AZR 133/88, AP Nr. 5 zu § 21 MTL II).

2. Facharbeiter

Aufzugsmonteure

Das Berufsbild des Aufzugsmonteurs findet sich sowohl in Entgeltgruppe 7 als auch 8 wieder:

Entgeltgruppe 7

Aufzugsmonteure

Entgeltgruppe 8

Aufzugsmonteure

mit einschlägiger Ausbildung nach Entgeltgruppe 5 Fallgruppe 1 des Abschnitts 1, die elektrisch gesteuerte Aufzüge oder sonstige komplizierte Aufzugsanlagen mit Befehlsspeicherung unter Einbeziehung des eigentlichen Steuerteils warten und instand setzen.

Für die Eingruppierung nach Entgeltgruppe 7 reicht es aus, wenn zu mindestens 50 Prozent der Gesamtarbeitszeit Arbeitsvorgänge anfallen, die dem Berufsbild des Aufzugsmonteurs zugeordnet werden können. Im Gegensatz zu den Allgemeinen Tätigkeitsmerkmalen in Teil III muss darüber hinaus nicht gefordert werden, dass der Beschäftigte auch über eine entsprechende Berufsausbildung verfügt (siehe Vorbemerkung Nr. 3 zu Teil III der Entgeltordnung).

Die Tarifvertragsparteien haben den Begriff des „Aufzugsmonteurs" nicht definiert, so dass der allgemeine Sprachgebrauch heranzuziehen ist. Danach ist unter einem „Aufzugsmonteur" ein Arbeiter zu verstehen, der Aufzüge bzw. Aufzugsanlagen, deren Errichtung und Betrieb durch die Aufzugsverordnung in ihrer jeweiligen Fassung geregelt ist, montiert und repariert (vgl. BAG 11.06.1986, 4 AZR 247/85, AP Nr. 4 zu § 21 MTL II m. w. N.).

§ 2 Aufzugsverordnung

Aufzug:

a) ein Hebezeug, das zwischen festgelegten Ebenen mittels eines Lastträgers verkehrt, der sich an starren, gegenüber der Horizontalen um mehr als 15 Grad geneigten Führungen entlang bewegt,

oder

b) eine Hebeeinrichtung, die sich nicht zwingend an starren Führungen entlang, jedoch in einer räumlich vollständig festgelegten Bahn bewegt.

Als Lastträger wird der Teil des Aufzugs bezeichnet, in dem Personen oder Güter zur Aufwärts- oder Abwärtsbeförderung untergebracht werden.

Für die Entgeltgruppe 8 muss zunächst eine einschlägige Ausbildung gemäß Entgeltgruppe 5 Fallgruppe 1 des Abschnitts 1 vorliegen. Diese fordert eine mindestens dreijährige Ausbildung.

Einschlägig bedeutet nach dem allgemeinen Sprachgebrauch „bezüglich", „zutreffend" und „dazugehörig". Ein einschlägiger anerkannter Ausbildungsberuf ist damit ein solcher, in dem Kenntnisse vermittelt sind, die den Arbeitnehmer befähigen, die jeweiligen Arbeiten sachgerecht ausführen zu können, die in seinem Aufgabengebiet üblicherweise anfallen (vgl. BAG 20.02.2002, 4 AZR 37/01, AP Nr. 6 zu § 21 MTL II m. w. N.).

Eine eigene Ausbildung zum Aufzugsmonteur gibt es derzeit nicht (vgl. aktuelle Berufsausbildungen unter: www.berufenet.arbeitsagentur.de). Daher muss es für die einschlägige Ausbildung genügen, wenn die Ausbildung ein Grundlagenwissen vermittelt, das für die Tätigkeit eines Aufzugsmonteurs benötigt wird (siehe zur vergleichbaren Rechtslage beim Hausmeister: BAG 20.02.2002, 4 AZR 37/01, AP Nr. 6 zu § 21 MTL II).

Gemäß den sonstigen Anforderungen der Entgeltgruppe 8 gehen die Tarifvertragsparteien hier ersichtlich von Fachwissen auf elektrotechnischem Gebiet aus. Als möglicher einschlägiger Beruf kann der Elektroniker für Gebäude- und Infrastruktursysteme gelten. Diese sind dafür verantwortlich, dass gebäudetechnische Infrastrukturen (Lüftungs-, Heizungs-, Elektrizitäts- und Sicherungssysteme) in Wohn- und Industrieanlagen, Schulen, Krankenhäusern und anderen Gebäuden reibungslos funktionieren. Dazu inspizieren und warten sie die Einrichtungen, erstellen Fehlerdiagnosen und schät-

11 zen Gefährdungen ein. Sie sorgen für wirtschaftlich und ökologisch optimale Betriebswerte, setzen technische Einrichtungen selbst instand oder veranlassen deren Reparatur. Weiterhin überwachen sie die Einhaltung von Sicherheitsvorschriften (vgl. Beschreibung des Berufsbilds unter: https://web.arbeitsagentur.de/berufenet/beruf/15621).

Der Begriff „kompliziert" wird im Sinne des allgemeinen Sprachgebrauchs verwendet (vgl. BAG 04.06.1980, 4 AZR 497/78, AP Nr. 4 zu § 21 MTB II). Danach bedeutet „kompliziert" schwierig, aus vielen Einzelteilen bestehend und daher schwer zu durchschauen und zu handhaben (vgl. Duden, S. 1050). Eine vergleichbare Auslegung findet sich auch in der Rechtsprechung. Danach liegt eine „komplizierte Arbeit" im tariflichen Sinne nur vor, wenn bezogen auf das typische Berufsbild wesentlich höhere Anforderungen gestellt werden (BAG 31.07.2002, 4 AZR 146/01, Rn. 19). Die Aufzugsanlagen müssen somit über eine programmierbare Steuereinheit verfügen, die der Beschäftigte warten und instand setzen muss. Diese sind dann kompliziert, wenn sie so beschaffen sind, dass ihre Wartung und Instandsetzung höhere Anforderungen verlangt. Diese höheren Anforderungen müssen aufgrund der Tarifsystematik über diejenigen hinausgehen, die an Aufzugsmonteure im Sinne der Entgeltgruppe 7 zu stellen sind (siehe zur vergleichbaren Rechtslage: BAG 04.06.1980, 4 AZR 497/78, AP Nr. 4 zu § 21 MTB II; BAG 21.01.1981, 4 AZR 858/78, AP Nr. 5 zu § 21 MTB II).

Zudem muss der Beschäftigte diese selbst warten und instand setzen und nicht etwa nur einen anderen (externen) Fachmann damit beauftragen. „Warten" umfasst im technischen Sinn gemäß DIN 31051/DIN EN 13306 alle Maßnahmen zur Verzögerung des Abbaus des vorhandenen Abnutzungsvorrats. Dazu gehören Arbeiten wie das Schmieren, Konservieren, Nachfüllen, Nachstellen oder Ersetzen von Betriebsstoffen oder Verbrauchsmitteln und das planmäßige Austauschen von (noch funktionstüchtigen) Verschleißteilen. Hingegen ist der Ersatz defekter Teile schon eine Maßnahme der Instandsetzung, da unter dem Begriff der Instandsetzung alle Maßnahmen zu verstehen sind, die dazu dienen, defekte Geräte, Anlagen etc. wieder in den ursprünglichen funktionsfähigen Zustand zurückzuversetzen.

Facharbeiter im Sinne der Entgeltgruppe 9a

§

Entgeltgruppe 9a

1. **Beschäftigte der Entgeltgruppe 5 Fallgruppe 1 des Abschnitts 1**

   mit erfolgreich abgeschlossener Ausbildung in einem einschlägigen anerkannten Ausbildungsberuf mit einer Ausbildungsdauer von dreieinhalb Jahren, die als Bediener von CNC-gesteuerten Maschinen komplizierte Werkstücke aus unterschiedlichen Materialien herstellen und dafür selbständig nach Fertigungsunterlagen Arbeitsablaufprogramme ergänzen, Maschinenprogramme eingeben, testen und fahren sowie Programmfehler feststellen und beseitigen.

2. **Beschäftigte der Entgeltgruppe 5 Fallgruppe 1 des Abschnitts 1**

   mit erfolgreich abgeschlossener Ausbildung in einem einschlägigen anerkannten Ausbildungsberuf mit einer Ausbildungsdauer von dreieinhalb Jahren, die bei Einsatz von Laserschneidtechnik und Lasergraviertechnik selbständig Arbeitsablaufprogramme ergänzen, eingeben, testen und fahren sowie Programmfehler feststellen und beseitigen.

3. **Beschäftigte der Entgeltgruppe 5 Fallgruppe 1 des Abschnitts 1**

   mit erfolgreich abgeschlossener Ausbildung in einem einschlägigen anerkannten Ausbildungsberuf mit einer Ausbildungsdauer von mindestens drei Jahren

   mit Meisterbrief,

   die in großen Arbeitsstätten mit zentraler Haus- und Betriebstechnik komplizierte Anlagen warten, instand setzen, die Betriebsbereitschaft gewährleisten und in der Lage sind, die Regelung und Steuerung der Anlagen technischen Änderungen anzupassen.

   (Hierzu Protokollerklärungen Nrn. 1 und 2)

Protokollerklärungen

Nr. 1 Einschlägige anerkannte Ausbildungsberufe im Sinne dieses Tätigkeitsmerkmals sind z. B. Systemelektroniker, Elektroniker für Betriebstechnik, Mechatroniker für Kältetechnik, Anlagenmechaniker für Sanitär-, Heizungs- und Klimatechnik, Elektroniker für Automatisierungstechnik.

Nr. 2 Komplizierte Anlagen im Sinne dieses Tätigkeitsmerkmals sind z. B. zentrale Mess-, Steuer- und Regelanlagen für Heiz-, Klima-, Sanitär- und Elektrotechnik.

Für die Fallgruppen 1 und 2 der Entgeltgruppe 9a muss zunächst eine einschlägige Ausbildung gem. Entgeltgruppe 5 Fallgruppe 1 des Abschnitts 1 vorliegen. Diese fordert eine mindestens dreijährige Ausbildung. Im Gegensatz dazu fordern die Fallgruppen 1 und 2 eine Ausbildungsdauer von 3,5 Jahren.

Diese muss einschlägig sein. Der Begriff „einschlägig" wurde bereits unter Kapitel 10.5 generell erläutert. Auf die entsprechenden Ausführungen kann hier verwiesen werden.

Die Bedienung von CNC-Maschinen wird in unterschiedlichen Ausbildungen vermittelt. Als Schwerpunkt findet sich dies vor allem in diesen Berufen wieder:

- Feinwerkmechaniker
- Zerspanungsmechaniker

(vgl. aktuelle Berufsausbildungen unter www.berufenet.arbeitsagentur.de). So können beide Berufe als einschlägig im Sinne der Rechtsprechung angesehen werden.

Feinwerkmechaniker fertigen metallene Präzisionsbauteile für Maschinen und feinmechanische Geräte und montieren diese zu funktionsfähigen Einheiten. Dabei bauen sie auch elektronische Mess- und Regelkomponenten ein. Häufig verwenden Feinwerkmechaniker/innen dazu computergesteuerte Werkzeugmaschinen, zum Teil führen sie die Arbeiten aber auch manuell aus. Sie planen Arbeitsabläufe, richten Werkzeugmaschinen ein und bearbeiten Metalle mittels spanender Verfahren wie Drehen, Fräsen, Bohren, Schleifen und Honen. Anschließend beurteilen sie die Arbeitsergebnisse und überprüfen beispielsweise, ob vorgegebene Maßtoleranzen eingehalten werden. Zudem bauen sie die gefertigten Maschinenteile und Geräte zusammen, stellen sie je nach Verwendungszweck ein und führen Bedienungseinweisungen durch. Zudem warten und reparieren sie feinmechanische Geräte (vgl. Beschreibung des Berufsbilds unter www.berufenet.arbeitsagentur.de > Feinwerkmechaniker/in > Tätigkeit).

Zerspanungsmechaniker fertigen mittels spanender Verfahren meist metallene Präzisionsbauteile für technische Produkte aller Art. Dies können etwa Radnaben, Zahnräder, Gewinde oder Getriebe-, Motoren- und Turbinenteile sein. Sie planen den Fertigungsprozess, richten Dreh-, Fräs-, Bohr- und Schleifmaschinen ein und schreiben oder modifizieren hierfür CNC-Maschinenprogramme. Dann spannen sie die Metallteile und Werkzeuge in die Maschinen ein, richten sie genau aufeinander aus und setzen den Arbeitsprozess in Gang.

Immer wieder prüfen sie, ob Maße und Oberflächenqualität der gefertigten Werkstücke den Vorgaben entsprechen. Treten Störungen auf, stellen sie deren Ursachen mithilfe geeigneter Prüfverfahren und Prüfmittel fest und sorgen umgehend für Abhilfe. Sie übernehmen außerdem Wartungs- und Inspektionsaufgaben an den Maschinen und überprüfen dabei vor allem mechanische Bauteile (vgl. Beschreibung des Berufsbilds unter www.berufenet.arbeitsagentur.de > Zerspanungsmechaniker/in > Tätigkeit).

Beiden Berufen ist gemein, dass die Metallverarbeitung im Vordergrund steht. Zur Erfüllung der tariflichen Anforderung „aus unterschiedlichen Materialien" ist demnach darauf zu achten, dass im Rahmen der auszuübenden Tätigkeit auch unterschiedliche Metalle verarbeitet werden. So lernt beispielsweise der Zerspanungsmechaniker während der Ausbildung, Bauelemente aus Eisen- und Nichteisenmetallen sowie Kunststoffen durch spanende Fertigungsverfahren herzustellen (vgl. Lernfeld 5 des Rahmenlehrplans für den Ausbildungsberuf Zerspanungsmechaniker, Beschluss der KMK vom 25.03.2004 in der Fassung vom 23.02.2018, als PDF abrufbar unter www.kmk.org > Bildung/Schule > Berufliche Bildung/Rahmenlehrpläne zu Ausbildungsberufen nach BBiG/HwO > Liste/Zerspanungsmechaniker/in).

Was komplizierte Werkstücke sind, ergibt sich aus dem allgemeinen Sprachgebrauch: Der Begriff „kompliziert" wurde bereits eingangs in diesem Kapitel unter „Facharbeiter" erläutert. Auf die entsprechenden Ausführungen kann hier verwiesen werden. Werkstücke sind in diesem Zusammenhang Gegenstände, die noch (weiter) maschinell verarbeitet werden müssen (vgl. Duden, S. 2056).

Der Begriff der Selbständigkeit erfordert eine – nach den Umständen der betreffenden Berufsgruppe – gewisse eigene Entscheidungsbefugnis über

- den zum Erreichen der geschuldeten Arbeitsleistung einzuschlagenden Weg und
- das zu findende Arbeitsergebnis.

Es muss somit eine gewisse Eigenständigkeit des Aufgabenkreises bestehen, ohne dass dadurch die fachliche Anleitung oder die Abhängigkeit von Weisungen ausgeschlossen wird (BAG 16.08.2023, 4 AZR 301/22, zit. nach www.bundesarbeitsgericht.de/entscheidungen). In diesem Sinne arbeitet der CNC-Bediener nur dann selbständig, wenn er über die Fertigungsunterlagen hinaus keine Einzelanweisungen vom Vorgesetzten erhält, wie er die CNC-Maschinen zu programmieren hat, um das gewünschte Werkstück herzustellen.

Vergleichbares gilt in Bezug auf die Selbständigkeit auch für die Laserstrahlfachkraft im Sinne der Fallgruppe 2. Eine einschlägige Ausbildung, die sich auf Laserstrahltechnik konzentriert, gibt es allerdings nicht (vgl. aktuelle Berufsausbildungen unter www.berufenet.arbeitsagentur. de). Dies erfolgt im Rahmen entsprechender Weiterbildungen zur Fachkraft für Metallbearbeitung durch Laserstrahl. Diese Weiterbildung kann in den Schwerpunkten Schweißtechnik, Schneidtechnik und Oberflächentechnik absolviert werden. Für jeden Schwerpunkt gibt es einen eigenen Fachlehrgang. Diese dauern in Vollzeit ca. fünf bis acht Tage. Für die Teilnahme an dieser Weiterbildung wird eine abgeschlossene Berufsausbildung in einem Metall verarbeitenden oder elektrotechnischen Beruf vorausgesetzt (vgl. www.berufenet. arbeitsagentur.de > Fachkraft – Metallbearbeitung durch Laserstrahl).

Für die einschlägige Ausbildung muss es also ausreichen, wenn der Beschäftigte über eine dreieinhalbjährige Ausbildung in einem Metall verarbeitenden oder elektrotechnischen Beruf verfügt.

Im Gegensatz dazu fordert die Fallgruppe 3 zwar keine dreieinhalbjährige, sondern nur eine dreijährige Ausbildung. Welche Ausbildungen als einschlägig anzusehen sind, haben die Tarifvertragsparteien in Protokollerklärung Nr. 1 selbst näher bestimmt. Darüber hinaus muss aber ein Meisterbrief vorliegen.

Weiterhin muss für Fallgruppe 3 eine große Arbeitsstätte gegeben sein. Die Arbeitsstätte ist der Arbeitsort, an dem der Beschäftigte eingesetzt wird (vgl. LAG Rheinland-Pfalz 12.11.1996, 6 Sa 700/96, EzBAT §§ 22, 23 BAT J 5b Nr. 6). Eine „große Arbeitsstätte" liegt dabei nicht nur bei entsprechender räumlicher Größe vor. Sie kann sich auch aus der Zahl der dort beschäftigten Arbeitnehmer, der Größe der technisch-maschinellen Ausstattung und/oder auch aus besonderen betriebsorganisatorischen Gründen ergeben (BAG 28.05.1997, 10 AZR 515/95, AP Nr. 4 zu § 21 MTArb m. w. N. auf die vergleichbare Rechtsprechung zum BAT).

Beispiel aus der Rechtsprechung:

Beim Dienstort des Arbeitnehmers (Bundeswehrstandort) handelt es sich um den räumlich drittgrößten der Bundesrepublik, in dem etwa 4.000 Personen tätig sind. Damit kann ohne Weiteres davon ausgegangen werden, dass der Arbeitnehmer auf einer „großen Arbeitsstätte" Dienst tut.

(BAG 28.05.1997, 10 AZR 515/95, AP Nr. 4 zu § 21 MTArb)

Eine zentrale Haus- und Betriebstechnik liegt vor, wenn die Versorgung von Räumen/Gebäuden zentral von einer versorgungstechnischen Anlage übernommen wird, wie zum Beispiel bei einer zentralen Wärmeversorgung (BAG 28.05.1997, 10 AZR 515/95, AP Nr. 4 zu § 21 MTArb).

Was komplizierte Anlagen sind, haben die Tarifvertragsparteien in Protokollerklärung Nr. 2 selbst näher bestimmt. Die Begriffe „warten" und „instand setzen" wurden bereits eingangs in diesem Kapitel 11.2 unter „Facharbeiter" näher betrachtet.

Einem Arbeitnehmer obliegt nur dann die „Gewährleistung der Betriebsbereitschaft", wenn er selbständig über die Durchführung von Wartungs- und Instandsetzungsarbeiten, die zur ständigen Funktionsfähigkeit komplizierter Anlagen einer zentralen Haus- und Betriebstechnik erforderlich sind, entscheidet (vgl. BAG 18.11.1998, 10 AZR 633/97, AP Nr. 6 zu § 21 MTArb).

Ein Mitarbeiter ist nur dann in der Lage, eine Anlage im Sinne der Entgeltgruppe 9a Fallgruppe 3 technischen Änderungen anzupassen, wenn er die Fähigkeit besitzt und einsetzen muss, neue oder geänderte Programme für die Regelungs- und Steuerungssysteme zu erarbeiten, mit denen die Anlage nach einer technischen Änderung oder Erweiterung ordnungsgemäß weiterbetrieben werden kann, weil die bisherigen Regelungs- und Steuerungssysteme für den ordnungsgemäßen Weiterbetrieb nicht ausreichen. Unter Erarbeiten ist dabei nicht die Neuprogrammierung des Betriebssystems an sich zu verstehen, sondern unter dessen Anwendung die Programmierung/Einstellung der Steuerungsprogramme für die Maschinen und Anlagen (vgl. BAG 28.05.1997, 10 AZR 515/95, AP Nr. 4 zu § 21 MTArb; BAG 25.09.2002, 4 AZR 277/01).

11

3. Fahrer, Maschinenführer, Tankwarte und Wagenpfleger

Abschnitt 2.2 regelt die Eingruppierungsmöglichkeiten für Fahrer, Maschinenführer, Tankwarte und Wagenpfleger. Die Eingruppierungsspanne reicht von Entgeltgruppe 3 bis Entgeltgruppe 5.

Die Eingruppierung der Fahrer

§

Entgeltgruppe 3

1. **Fahrer von Elektrofahrzeugen oder Elektrokarren.**
2. **Fahrer von Gabelstaplern,**

   die nicht zum öffentlichen Verkehr zugelassen sind.

§

Entgeltgruppe 4

1. **Fahrer von Elektrofahrzeugen oder Elektrokarren,**

   die nach der Straßenverkehrszulassungsordnung mit amtlichen Kennzeichen zum Verkehr zugelassen sind und überwiegend im öffentlichen Verkehr eingesetzt sind.
2. **Fahrer von Gabelstaplern,**

   die nach der Straßenverkehrszulassungsordnung mit amtlichen Kennzeichen zum Verkehr zugelassen sind und überwiegend im öffentlichen Verkehr eingesetzt sind.
3. **Fahrer von Gabelstaplern**

   mit einer Hubkraft von mehr als 1 t, die nicht zum öffentlichen Verkehr zugelassen sind.
4. **Kraftwagenfahrer**

§

Entgeltgruppe 5

2. **Fahrer von Lastkraftwagen oder Lastkraftwagenzügen**

   mit einem Ladegewicht von mehr als 5 t.

   (Hierzu Protokollerklärung Nr. 1)
3. **Fahrer von Mehrzweckfahrzeugen (Unimog u. a.)**

   bei regelmäßiger Verwendung verschiedener Anbaugeräte.

   (Hierzu Protokollerklärungen Nrn. 2 und 3)
4. **Fahrer von Omnibussen**

   mit mindestens 14 Fahrgastsitzen.

Protokollerklärungen

Nr. 1 Bei Verringerung des Ladegewichts durch Anbringen von Ladegeräten oder anderen Geräten ist vom Ladegewicht ohne Geräte auszugehen.

Nr. 2 Eine regelmäßige Verwendung verschiedener Anbaugeräte liegt vor, wenn verschiedene Anbaugeräte in ständiger Wiederkehr, jedoch nicht nur gelegentlich verwendet werden.

Nr. 3 Durch § 29 MTArb – ausgenommen die Zuschläge nach Nr. A 20 Buchst. c) und d), Nrn. A 25 bis 28 und A 82 sowie Nrn. M 7 und 8 TVZ zum MTL II – im Zusammenhang mit der Verwendung der Anbaugeräte abgegolten.

Von einem überwiegenden Einsatz im öffentlichen Verkehr im Sinne der Entgeltgruppe 4 kann ausgegangen werden, wenn der Fahrer zu mehr als 50 Prozent der Gesamtarbeitszeit die Fahrzeuge im öffentlichen Straßenverkehr zu führen hat (vgl. BAG 16.01.1985, 7 AZR 226/82, AP Nr. 10 zu § 33 BAT m. w. N.).

Nach der Üblichkeit im Arbeitsleben und dessen Berufsbild gehören zu den arbeitsvertraglichen Pflichten eines Kraftfahrers im Sinne der Entgeltgruppe 4 neben der Führung der Kraftfahrzeuge auch deren Wartung und Pflege sowie die Durchführung kleinerer Reparaturen. Das gilt auch für Kraftfahrer im öffentlichen Dienst (vgl. BAG 30.05.1984, 4 AZR 146/82, AP Nr. 2 zu § 21 MTL II).

Die Eingruppierung der Maschinenführer

Entgeltgruppe 5

1. **Führer von Baugeräten und Erdbewegungsmaschinen**

   (z. B. Bagger, Krane, Planierraupen, Straßenhobel, Walzen).

Bei den o. g. Maschinen handelt es sich um Baumaschinen. Führer dieser Maschinen (sog. Baumaschinenführer) sind nach allgemeinem Verständnis Fachleute für den Einsatz, die Bedienung, Wartung und Reparatur von Baumaschinen im Hochbau, im Straßenbau sowie im Erd- und Tiefbau (vgl. BAG 28.09.2005, 10 AZR 593/04, AP Nr. 279 zu § 1 TVG Tarifverträge: Bau).

Die Eingruppierung von Tankwarten

§ **Entgeltgruppe 3**

Tankwarte ohne abgeschlossene Ausbildung als Tankwart.

Tankwarte werden auch in den Tarifwerken für den öffentlichen Dienst als Arbeiter angesehen, weil ihre Tätigkeit überwiegend körperlich-manuell geprägt ist. Das entspricht neben der Verkehrsauffassung auch der tatsächlichen Hauptaufgabe eines Tankwartes, die in der Ausgabe von Betriebsstoff und Betriebshilfsstoffen besteht. Demgegenüber liegen Angestelltentätigkeiten (neu: Tätigkeiten nach Teil I) eines Tankstellenverwalters vor, wenn der Beschäftigte nicht nur Betriebsstoffe und Betriebshilfsstoffe ausgibt, sondern – abgesehen von dem in der Privatwirtschaft dazugehörigen Geldverkehr – alles das tut, was normalerweise der Eigentümer oder Pächter einer Tankstelle erledigt, wie selbständige Anforderung von Betriebsstoffen und Betriebshilfsstoffen, Anfertigen von Tagesabschlüssen, Führen von Bestandskarteien. Das sind überwiegend leitende, überwachende und beaufsichtigende Tätigkeiten, aus denen sich die Angestellteneigenschaft (und damit die Eingruppierung nach Teil I) ergibt (vgl. BAG 22.10.1986, 4 AZR 568/85, AP Nr. 126 zu §§ 22, 23 BAT 1975 m. w. N.).

Die Eingruppierung von Wagenpflegern

§ **Entgeltgruppe 3**

Wagenpfleger

Wagenpfleger im Sinne von Fahrzeugpflegern reinigen die Karosserie, aber auch den Motor- und Innenraum sowie die Scheiben von Kraftfahrzeugen. Die Reifenpflege sowie das Konservieren und die Reparatur von Lackoberflächen gehören ebenfalls zu ihren Aufgaben (vgl. Berufsinformationen unter: www.berufenet.arbeitsagentur.de > Fahrzeugpfleger/in > Tätigkeit).

4. Hausmeister, Pförtner, Reinigungs- und Wachpersonal, Kunsteisbahn-, Sporthallen- und Sportplatzwarte

Abschnitt 2.3 regelt die Eingruppierungsmöglichkeiten für Hausmeister, Pförtner, Reinigungs- und Wachpersonal, Kunsteisbahn-, Sporthallen- und Sportplatzwarte. Die Eingruppierungsspanne reicht von Entgeltgruppe 2 bis Entgeltgruppe 5.

Die Eingruppierung von Hausmeistern

§

Vorbemerkung

Abweichend von der Protokollerklärung zu Nr. 2 der Vorbemerkungen zu allen Teilen der Entgeltordnung sind in diesem Unterabschnitt auch Beschäftigte eingruppiert, die bei Fortgeltung des alten Rechts

- in Vergütungsgruppe IXb Fallgruppe 1 oder in Vergütungsgruppe VIII Fallgruppe 2 des Teils II Abschnitt H (Hausmeister an Theatern und Bühnen) oder
- in Teil II Abschnitt O (Schulhausmeister und Hausmeister in Verwaltungsgebäuden)

der Anlage 1a zum BAT/BAT-O eingruppiert gewesen wären.

§

Entgeltgruppe 4

Hausmeister

§

Entgeltgruppe 5

1. **Hausmeister mit erfolgreich abgeschlossener Ausbildung in einem einschlägigen anerkannten Ausbildungsberuf mit einer Ausbildungsdauer von mindestens drei Jahren.**

Die Vorbemerkung macht deutlich, dass alle Hausmeister, auch die ehemals dem BAT/-O unterlegenen Schulhausmeister und Hausmeister in Verwaltungsgebäuden, jetzt ausschließlich in diesen Abschnitt einzugruppieren sind.

Unter einer Ausbildung in einem einschlägigen anerkannten Ausbildungsberuf im Sinne der Tätigkeitsmerkmale für Hausmeister ist ein Ausbildungsberuf zu verstehen, der den Arbeitnehmer befähigt, die Tätigkeit eines Hausmeisters sachgerecht auszuüben. Da es eine Berufsausbildung zum Hausmeister nicht gibt, muss es für den Begriff des einschlägigen anerkannten Ausbildungsberufs genügen, wenn die Ausbildung ein Grundlagenwissen vermittelt, das für die Tätigkeit eines Hausmeisters benötigt wird (BAG 20.02.2002, 4 AZR 37/01, AP Nr. 6 zu § 21 MTL II).

Der Hausmeister ist ein Arbeitnehmer, der in größeren/großen Miet-, Eigentumswohnungsanlagen, größeren Privathäusern und in anderen Gebäuden verschiedener Art wie Behörden-, Büro-, Fabrikgebäuden, Schulen, Ausstellungs-, Sport-, Vereins-, Verbandshäusern, Gewerbebetrieben der verschiedenen Art, Heimen, Krankenhäusern usw. für die Hausordnung, für das Funktionieren von Heizung, Gas-, Licht-, Wasserversorgung, die Säuberung der Räumlichkeiten durch das ihm unterstellte Reinigungspersonal verantwortlich ist (vgl. Molle a. a. O. S. 356; Grundwerk Ausbildungs- und Berufskundlicher Informationen der Bundesanstalt für Arbeit gabi Nr. 793a S. 964 ff.).

Als „Zugangsberufe“ werden in dem genannten Grundwerk unter „Alternativgruppe Anlageninstandsetzung, -installation, sanitäre Haustechnik, Klimatechnik“ u. a. Gas- und Wasserinstallateur(in), Installateur(in) Gas- und Wasserinstallation, Installateur(in) und Klempner(in), Installateur(in) und Flaschner(in), Installateur(in) und Spengler(in), Wasserinstallateur(in), Sanitärinstallateur(in), Sanitärmonteur(in), Kundendienstmonteur(in) (Gas- und Wasserinstallation), Wartungsmonteur(in) (Gas- und Wasserinstallation), Anlagenmechaniker(in) – Fachrichtung Versorgungstechnik, Anlagenmechaniker(in) – Fachrichtung Apparatetechnik, Klempner(in), Spengler(in), Flaschner(in), Blechner(in), Betriebsklempner(in), Rohrinstallateur(in), Rohrschlosser(in), Klempner(in) und Rohrinstallateur(in), Zentralheizungs- und Lüftungsbauer(in), Heizungsmonteur(in), Heizungsinstallateur(in), Heizungsbauer(in), Lüftungsbauer(in), Klimaanlagenmonteur(in), Lüftungsklemptner(in), Wartungsmonteur(in) (Heizungsanlagen), Wartungsmonteur(in) (Lüftungs- und Klimaanlagen), Betriebsmonteur(in) (Zentralheizungs- und Lüftungsbau, Kälte- und Klimaanlagen), Metallbauer(in) – Fachrichtung Konstruktionstechnik, Schlosser(in), Angehörige früherer bis 1989 anerkannter industrieller Ausbildungsberufe im Bereich Metall (z. B. Bauschlosser, Kessel- und Behälterbauer, Kupferschmiede) genannt. Bei der „Alternativgruppe Elektroinstallation, Elektroanlageninstallation, Mess- und Regeltechnik“ sind zahlreiche Berufe aus diesem Bereich genannt. Als weitere Zugangsalternative ist die Alternativgruppe Kraftfahrzeugschlosser/-mechaniker genannt; insoweit sind aufgeführt Kraftfahrzeugmechaniker(in) – Fachrichtung Personenkraftwageninstandhaltung, Kraftfahrzeugschlosser(in), Kfz-Mechaniker(in), Kfz-Schlosser(in). Es heißt dazu: Seltener, insbesondere bei Kombination mit Kfz-Pflege und Chauffeurtätigkeiten, mit Einarbeitung/Zusatzbildung, abhängig von Aufgabenstellung, -umfang (z. B. bezüglich Mess-, Regel-, Steuerungstechnik).

(...)

Der Hausmeister ist für das Funktionieren von Heizung, Gas-, Wasser-, Lichtversorgung, die Säuberung von Räumlichkeiten durch die ihm unterstellten Reinigungskräfte verantwortlich. Er legt bei notwendigen Arbeiten selbst mit Hand an, insbesondere bei Reparaturen. Daraus folgt, dass in erster Linie anerkannte Ausbildungsberufe im Bereich Installation, Inbetriebnahme, Wartung, Instandhaltung solcher Anlagen als „einschlägige" anzusehen sind.

Praxis-Tipp:

Eine Ausbildung als Kfz-Handwerker ist danach nicht einschlägig.

§ Demgegenüber ist der Kraftfahrzeughandwerker mit infolge Verschleißes durch Gebrauch, mit infolge Schäden durch Unfälle erforderlichen Reparaturen und Erneuerungen bei in Fabriken hergestellten Motorfahrzeugen befasst. Er stellt Störungen und Schäden am Motor, Getriebe, Bremsen oder Fahrgestell fest, baut die defekten Teile aus und ersetzt sie durch entsprechende Ersatzteile. Hierbei waren auch noch in den Jahren 1956–1959 mitunter Einzelteile auf der Drehbank oder am Schraubstock in Handarbeit nachzuarbeiten oder neu herzustellen, insbesondere bei noch laufenden Vorkriegsmodellen. Der Kfz-Handwerker behebt Störungen an Motoren, Getrieben und Apparateteilen einschließlich kleiner Störungen an den elektrischen Anlagen. Er muss den Mechanismus eines Motors, des Getriebes und der Steuerung einschließlich der elektrischen (Schwach-)Stromanlagen – damals Batterie sechs Volt – genau kennen. Es handelt(e) sich um einen Reparaturhandwerker, in erster Linie bezogen auf Motoren, Fahrgestelle und Bremsen eines Automobils (vgl. Deeken a. a. O. S. 287 f., Streller a. a. O. S. 92 f.).

(3) Das LAG hat auch Maurer, Zimmerer, Schreiner, Maler, Fliesenleger, Fußbodenleger, Dachdecker, aber auch Gebäudereiniger einbezogen, diese unter dem Gesichtspunkt, die Tätigkeit eines Hausmeisters beziehe sich im Wesentlichen auf die Instandhaltung und Wartung von Grundstücken und baulichen Anlagen sowie des dazugehörigen Grundstücks, einschließlich kleinerer Instandsetzungsarbeiten und Reparaturen, und zwar auf alle bauhandwerklichen Bereiche, die beim Bau und der Wartung von Gebäuden anfielen und damit der Instandsetzung und der Wartung dienten. Es hat daraus gefolgert, der Beruf des Kfz-Handwerkers gehöre nicht zu dem Bereich der Berufe, die mit der Wartung und Instandhaltung von Gebäuden im weiteren Sinne zu tun hätten. Dem ist zu folgen.

Das LAG hat zutreffend ausgeführt, es könne durchaus sein, dass ein Kfz-Handwerker von seiner Ausbildung her in der Lage sei, eine Hausmeistertätigkeit zur Zufriedenheit des Arbeitgebers durchzuführen, insbesondere, wenn er auch Metallarbeiten und kleinere Elektroarbeiten durchführen könne, ohne dass hiermit andere beauftragt werden müssten. Hierbei dürfe aber nicht übersehen werden, dass der TV Lohngruppenverzeichnis bei der Fallgruppe 6.11 der Lohngruppe 4 (Anm. der Verfasser: entspricht Entgeltgruppe 5 Fallgruppe 1 Teil III TV-L) nicht darauf abstelle, ob ein Arbeitnehmer nach seinem Ausbildungsberuf in Bezug auf eine Hausmeistertätigkeit einschlägige Tätigkeiten verrichten könne, sondern der gesamte

11

Ausbildungsberuf müsse einschlägig sein. Die Tarifvertragsparteien hätten im Rahmen ihres Gestaltungsspielraums entschieden, diejenigen Arbeitnehmer, die aufgrund ihrer Berufsausbildung, die nicht einschlägig sei, aber durchaus Fähigkeiten vermittelt habe, die Hausmeistertätigkeit auszuüben, eine Lohngruppe tiefer einzustufen als diejenigen Arbeitnehmer, die ihre Ausbildung in einem einschlägigen Ausbildungsberuf erworben hätten. Bei einer generalisierenden Betrachtungsweise könne im Regelfall durchaus davon ausgegangen werden, dass die Tätigkeit eines Hausmeisters mit einem einschlägigen Ausbildungsberuf, also einem Beruf, der mit der Errichtung, Instandhaltung, Instandsetzung und der Wartung von Gebäuden oder Gebäudeteilen und Grundstücken zu tun habe, effektiver sein werde. Hiervon möge es im Einzelfall Ausnahmen geben, damit werde aber eine generalisierende Betrachtungsweise und Regelung noch nicht willkürlich und damit unzulässig.

(4) Im Grundwerk ausbildungs- und berufskundlicher Informationen der Bundesanstalt für Arbeit (gabi) wird eine Bestandsaufnahme wiedergegeben. Das heißt nicht, dass jeder dort genannte Zugangsberuf ein „hausmeisterbezogener" und damit einschlägig anerkannter Ausbildungsberuf im Tarifsinne ist. Denn im Sozialrecht spielt die Verweisung auf die Tätigkeit eines Hausmeisters eine nicht unerhebliche Rolle bei der Gewährung von Rente wegen Berufsunfähigkeit (BU): Facharbeiter, also Gesellen, können nach der Rechtsprechung der Sozialgerichte auf die Tätigkeit eines Hausmeisters verwiesen werden. Nach dieser Rechtsprechung muss es sich um einen „einschlägigen Vorberuf", eine „einschlägige Berufstätigkeit" handeln, was für einen gelernten Steinmetzen verneint, für einen Facharbeiter im Baugewerbe, für Schreiner, Maler und Lackierer bejaht wurde (z. B. LSG Rheinland-Pfalz vom 14.12.1992 – L2I 120/91). In der genannten Entscheidung wird eine Auskunft der Bundesanstalt für Arbeit vom 21.12.1990 wiedergegeben, nach der 300 Stellenangebote für Hausmeister ausgewertet wurden. Als Hausmeister wurden Angehörige der Berufe Elektroinstallateur (29,8 %), Sanitärinstallateur (19,1 %), Heizungsmonteur (15,8 %), Schlosser (11,2 %) eingestellt. Es folgen mit Abstand die Berufe des Gärtners (3,3 %), des Kfz-Mechanikers (2,5 %) und des Klempners (2,1 %) und Angehörige des Baugewerbes (1,7 %). Das besagt zwar zunächst nur, dass die potenziellen Arbeitgeber im Wesentlichen die abgeschlossene Ausbildung im Bereich Ver- und Entsorgung als einstellungsrelevant ansehen, spricht aber auch dafür, dass diese Ausbildungen einschlägige anerkannte Ausbildungsberufe auch im Tarifsinne sind. Jedenfalls sind sie anerkannte Ausbildungsberufe, die deswegen „einschlägige" sind, weil sie auf die Tätigkeit des Hausmeisters bezogen sind. Wegen anfallender Reparaturarbeiten, die der Hausmeister nach Möglichkeit selbst durchführen soll, mögen auch Berufe mit abgeschlossener Berufsausbildung aus dem Baubereich einschlägige anerkannte Ausbildungsberufe im Tarifsinne sein. Dazu zählen aber Ausbildungsberufe aus dem Kfz-Bereich nicht. Es geht bei diesen um Fahrzeuge, die gebaut, repariert und verbessert werden, aber nicht um das Sicherstellen des bestimmungs- und ordnungsgemäßen/pfleglichen Gebrauchs von Gebäuden, Grundstücken einschließlich ihrer technischen Anlagen/Einrichtungen. Daran ändert auch nichts, dass der Zugang zur Kerntätigkeit Hausmeister auch Kfz-Handwerkern/-mechanikern

offensteht, wie sich aus dem oben Ausgeführten ergibt. Denn dann sind i. d. R. weitere Tätigkeiten gefragt, wie Wagenpflege/-wartung. Ein solches Anforderungsprofil ist aber wesentlich seltener.

(BAG 20.02.2002, 4 AZR 37/01, AP Nr. 6 zu § 21 MTL II)

Im Gegensatz dazu erfolgt eine Eingruppierung in Entgeltgruppe 4 für alle die Arbeitnehmer, die zwar als Hausmeister im o. g. Sinn tätig sind, aber nicht über einen einschlägigen Berufsabschluss verfügen. Damit schätzen die Tarifvertragsparteien – wie auch sonst in der Entgeltordnung – eine auf die Tätigkeit des Hausmeisters bezogene abgeschlossene Berufsausbildung höher ein als eine Berufsausbildung überhaupt. Denn bei einem Arbeitnehmer mit einer abgeschlossenen Ausbildung, die erhebliche Bezüge zur Hausmeistertätigkeit aufweist, kann davon ausgegangen werden, dass er der ihm übertragenen Tätigkeit eher gerecht wird und weniger Arbeiten fremdvergeben werden müssen als bei einem Arbeiter ohne jede abgeschlossene Ausbildung oder mit einer abgeschlossenen Ausbildung, die allenfalls in Randbereichen Bezugspunkte zu der Tätigkeit eines Hausmeisters aufweist. Davon sind die Tarifvertragsparteien ersichtlich ausgegangen. Deswegen kommt es auch nicht darauf an, ob der Arbeitnehmer ohne einschlägige Ausbildung im o. g. Sinne die typischerweise anfallenden Hausmeistertätigkeiten ebenso erledigt wie auch die darüber hinaus anfallenden besonderen Arbeiten, die eine spezielle Ausbildung erfordern, beanstandungsfrei verrichtet. Tarifvertragsparteien dürfen eine solch typisierende Betrachtungsweise bei der Eingruppierung zugrunde legen und für die Entlohnung in die nächsthöheren Entgeltgruppe qualitative Anforderungen an die abgeschlossene Ausbildung in einem anerkannten Ausbildungsberuf stellen, indem sie eine abgeschlossene Ausbildung in einem einschlägigen anerkannten Ausbildungsberuf verlangen. Dabei kommt es dann darauf an, ob die vom Arbeitnehmer durchlaufene Ausbildung ein Grundwissen vermittelt, das für die Tätigkeit eines Hausmeisters benötigt wird (vgl. BAG 20.02.2002, 4 AZR 37/01, AP Nr. 6 zu § 21 MTL II).

Im folgenden Fall lehnte das LAG Thüringen bei einem Hausmeister mit folgenden Tätigkeiten die Entgeltgruppe 5 ab:

Beispiel:

1. Kontrolle, Einhaltung der Hausordnung und Einhaltung der Sauberkeit

2. Reinigung der Außenanlagen, des Eingangsbereichs der PI, des Müll- und Entsorgungsstandplatzes sowie der Notausfahrt und des Garagenkomplexes, Rasenflächen mähen, Pflege der Grünanlagen, Räumen und Streuen der Wege im Winter
3. Auswechseln von Leuchtmitteln unterschiedlicher Leuchtkörper
4. Unterstützung der Einsatzsicherstellung bei geschlossenen Polizeieinsätzen
5. Mitwirkung bei behördeninternen Umzügen
6. Aktenvernichtung (verschlossen Lagern und Verbringen)
7. Überwachung und Bestückung der zentralen Drucker/Kopierer mit Papier
8. Müllentsorgung, einschließlich der fachgerechten Entsorgung von Datenmaterial
9. Bedienen, Regeln, Optimieren aller technischen Anlagen
10. Führen der Kontrollbücher für Aufzug, Heizung, Lüftung
11. tägliche Kontrolle und ggf. Beseitigung von Fehlinformationen bei Störanzeichen diverser elektrischer Anlagen
12. tägliche Kontrolle des Personenaufzugs, Störungen beseitigen (Menschenrettung), Weiterleiten von Störungen
13. monatlicher Probelauf der Stromersatzanlage, Zusammenwirken mit SW (Verwaltung der Prüfbücher und Dokumentieren)
14. monatliche Überprüfung aller Brand- und Rauchschutztüren, 4 Testvarianten, auf Funktion überprüfen, ggf. einbzw. nachstellen
15. Überprüfen der Schrankenanlage und aller Toranlagen
16. monatliches Ablesen und Dokumentieren aller Medien und Weitergabe
17. jährliche Vorlage der monatlichen Prüfbücher bei Inspektionen und TÜV
18. turnusmäßige Reinigung von Lüftereinsätzen im Objekt, um vorbeugend Schäden an E-Motoren zu verhindern

19. kleinere Verschönerungsarbeiten und anfallende Reparatur- und Änderungsarbeiten umsichtig und sorgfältig ausführen
20. Sicherstellung von vorbereitenden Maßnahmen im Zusammenhang mit größeren Baumaßnahmen in der Dienststelle
21. Warenannahme des täglichen Bedarfs
22. Kontrolle der Gewahrsamszellen (Decken aufnehmen und verbringen zur Reinigung, Aufnahme und Weitermeldung von Schäden)
23. monatliche Sperrung des Gewahrsamsbereichs zur turnusmäßigen Desinfektion

Eine einschlägige Ausbildung im Sinne der Entgeltgruppe 5 Fallgruppe 1 TV-L Teil III Abschnitt 2.3 erfordert:

„Einschlägig" bedeutet nach dem allgemeinen Sprachgebrauch „bezüglich", „zutreffend" und „dazugehörig". Ein einschlägiger anerkannter Ausbildungsberuf ist ein solcher, in dem Kenntnisse vermittelt sind, die den Arbeitnehmer befähigen, die jeweiligen Arbeiten sachgerecht ausführen zu können, die in seinem Aufgabengebiet üblicherweise anfallen. Daran anknüpfend ist unter einer Ausbildung in einem einschlägigen anerkannten Ausbildungsberuf ein Ausbildungsberuf zu verstehen, der den Arbeitnehmer befähigt, die Tätigkeiten eines Hausmeisters sachgerecht auszuüben. Hierbei ist zu beachten, dass es eine Berufsausbildung zum Hausmeister nicht gibt. Deshalb muss es für den Begriff des einschlägigen anerkannten Ausbildungsberufes genügen, wenn die Ausbildung ein Grundlagenwissen vermittelt, das für die Tätigkeit eines Hausmeisters benötigt wird. In dem Grundwerk ausbildungs- und berufskundlicher Informationen der Bundesanstalt für Arbeit gabi Nr. 793a (S. 967 f.) werden zur Tätigkeit des Hausmeisters verschiedene Zugangsberufe, geordnet nach den Zugangsalternativgruppen „Anlageninstandsetzung, -installation, Sanitäre Haustechnik, Klimatechnik", „Elektroinstallation, Elektroanlageninstallation, Mess- und Regeltechnik" und „Kraftfahrzeugschlosser, -mechaniker" genannt. Sofern Personen aus anderen Berufen in größeren Hausmeistereien als spezialisierte Reparaturfachkräfte eingestellt werden, aber überwiegend in ihrem eigenen Beruf tätig sind und die Hausmeistertätigkeit in der Regel nur nebenbei/vertretungsweise ausüben, kommen als

Zugangsalternativen auch Berufe aus dem Bereich Bau/Holz, wie z. B. Tischler, in Betracht.

Hieraus folgt, dass in erster Linie Ausbildungsberufe im Bereich Installation, Inbetriebnahme, Wartung und Instandhaltung von Gebäuden, Grundstücken und baulichen Anlagen als „einschlägig" anzusehen sind.

Hiernach kann die Ausbildung zum Tischler nicht als einschlägiger Ausbildungsberuf angesehen werden. Der Tischler ist nicht mit der Instandhaltung, Wartung sowie Instandsetzung von Gebäuden, Grundstücken und baulichen Anlagen betraut.

Tischler stellen vorwiegend in Einzel- und Kleinserienfertigung Erzeugnisse aus Holz, Holzwerkstoffen und Kunststoffen, aber auch aus sonstigen Werkstoffen, wie z. B. Metall und Glas her. Hierzu zählen unter anderem Möbel, Inneneinrichtungen, Fenster, Türen, Fassaden, Fußböden, Tore, Treppen, Gehäuse, Behälter und Särge sowie Turn- und Sportgeräte, Ladeneinrichtungen, Arztpraxen-, Gaststätten- und Hoteleinrichtungen, Wintergärten oder auch Messestände. Tischler halten diese Erzeugnisse instand und restaurieren sie unter Beachtung der Bauart, des Baustils und der ästhetischen Wirkung. (Blätter zur Berufskunde der Bundesanstalt für Arbeit 1-III C 101 S. 6). Als hauptsächliche Tätigkeiten eines Tischlers werden genannt:

- Planen und Vorbereiten von Arbeitsabläufen, Kontrollieren der Arbeitsergebnisse
- Entwerfen und Zeichnen von Erzeugnissen nach gestalterischen und funktionalen Gesichtspunkten
- Unterscheiden von Holz und Holzwerkstoffen, Auswählen nach Verwendungszweck und Wirtschaftlichkeit
- Bearbeiten von Holz und Holzwerkstoffen
- Verarbeiten von Furnieren, Kunststoffen, Glas und Metall
- Einrichten, Bedienen und Warten von Maschinen, Anlagen und Vorrichtungen
- Herstellen von Teilen und Zusammensetzen von Erzeugnissen
- Montieren von Beschlägen
- Veredelung von Oberflächen

- Ausführen des konstruktiven und chemischen Holzschutzes
- Einbauen und Instandsetzen von Teilen und Erzeugnissen
- Vorbereiten und Ausführen von Restaurierungsarbeiten
- Qualitätssicherung und Abnahme

(Blätter zur Berufskunde S. 6)

(vgl. LAG Thüringen 18.08.2016, 2 Sa 212/14 m. w. N.; zit. nach WKRS 2016, 33704)

Praxis-Tipp:

Je nach Ausgestaltung der Hausmeistertätigkeit kann der Tischler als „einschlägig" im Sinne der Entgeltgruppe 5 angesehen werden. Wie das LAG Thüringen selbst ausführt, ist dabei „zu beachten, dass es eine Berufsausbildung zum Hausmeister nicht gibt. Deshalb muss es für den Begriff des einschlägigen anerkannten Ausbildungsberufs genügen, wenn die Ausbildung ein Grundlagenwissen vermittelt, das für die Tätigkeit eines Hausmeisters benötigt wird."

Gemäß den weiterführenden gerichtlichen Ausführungen zum Berufsbild des Tischlers stellen diese „vorwiegend in Einzel- und Kleinserienfertigung Erzeugnisse aus Holz, Holzwerkstoffen und Kunststoffen, aber auch aus sonstigen Werkstoffen, wie z. B. Metall und Glas, her. Hierzu zählen unter anderem Möbel, Inneneinrichtungen, Fenster, Türen, Fassaden, Fußböden, Tore, Treppen, Gehäuse, Behälter und Särge sowie Turn- und Sportgeräte, Ladeneinrichtungen, Arztpraxen-, Gaststätten- und Hoteleinrichtungen, Wintergärten oder auch Messestände. **Tischler halten diese Erzeugnisse instand** und restaurieren sie unter Beachtung der Bauart, des Baustils und der ästhetischen Wirkung."

Wenn es also zum Aufgabenkreis des Tischlers gehört, Möbel, Inneneinrichtungen, Fenster, Türen, Fassaden, Fußböden, Tore, Treppen, Gehäuse, Behälter bzw. Turn- und Sportgeräte instand zu halten (was im Streitfall gemäß obiger Beschreibung der Tätigkeiten nicht der Fall war), sind dies Tätigkeiten, die dem Hausmeister als gelerntem Tischler das entsprechende Grundwissen abverlangen, das er in seiner Tischlerlehre vermittelt bekommen hat.

Die Instandhaltung ist auch ein mögliches Arbeitsfeld des Hausmeisters, da gemäß den obigen Ausführungen des Gerichts Instandhaltung von Gebäuden, Grundstücken und baulichen Anlagen als „einschlägig" anzusehen sind. Die Instandhaltung von Gebäuden umfasst auch Fenster, Türen, Fassaden, Fußböden, Tore und Treppen, da diese Teil eines jeden Gebäudes sind. Dementsprechend kann eine Ausbildung zum Tischer als einschlägiger Ausbildungsberuf angesehen werden.

Dagegen ist die Ausbildung zum Facharbeiter für Polstertechnik in Bezug auf die Tätigkeit als Hausmeister nicht einschlägig (LAG M-V 23.03.2021, 2 Sa 265/20, zit. nach WKRS 2021, 20178).

Die Eingruppierung von Pförtnern

§

Entgeltgruppe 3

1. **Pförtner**
   a) an verkehrsreichen Eingängen,
   b) mit einfachem Fernsprechvermittlungsdienst,
   c) die in nicht unerheblichem Umfang mit schriftlichen Arbeiten beschäftigt werden oder
   d) mit Fernsprechvermittlungsdienst mit mehr als einem Amtsanschluss.

   (Hierzu Protokollerklärung)

3. **Pförtner.**

Protokollerklärung

Zu den schriftlichen Arbeiten gehört nicht das Ausfüllen von Besucherzetteln.

Da die Tarifvertragsparteien keine eigene Definition vorgenommen haben, kann davon ausgegangen werden, dass der Begriff des Pförtners im Sinne des allgemeinen Sprachgebrauchs auszulegen ist. Danach ist Pförtner ein Mitarbeiter, der den Eingang an einem Gebäude, einer Fabrik oder Ähnlichem bewacht, die Pforte öffnet und schließt, Besuchern den Weg weist usw. Zur Pförtnertätigkeit gehört z. B. die Überwachung/Weiterleitung, nötigenfalls auch Registrierung von Ankömmlingen, die Beobachtung/Regelung des

Kraftwagenverkehrs, das Öffnen/Schließen von Schranken usw. Daraus ist zu entnehmen, dass der Aufgabenbereich eines Pförtners nicht von vornherein festgelegt ist. Kennzeichnend ist nur, dass er den Eingang von Gebäuden oder sonstigen Räumlichkeiten überwacht und Besuchern den Weg weist. Da hierbei in aller Regel Zeiten anfallen, die ein Pförtner auch mit anderen Tätigkeiten ausfüllen kann, werden ihm in der Praxis oft weitere Tätigkeiten übertragen, die er ohne Vernachlässigung seiner Überwachungsaufgaben miterledigen kann, z. B. Frankieren von Briefen, Aussondern von Akten usw. Welche Tätigkeiten dies im Einzelnen sind, liegt im Organisationsermessen des Arbeitgebers (LAG Hamm 17.04.1997, 4 Sa 1652/96 m. w. N. auf die BAG-Rechtsprechung).

Der Umfang der Tätigkeit im Sinne der Entgeltgruppe 3 Fallgruppe 1 ist nicht mehr unerheblich, wenn er etwa ein Viertel der gesamten Tätigkeit ausmacht (Protokollerklärung Nr. 4 zu Teil II Abschnitt 2.2 der Entgeltordnung).

Die Eingruppierung von Sportplatzmeistern

Entgeltgruppe 4

2. **Kunsteisbahnwarte, Sporthallenwarte, Sportplatzwarte (Sportplatzmeister).**

Entgeltgruppe 5

2. **Kunsteisbahnwarte, Sporthallenwarte, Sportplatzwarte (Sportplatzmeister) mit erfolgreich abgeschlossener Ausbildung in einem einschlägigen anerkannten Ausbildungsberuf mit einer Ausbildungsdauer von mindestens drei Jahren.**

Der Begriff des Wärters/Meisters wird weder durch die Tarifvertragsparteien noch durch die Rechtsprechung näher bestimmt. Im Sinne des allgemeinen Sprachgebrauchs ist unter einem Wärter ein „Hüter, Pfleger, Betreuer" zu verstehen, zum Beispiel Bahn-, Kranken-, Tierwärter. Wärter ist jemand, der einen anderen „betreut", auf ihn „aufpasst". Das bedeutet, dass als Wärter anzusehen ist, wer den ordnungsgemäßen Zustand einer Sache oder Person zu überwachen und ggf. bei Störungen einzugreifen hat, sei es, dass er selbst die Störung beseitigt oder die Störung weitermeldet, damit Abhilfe geschaffen werden kann. Der Wärter muss deshalb vom Zustand der Sache oder der Person, die er zu überwachen hat,

etwas verstehen, damit er bemerken kann, ob eine Störung vorliegt
11 (vgl. BAG 10.02.1982, 4 AZR 464/79, AP Nr. 3 zu § 22 MTB II SV 2a
m. w. N. auf die Literatur).

Bezogen auf Tätigkeiten eines Platzwarts konkretisieren die berufskundlichen Informationen das Tätigkeitsfeld wie folgt: Hauptsächlich führen Platzwarte Unterhaltsarbeiten an Anlagen wie Fußball-, Tennis- oder Campingplätzen durch. Beispielsweise mähen Platzwarte den Rasen, erneuern die Spielfeldmarkierungen, räumen im Winter Schnee, bessern Löcher aus oder entfernen Unkraut und Moos. Ggf. lassen sie diese Arbeiten auch von Fachkräften durchführen, dann kontrollieren sie die Arbeitsergebnisse auf Ausführung und Qualität. Platzwarte verwalten Schlüssel, nehmen Schadensmeldungen entgegen, koordinieren Veranstaltungen und Turniere und helfen bei deren Organisation mit. Sie planen den Einkauf und die Beschaffung von Geräten oder Dünger, erstellen Pflegepläne für jede Saison und vermerken darin Mähtermine, Beregnungstermine, Wasserverbrauch, Düngegaben und andere Pflegemaßnahmen. Gegenüber den Benutzern der Anlagen sind Platzwarte zudem weisungsberechtigt. Sie können zum Beispiel bestimmen, wann eine Außenanlage bespielbar ist. Platzwarte geben auch Anordnungen zur Platzpflege oder können bei ungebührlichem Verhalten Platzverweise erteilen (vgl. www.berufenet.arbeitsagentur.de > Platzwart/in > Tätigkeit).

Eine eigene Ausbildung zum Sportplatzwart/Sportplatzmeister gibt es derzeit nicht (vgl. aktuelle Berufsausbildungen unter www.berufenet.arbeitsagentur.de). Daher muss es für die einschlägige Ausbildung im Sinne der Entgeltgruppe 5 genügen, wenn die Ausbildung ein Grundlagenwissen vermittelt, das für die Tätigkeit eines Sportplatzwartes/Sportplatzmeisters benötigt wird (siehe zur vergleichbaren Rechtslage beim Hausmeister: BAG 20.02.2002, 4 AZR 37/01, AP Nr. 6 zu § 21 MTL II). Aufgrund der o. g. beschriebenen berufstypischen Tätigkeiten wird aus berufskundlicher Sicht eine handwerklich-technische Ausbildung oder eine Ausbildung im Bereich Gartenbau präferiert.

Die Eingruppierung von Reinigungspersonal

Entgeltgruppe 3

4. **Reiniger von Werkstätten und Maschinenhallen.**

Entgeltgruppe 2

1. **Reiniger auf selbst fahrenden Reinigungsmaschinen, die diese Maschinen auch warten.**

3. **Reiniger, soweit nicht in Entgeltgruppe 1 eingruppiert.**

Die Anforderungen an Reinigungsarbeiten im Sinne der Entgeltgruppe 1 in Abgrenzung zur Entgeltgruppe 2 wurden in Kapitel 4.1 bereits näher dargestellt. Zur Abgrenzung kann auf die entsprechenden Ausführungen verwiesen werden (siehe Kapitel 4.1).

Der Begriff der Wartung wurde bereits in Kapitel 11.2 erläutert.

Die Eingruppierung von Wachpersonal

Entgeltgruppe 2

2. **Wächter.**

Entgeltgruppe 3

2. **Wächter mit Dienstwaffen, Begleithunden oder im Freien.**

Wachpersonal bzw. ein Wächter im Sinne des allgemeinen Sprachgebrauchs ist eine Person, die (beruflich) einen Wachdienst verrichtet, etwas bewacht, wie zum Beispiel ein Fabrikgelände (Duden, S. 2011). Dementsprechend üben Wächter (Wachmann – Objektschutz) diese berufstypischen Aufgaben aus: Sie führen regelmäßige Kontrollgänge durch und überwachen Sicherheitseinrichtungen wie etwa Schließmechanismen bei Toren und die Funktion von Alarmanlagen. Sie kümmern sich um die Gebäude- und Geländefernüberwachung mittels Videogeräten, Einbruchs-, Bewegungs- und Rauchmeldern. Sie kontrollieren die Tätigkeit von Fremdfirmenmitarbeitern und des Reinigungspersonals, insbesondere wenn diese in sicherheitsrelevanten Abteilungen arbeiten, übernehmen Aufgaben im Feuerschutz und überprüfen regelmäßig die Funktionstüchtigkeit aller Notfalleinrichtungen (vgl. berufskundliche Informationen unter: www.berufenet.arbeitsagentur.de > Wach- und Sicherheitsfachmann/-frau > Tätigkeit).

Der Weg zur richtigen Eingruppierung

1. Überblick

Der Eingruppierungsvorgang

Stellenbeschreibung (StB) ↓	✓ auszuübende Tätigkeit ✓ fachliches Anforderungsprofil
Qualifikationsebenen TV-L ↓	✓ Un-/Anlerntätigkeiten ✓ Berufsausbildung ✓ Fortbildung (Meister/Techniker, etc.) ✓ Dipl.-FH/Bachelor ✓ Dipl./Master
Prüfung möglicher Tätigkeitsmerkmale (TM) innerhalb der Qualifikationsebene ↓	anhand der StB, insbesondere: ✓ Einzeltätigkeiten ✓ Kenntnisse ✓ Befugnisse
widerspruchsfreie Zuordnung der auszuübenden Tätigkeiten gem. StB unter die TM des TV- L durch Auslegung nach:	1. Wortlaut (Bedeutung gemäß Tarifvertrag, Gesetz, Fachsprache bzw. allgemeinem Sprachgebrauch) 2. Systematik des TV-L 3. Sinn und Zweck der TM ↕ → Tarifgeschichte → praktische Tarifübung → Praktikabilität

2. Die Stellenbeschreibung als Basis

Anders als die Arbeitsvertragsrichtlinien der Evangelischen Kirche in Bayern verzichtet der TV-L weiterhin auf eine ausdrückliche Nennung der Stellenbeschreibung als Grundlage jeder Eingruppierung.

Wichtig: Gleichwohl kann ohne tarifkonforme Stellenbeschreibungen nicht eingruppiert werden (vgl. Gamisch/Mohr, StB, Kapitel 1.4; Gamisch/Mohr, gEG, IV C.1.1.4).

Das Fehlen von Stellenbeschreibungen führt regelmäßig zu übertariflichen Eingruppierungen. Darüber hinaus ist die Stellenbeschreibung ein unverzichtbares Führungsinstrument.

Die Funktionen der Stellenbeschreibung

Die tarifkonforme Stellenbeschreibung behält ihre zentrale Bedeutung (vgl. Gamisch/Mohr, StB, Kapitel 1.4).

- Sie ist zunächst ein wertvolles Führungsinstrument (z. B. bei der diskriminierungsfreien Stellenbesetzung, Arbeitsvertragsgestaltung und der Einarbeitung neuer Mitarbeiter).
- Zugleich bildet sie die unerlässliche Grundlage bei der Anwendung leistungsorientierter Bezahlung gemäß § 17 Abs. 2 TV-L und der Sonderregelung gemäß § 40 Nr. 6 zu § 18 TV-L.
- Ohne Stellenbeschreibung kann zudem die korrekte Eingruppierung auch zukünftig nicht ermittelt werden.

Bei der leistungsorientierten Bezahlung über Zielvereinbarungs- oder Bewertungsgespräche im Wege der systematischen Leistungsbewertung oder der Anwendung des Beurteilungsrechts der Beamten ist eine Gesprächsgrundlage erforderlich:

- Wie sollen Ziele vereinbart werden, wenn bereits Unsicherheit über die „normale" Tätigkeit besteht?
- Wann ist eine Leistung gut oder schlecht?

Wichtig: „Ohne Stellenbeschreibung ist Beurteilung sinnlos."

(Ein Beurteiler; Grunow, Personalbeurteilung, Stuttgart 1976, S. 45)

Das Stellenbeschreibungsformular

Unternehmen/Dienststelle

Stellenbeschreibung

1. **Organisatorische Eingliederung der Stelle**

1.1 Organisationseinheit: ______________________

(Fachbereich/Abteilung/Team)

1.2 Stellenbezeichnung: ______________________

1.3 Stellennummer: ______________________

1.4 Unterstellung:

1.4.1 fachlich: ______________________

1.4.2 disziplinarisch: ______________________

(Angabe der unmittelbar vorgesetzten Stelle/n)

1.5 Überstellung: *(Angabe der ständig unmittelbar unterstellten Stellen)*

fachlich	*disziplinarisch*	*Anzahl*	*Stellenanteil*	*Stellenbezeichnung*	*Stellennummer*

1.6 Stellvertretung

1.6.1 Aktive Stellvertretung *(= der Stelleninhaber vertritt)*:

a) ständig / b) in Abwesenheit	*Stellenbezeichnung*	*Stellen-nummer*	*Vertretungsbereiche (Eintragen der lfd. Nr. gem. 4. Tätigkeitsbeschreibung)*

1.6.2 Passive Stellvertretung *(= der Stelleninhaber wird vertreten durch)*:

a) ständig / b) in Abwesenheit	*Stellenbezeichnung*	*Stellen-nummer*	*Vertretungsbereiche (Eintragen der lfd. Nr. gem. 4. Tätigkeitsbeschreibung)*

2. **Arbeitszeit/Beschäftigungsumfang der Stelle**

☐ Vollzeit ☐ Teilzeit mit ☐ ______ % Anteil Vollzeit

☐ ______ Wochenstunden

3. **Ziel(e) der Stelle**

(Angabe der zu erreichenden Ziele/Arbeitsergebnisse)

Die männliche Sprachform erfasst alle Geschlechter (männlich, weiblich, divers) gleichermaßen.

Seite 2 – Stellenbeschreibung: <Stellenbezeichnung>, Stellennummer: < Stellennummer >

4. Tätigkeitsbeschreibung

Lfd. Nr.	**a)** Beschreibung der Arbeitsvorgänge gem. § 12 TV-L *(Angabe der wesentlichen inhaltlichen Arbeitsschritte zur Zielerreichung)* **b)** einzusetzende Kenntnisse und Vorschriften *(mit Angabe der Paragraphen/Abschnitte etc. bei Gesetzen, Verordnungen, internen Richtlinien, etc.)*	Zeit-anteil in %
4.1	a) b)	
4.2	a) b)	
4.3	a) b)	
4.4	a) b)	

5. Befugnisse

5.1 Unterschrifts- und Feststellungsbefugnisse:

(Unterschriftsberechtigungen nach innen [wie z. B. Zeichnung der fachtechnischen und sachlichen Richtigkeit] und außen [wie z. B. Handlungsvollmacht, Prokura])

5.2 Entscheidungsbefugnisse:

(Fällen von Sachentscheidungen durch Ausfüllen von Ermessens-, Beurteilungs-, Gestaltungsspielräumen)

5.3 Weisungsbefugnisse:

(Rechte zur Bestimmung des Verhaltens und Handelns anderer Stellen; ggü. den gem. 1.5 zugeordneten Stellen bzw. im Einzelfall)

Die männliche Sprachform erfasst alle Geschlechter (männlich, weiblich, divers) gleichermaßen.

Seite 3 – Stellenbeschreibung: <Stellenbezeichnung>, Stellennummer: < Stellennummer >

6. Erforderliche berufliche Qualifikation(en) und Erfahrung(en)

(berufsbildender Abschluss, Prüfungen, mehr-/langjährige Berufserfahrung)

bzw. vergleichbare Kenntnisse/Fähigkeiten und Erfahrungen

7. Personalwirtschaftliche Angaben

7.1 ☐ Erstellt (Erstfassung-Version 1) / ☐ Geänderte Fassung, Version: ____

Datum: Ort, den ______ von: ______________________

(zuständiger Mitarbeiter der Personalabteilung)

7.2 In-Kraft-Treten:

Datum: Ort, den ______ Unterschrift: ______________________

(Personalleitung)

____

(Dienststellen-/Unternehmensleitung)

7.3 Kenntnisnahme des Stelleninhabers:

Ich habe die von mir regelmäßig auszuübenden Tätigkeiten gemäß vorliegender Stellenbeschreibung zur Kenntnis genommen. Darüber hinaus sind die weiterführenden Informationen des Vorgesetzten zu beachten.

Mir ist darüber hinaus bekannt, dass ich verpflichtet bin, relevante Informationen dem zuständigen Vorgesetzten rechtzeitig und der Situation angemessen weiterzugeben und auf Weisung des Vorgesetzten Einzelaufträge auszuführen, die dem Wesen nach zu meinem Tätigkeitsgebiet gehören oder sich aus der dienstlichen/betrieblichen Notwendigkeit ergeben.

Datum: Ort, den ______ Unterschrift: ______________________

(Stelleninhaber)

7.4 Kenntnisnahme der vorgesetzten Stelle/n (siehe 1.4):

Datum: Ort, den ______ Unterschrift: ______________________

(zu 1.4.1)

____

(zu 1.4.2)

7.5 Gefährdungsbeurteilung zum Arbeitsplatz

☒ durchgeführt (s. Anhang)

Die männliche Sprachform erfasst alle Geschlechter (männlich, weiblich, divers) gleichermaßen.

Praxis-Tipp:

Das Formular (s. o.) enthält die Angabe über die gemäß § 618 BGB i. V. m. § 5 ArbSchG für jeden Arbeitsplatz anzufertigende Gefährdungsbeurteilung. Damit dient die Stellenbeschreibung auch dem Arbeitsschutz.

3. Die Bewertung der Stelle

Unter einer Stellenbewertung ist die Zuordnung der anhand der Stellenbeschreibung festgestellten Arbeitsvorgänge unter die einschlägigen Tätigkeitsmerkmale der Entgeltordnung zu verstehen. Sie bildet die Grundlage für die Eingruppierung des Beschäftigten (vgl. BAG 17.11.2010, 7 ABR 123/09, AP Nr. 47 zu § 99 BetrVG 1972 – Eingruppierung). Da Stellenbewertungen funktions- und nicht personenbezogen sind, liegt eine Eingruppierung nicht vor (vgl. BAG 12.12.1995, 1 ABR 31/95, AP Nr. 6 zu § 99 BetrVG 1972 – Eingruppierung).

Bewertungsschritte
1. Feststellen der erforderlichen fachlichen Qualifikationen (Abschlüsse, praktische Erfahrungen)
2. Bildung von Arbeitsvorgängen gemäß § 12 TV-L
3. Prüfung und Zuordnung jedes Arbeitsvorgangs unter die Tätigkeitsmerkmale der Entgeltordnung
4. ggf. zusammenfassende Betrachtung
5. ggf. erneute Einzelbewertung der Arbeitsvorgänge

Zu 1: Feststellen der erforderlichen fachlichen Qualifikationen

Diese können regelmäßig durch Vergleich der Berufsbilder mit den in der Stellenbeschreibung beschriebenen Tätigkeiten, Kenntnissen und Befugnissen ermittelt werden.

Praxis-Tipp:

Informationen über alle Berufsbilder und ggf. weiterführende Informationen sind bei der offiziellen Informationsplattform der Bundesagentur für Arbeit abrufbar unter: www.berufenet.arbeitsagentur.de.

Zu 2: Bildung von Arbeitsvorgängen gemäß § 12 TV-L

Zur Bildung von Arbeitsvorgängen siehe Kapitel 2.4.

Zu 3: Prüfung und Zuordnung jedes Arbeitsvorgangs unter die Tätigkeitsmerkmale der Entgeltordnung

Bei der praktischen Umsetzung gilt es, diesen tariflichen Grundsatz zu beachten:

> **Protokollerklärung zu § 12 Abs. 1 TV-L**
>
> [2]Jeder einzelne Arbeitsvorgang ist als solcher zu bewerten **und darf dabei hinsichtlich der Anforderungen zeitlich nicht aufgespalten werden.**
>
> *(Hervorhebung durch die Verfasser)*

Danach ist zunächst zu prüfen, unter welchen Teil der Entgeltordnung die einzelnen Arbeitsvorgänge jeweils fallen.

Anschließend ist jeder Arbeitsvorgang innerhalb des jeweiligen Teils daraufhin zu prüfen, welche konkreten Tätigkeitsmerkmale erfüllt sind und warum. Das geschieht unter Anwendung der in den o. g. Kapiteln ausführlich dargestellten Rechtsprechung und Literatur.

Im Rahmen dieser Prüfung stellen die Bewerter nicht selten fest, dass innerhalb eines Arbeitsvorgangs (zum Begriff siehe Kapitel 2.4) nicht jede Einzeltätigkeit bzw. nicht jeder einzelne Arbeitsschritt die tariflichen Anforderungen einer bestimmten Entgeltgruppe erfüllt.

Beispiel 1:

Bewertungsrelevante Arbeitsvorgänge:

1. Leistungsabrechnung (Zeitanteil: 35 Prozent)
2. Kostensicherung (Zeitanteil: 35 Prozent)

Arbeitsablauf/Einzeltätigkeiten der Kostensicherung: Ermittlung und Klärung von Kostenträgerverhältnissen bei Behandlungsfällen und bei Pflegefällen (Umstatuierungen); Selbständige Sachbearbeitung bei Schriftverkehr und Auskunftserteilung mit Kostenträger

In 80 Prozent der Fälle braucht der Kostenträger nicht besonders ermittelt zu werden, sondern steht von vornherein fest bzw. es wird auf die erste Anfrage hin bereits eine Kostenzusage erteilt. In 20 Prozent der Fälle ist eine weitere Ermittlung des Kostenträgers erforderlich. Dabei handelt es sich um die Fälle, in denen der zunächst – auf Formblatt – angeschriebene Kostenträger (z. B. Krankenkasse, Krankenversicherung, Sozialamt) eine Mitgliedschaft des Patienten verneint oder aus anderen Gründen die Kostenübernahme verweigert.

(BAG 18.05.1994, 4 AZR 461/93, AP Nr. 178 zu §§ 22, 23 BAT 1975)

Tarifliche Bewertung des Arbeitsvorgangs Leistungsabrechnung (35 Prozent)

Gründliche und vielseitige Fachkenntnisse liegen vor, da der Mitarbeiter eine Vielzahl von Gesetzen und Verordnungen kennen und anwenden muss. Das sind bei der Leistungsabrechnung das Krankenhausfinanzierungsgesetz, die Bundespflegesatzverordnung, die Rahmenvereinbarung nach § 112 SGB V, die Pflegesatzvereinbarung für Pflegefälle, sonstige Vereinbarungen, wie zum Beispiel die mit Selbstzahlern oder die des Klinikcardverfahrens.

(BAG 18.05.1994, 4 AZR 461/93, AP Nr. 178 zu §§ 22, 23 BAT 1975)

Tarifliche Bewertung des Arbeitsvorgangs Kostensicherung (35 Prozent)

Gründliche und vielseitige Fachkenntnisse liegen vor, da der Mitarbeiter eine Vielzahl von Gesetzen und Verordnungen kennen und anwenden muss. Bei der Kostensicherung sind dies die Bestimmungen der gesetzlichen Krankenversicherung, der gesetzlichen Unfallversicherung, des Bundessozialhilfegesetzes und der dazu ergangenen Durchführungsverordnungen, der Kriegsopferversorgung, des Bundesseuchengesetzes, des Soldatenversorgungsgesetzes, des Zivildienstgesetzes, des Lastenausgleichsgesetzes, des Bürgerlichen Gesetzbuchs und der Zivilprozessordnung.

Selbständige Leistungen: In den Fällen, in denen der Kostenträger feststeht oder auf erste Anfrage die Kostenzusage erteilt, fallen keine selbständigen Leistungen an (80 Prozent aller Fälle). In den verbleibenden 20 Prozent fallen selbständige Leistungen an. Diese bestehen darin, dass schon zu Beginn der Ermittlung und Klärung der Kostenträgerverhältnisse der Mitarbeiter entscheiden muss, bei wem er die nach seiner Auffassung erforderlichen Informationen einholt, beim Patienten selbst, bei seinen Angehörigen oder bei einem früheren Arbeitgeber. Danach muss er selbständig und eigenverantwortlich beurteilen, ob die Informationen, die er erhalten hat, ausreichen oder nicht und wie ggf. weiter zu verfahren ist. Er muss sich darüber Klarheit verschaffen, wer bei Behandlungsfällen als Kostenträger infrage kommt, das heißt, ob dies eine Krankenkasse und wenn ja, welche, ein Sozialhilfeträger oder ein sonstiger Kostenträger ist. Er muss unter Beachtung nachgehender Leistungsansprüche und freiwilliger Weiterversicherung Mitgliedschaftsverhältnisse prüfen. Entsprechendes gilt bei Pflegefällen. Insoweit kommen als Kostenträger Sozialhilfeträger und Selbstzahler in Betracht. Bei Selbstzahlern geht es auch um die Prüfung von Vermögens- und Einkommensverhältnissen. Bei diesen Schritten hat der Mitarbeiter die Bestimmungen der gesetzlichen Krankenversicherung, der gesetzlichen Unfallversicherung, des Bundessozialhilfegesetzes und seiner Durchführungsverordnungen, der Kriegsopferversorgung, von Sondergesetzen wie Bundesseuchengesetz, Soldatenversorgungsgesetz, Zivildienstgesetz, Lastenausgleichsgesetz sowie die einschlägigen Bestimmungen des Bürgerlichen Gesetzbuchs und der Zivilprozessordnung zu beachten.

Der Mitarbeiter erarbeitet damit das zu findende Arbeitsergebnis unter Entwicklung einer eigenen geistigen Initiative.

Dem steht auch die Dienstanweisung „Vermögensbetreuungspflicht – Aufnahme und Kostensicherungsverfahren" nicht entgegen, da in dieser nicht der einzuschlagende Weg und das zu findende Ergebnis je nach Fallkonstellation im Einzelnen beschrieben und damit vorgegeben ist. Abgesehen davon, dass die genannte Dienstanweisung sich auch an die Ärzteschaft und an den Sozialdienst wendet, gibt sie nur auf einzelne, bei der Kostensicherung auftauchende Fragen eine Antwort. Sie regelt nur einzelne Probleme förmlicher Art, ohne den Entscheidungs- und Beurteilungsspielraum des Arbeitnehmers im Einzelfall einzuschränken oder ihn gar ganz zu nehmen. Insbesondere enthält die Dienstanweisung keine Vorgaben im Zusammenhang mit der Beachtung der o. g. rechtlichen Bestimmungen.

(BAG 18.05.1994, 4 AZR 461/93, AP Nr. 178 zu §§ 22, 23 BAT 1975)

Keine Trennung des Arbeitsvorgangs Kostensicherung in klare (80 Prozent) und strittige (20 Prozent) Fallbearbeitung!

Die Ermittlung und Klärung von Kostenträgerverhältnissen, die die Tätigkeit Kostensicherung mit ausmacht, führt als Arbeitsergebnis zur Sicherung der angefallenen Krankenhauskosten. Dieses Ergebnis steht am Ende der im Rahmen dieser Aufgabe vom Mitarbeiter zu erbringenden einzelnen Arbeitsleistungen oder Arbeitsschritte.

Diese Aufgabenstellung kann nicht sinnvoll in einfach liegende Fälle (80 Prozent), das heißt die Kostenfälle mit eindeutigen Kostenträgerverhältnissen und damit ohne selbständige Leistungen, auf der einen und den 20 Prozent strittigen Fällen, bei denen der Mitarbeiter eigene Ermittlungen vornehmen muss, auf der anderen, aufgespalten werden. Es ist zwar richtig, dass Tätigkeiten von unterschiedlicher tariflicher Wertung nicht zu einem Arbeitsvorgang zusammengefasst werden dürfen. Es ist aber nur die Zusammenfassung tatsächlich trennbarer Tätigkeiten ausgeschlossen. Um solche Tätigkeiten handelt es sich hier nicht.

Denn es steht nicht von vornherein fest, ob es sich um Fälle der „Kostensicherung bei feststehenden Kostenträgern" und um Fälle der „Ermittlung von Kostenträgern bei unklaren Verhältnissen" handelt. Vielmehr muss zunächst eine erste Anfrage bei dem mutmaßlichen Kostenträger erfolgen. Damit widerspricht es der erforderlichen natürlichen Betrachtung, die Kostensicherung in Fälle, in denen der Kostenträger feststeht oder auf erste Anfrage die Kostenzusage erteilt wird, und in Fälle, in denen zunächst ein Kostenträger nicht bekannt ist oder der angeschriebene mutmaßliche Kostenträger die Leistung verweigert und weitere Ermittlungen angestellt werden müssen, aufzuspalten.

Schon die vom Arbeitgeber praktizierte Zuweisung der gesamten Kostensicherung an den Mitarbeiter zeigt, dass die Kostensicherung praktisch und bei natürlicher Betrachtungsweise nicht sinnvoll getrennt werden kann, sondern eine Einheit bildet. Erst im Laufe der Bearbeitung stellt sich heraus, ob der Kostenträger schon bekannt ist, eine Anfrage ausreicht oder ob weitere Ermittlungen erforderlich sind.

Die Trennung der Tätigkeit „Kostensicherung" in zwei Arbeitsvorgänge würde Arbeitsleistungen zersplittern, die wegen ihres Zusammenhangs aus Gründen der Praktikabilität geschlossen einem Mitarbeiter zugewiesen sind. Demnach bildet die gesamte Kostensicherung einen Arbeitsvorgang.

(BAG 18.05.1994, 4 AZR 461/93, AP Nr. 178 zu §§ 22, 23 BAT 1975)

Folge für die Bewertung/Anerkennung selbständiger Leistungen

Gemäß o. g. Protokollerklärung zu § 12 Abs. 1 TV-L ist zu prüfen, ob in dem geforderten Ausmaß – das heißt im vorliegenden Fall zu einem Drittel der Gesamtarbeitszeit – Arbeitsvorgänge anfallen, die die Anforderungen an selbständige Leistungen erfüllen.

Das Merkmal „mindestens zu einem Drittel selbständige Leistungen" ist erfüllt, wenn Arbeitsvorgänge, die mindestens ein Drittel der gesamten Arbeitszeit des Arbeitnehmers beanspruchen, selbständige Leistungen enthalten. Auf den Umfang der selbständigen Leistungen innerhalb des einzelnen Arbeitsvorgangs kommt es dann nicht mehr an. Die Arbeitsvorgänge müssen in rechtserheblichem Ausmaß das Erfordernis selbständiger Leistungen erfüllen.

(vgl. zur gleichen Rechtslage im BAT: BAG 18.05.1994, 4 AZR 461/93, AP Nr. 178 zu §§ 22, 23 BAT 1975 m. w. N.)

Das Erfordernis des rechtserheblichen Ausmaßes ist zum Begriff des Arbeitsvorgangs in Bezug zu setzen. Der Begriff des rechtserheblichen Ausmaßes ist ein unbestimmter Rechtsbegriff. Bei seiner Anwendung steht dem Tatsachengericht ein Beurteilungsspielraum zu. Deshalb ist dem BAG die Bestimmung eines Prozentsatzes der Arbeitszeit, bei dessen Vorliegen das Merkmal selbständige Leistungen in erheblichem Ausmaß gegeben ist, nicht möglich; auch andere tatsächliche Gesichtspunkte vermögen zu dessen Ausfüllung zu führen (vgl. BAG 21.03.2012, 4 AZR 266/10, AP Nr. 317 zu §§ 22, 23 BAT 1975).

So ist ein **rechtserhebliches Ausmaß** dann gegeben, wenn ohne die selbständige Leistung kein sinnvoll verwertbares Arbeitsergebnis erzielt würde. Denn auch damit wird in zutreffender Weise das Erfordernis des rechtserheblichen Ausmaßes zum Begriff des Arbeitsvorgangs in Bezug gesetzt und der bei der Auslegung dieses unbestimmten Rechtsbegriffs zustehende Beurteilungsspielraum nicht verlassen (vgl. BAG 20.10.1993, 4 AZR 45/93, AP Nr. 172; BAG 21.03.2012, 4 AZR 266/10, AP Nr. 317, beide zu §§ 22, 23 BAT 1975).

Tabellarische Darstellung des Bewertungsergebnisses

Arbeitsvorgänge		**Erfüllte Anforderungen je Arbeitsvorgang**	
Nummer	**Zeitanteil**	**gründliche und vielseitige Fachkenntnisse**	**selbständige Leistungen**
1.	35 %	35 %	0 %
2.	35 %	35 %	35 %
gesamt	**70 %**	**70 %**	**35 %**

Insgesamt liegen zu 70 Prozent gründliche und vielseitige Fachkenntnisse vor und zu 35 Prozent selbständige Leistungen. Damit werden die Anforderungen an die Entgeltgruppe 8 Teil I der Entgeltordnung erfüllt:

Anforderungen der Entgeltgruppe 8 Teil I Entgeltordnung		**o. g. Fall**	
inhaltliche tarifliche Anforderung	**zeitliche tarifliche Anforderung**	**erfüllte inhaltliche tarifliche Anforderung**	**im Arbeitsvorgang mit Zeitanteil des Arbeitsvorgangs**
gründliche und vielseitige Fachkenntnisse	50 %	gründliche und vielseitige Fachkenntnisse	1. AV zu 35 % und 2. AV zu 35 %, damit insgesamt zu 70 %
selbständige Leistungen	1/3 (= 33,33 %)	selbständige Leistungen	2. AV zu 35 %

12

Zu 4: ggf. zusammenfassende Betrachtung

Die Stellenbewertung kann sich schwierig gestalten, wenn auf der Stelle verschiedene Arbeitsvorgänge mit unterschiedlichen tariflichen Anforderungen und Wertigkeiten anfallen. Man spricht dann von sogenannten Mischtätigkeiten. Fallen alle Arbeitsvorgänge unter die gleichen Eingruppierungsregeln (Teil bzw. Abschnitt oder Unterabschnitt) des TV-L, erfolgt gemäß § 12 Abs. 1 Satz 5 TV-L eine zusammenfassende Betrachtung (zu den Einzelheiten siehe auch Kapitel 2.6).

Beispiel 2:

Übersicht: Tabellarische Darstellung der Bewertungsergebnisse der Einzelarbeitsvorgänge

Arbeitsvorgänge		**erfüllte Anforderungen je Arbeitsvorgang**		
Nummer	**Zeitanteil**	**gründliche Fachkenntnisse**	**vielseitige Fachkenntnisse**	**selbständige Leistungen**
1.	15 %	15 %	0 %	15 %
2.	20 %	20 %	0 %	20 %
3.	30 %	30 %	0 %	0 %
4.	35 %	0 %	0 %	0 %
gesamt	**100 %**	**65 %**	**0 %**	**35 %**

Bei zusammenfassender Betrachtung der Arbeitsvorgänge 1. bis 3. können sich durch den in allen drei Arbeitsvorgängen insgesamt gesteigerten Umfang vielseitige Fachkenntnisse ergeben, so dass in diesem Beispiel zu 65 Prozent der Gesamtarbeitszeit die Anforderungen an gründliche und vielseitige Fachkenntnisse erfüllt werden.

Wichtig: Fallen die Arbeitsvorgänge nicht unter die gleichen Eingruppierungsregeln, ist eine zusammenfassende Betrachtung nicht möglich. Bei solchen Mischtätigkeiten ist zunächst jeder Arbeitsvorgang für sich zu bewerten und den – den erfüllten Tätigkeitsmerkmalen entsprechenden – Entgeltgruppen der Entgeltordnung zuzuordnen. Wenn alle Arbeitsvorgänge für sich bewertet sind, erfolgt das weitere Vorgehen wie folgt:

Bei sogenannten Mischtätigkeiten können die Zeitanteile von Arbeitsvorgängen, die den Anforderungen verschiedener Tätigkeitsmerkmale derselben Vergütungsgruppe (jetzt: Entgeltgruppe) entsprechen, addiert werden. Dies folgt bereits aus dem Wortlaut des § 22 Abs. 2 Unterabs. 2 Satz 1 BAT (jetzt: § 12 Abs. 1 Satz 4 TV-L). Danach entspricht die gesamte auszuübende Tätigkeit den Tätigkeitsmerkmalen einer Vergütungsgruppe (jetzt: Entgeltgruppe), wenn zeitlich mindestens zur Hälfte Arbeitsvorgänge anfallen, die für sich genommen die Anforderungen eines Tätigkeitsmerkmals oder mehrerer Tätigkeitsmerkmale dieser Vergütungsgruppe (jetzt Entgeltgruppe) erfüllen. Unter Tätigkeitsmerkmalen verstehen die Tarifvertragsparteien nach der Klammerdefinition des § 23b BAT „Fallgruppen". Für die Eingruppierung in eine bestimmte Vergütungsgruppe (jetzt: Entgeltgruppe) können daher Zeitanteile von Arbeitsvorgängen, die die Anforderungen verschiedener Fallgruppen derselben Vergütungsgruppe erfüllen, addiert werden. Dies ist seit vielen Jahren auch der Standpunkt der Arbeitgeber des öffentlichen Dienstes zur Anwendung des § 22 BAT bei Mischtätigkeiten und die einhellige Auffassung in der Literatur.

(BAG 10.12.1997, 4 AZR 228/96, AP Nr. 234 zu § 22, 23 BAT 1975 m. w. N.; *Klammerergänzungen durch die Verfasser*)

Zu 5: ggf. Einzelbewertung der Arbeitsvorgänge

Für das Beispiel 2 stellt sich nun die Frage, ob die selbständigen Leistungen der Arbeitsvorgänge 1. und 2. ebenfalls noch einmal in einem 5. und letzten Bewertungsschritt mitberücksichtigt werden müssen. Dieses Vorgehen bejahte die Rechtsprechung bisher regelmäßig. (vgl. z. B. BAG 25.11.1981, 4 AZR 305/79, AP Nr. 51 zu §§ 22, 23 BAT 1975; BAG 28.04.1982, 4 AZR 707/79, AP Nr. 62 zu §§ 22, 23 BAT 1975; BAG 18.07.1990, 4 AZR 25/90, AP Nr. 151 zu §§ 22, 23 BAT 1975; LAG Hamm 17.01.2001, 18 Sa 1411/00; LAG Hamm 06.02.2002, 18 Sa 1139/01, beide zit. nach WKRS 2002, 26430). An dieser Möglichkeit hält das BAG nicht mehr fest (BAG 22.02.2017, 4 AZR 514/16, AP Nr. 336 zu §§ 22, 23 BAT 1975).

Selbständige Leistungen können danach nur im Rahmen von Arbeitsvorgängen anfallen, die für sich genommen gründliche und vielseitige Fachkenntnisse erfordern. Das selbständige Erarbeiten eines Ergebnisses baut auf den dazu erforderlichen gründlichen und vielseitigen Fachkenntnissen auf, das heißt, es muss diesen vorausgesetzten Fachkenntnissen entsprechen. Damit schließt sich das BAG der Auslegung der Literatur und der Arbeitgebervertreter an (Uttlinger/Breier/Kiefer/Hoffmann/Dassau, BAT Stand: 1/2017 § 22 Erl. 6 unter Verweis auf die Stellungnahme des Arbeitgeberkreises der BAT-Kommission). Eine Auseinandersetzung mit der früheren – anderen Auffassung der Senatsrechtsprechung (s. o.) – lässt sich der Urteilsbegründung nicht entnehmen (vgl. BAG 22.02.2017, 4 AZR 514/16, AP Nr. 336 zu §§ 22, 23 BAT 1975).

4. Die Eingruppierung des Beschäftigten

Eingruppierung ist die Zuordnung eines Beschäftigten aufgrund der von ihm vertragsgemäß auszuübenden Tätigkeit zu einer bestimmten Entgeltgruppe der in der Dienststelle/im Betrieb geltenden Entgeltordnung (vgl. ständige Rechtsprechung des BAG, z. B. BAG 14.04.2015, 1 ABR 66/13, AP Nr. 143 zu § 99 BetrVG 1972). Dabei wird überprüft, ob der Stelleninhaber die in der Stellenbeschreibung genannten Qualifikationen vorweisen kann. Ist das nicht der Fall, wird ggf. die Eigenschaft des sonstigen Beschäftigten geprüft (siehe Kapitel 6.4). Erfüllt der Arbeitnehmer die Anforderungen, ist er in die jeweils separate Fallgruppe der im Rahmen der Stellenbewertung festgestellten Entgeltgruppe eingruppiert. Mit dieser Regelung verfolgen die Tarifvertragsparteien das Ziel, berufliches Erfahrungswissen und formale (Aus-)Bildungsabschlüsse gleichzustellen.

Praxis-Tipp:

Erfüllt er die Anforderungen an den Sonstigen nicht, wird der Mitarbeiter eine Entgeltgruppe niedriger eingruppiert (siehe Vorbemerkung Nr. 1 Abs. 4 Satz 1 Entgeltordnung – TV-L).

5. Umgruppierung und Übertragung höherwertiger Tätigkeiten

Umgruppierung

Als Umgruppierung wird jede Änderung der Eingruppierung des Mitarbeiters nach der für den Betrieb/die Dienststelle geltende Entgeltordnung bezeichnet. Dabei kann es sich um eine Höhergruppierung oder Herabgruppierung handeln. Beiden Unterfällen ist gemein, dass die übertragenen Aufgaben nicht bzw. nicht mehr den Tätigkeitsmerkmalen der Entgeltgruppe entsprechen, in die der Beschäftigte bisher zugeordnet war (vgl. z. B. BAG 29.01.2020, 4 ABR 8/18, AP Nr. 166 zu § 99 BetrVG 1972).

Höhergruppierung

Die Höhergruppierung ist die Einreihung des Beschäftigten in eine höhere Entgeltgruppe. Dafür kann es unterschiedliche Gründe geben:

- Übertragung einer anderen, höherwertigen auszuübenden Tätigkeit durch den Arbeitgeber
- Korrektur einer zu niedrigen Eingruppierung (sog. korrigierende Höhergruppierung)

Für die Höhergruppierung gilt das oben zum Grundsatz der Tarifautomatik Gesagte (siehe Kapitel 2.2). Mit der Höhergruppierung erfolgt kein Gestaltungsakt, sondern lediglich ein „Akt der Rechtsanwendung".

Herabgruppierung

Bei der Herabgruppierung existieren zwei Gründe:

- Übertragung einer anderen, niederwertigen Tätigkeit
- Korrektur einer zu hohen Eingruppierung (sog. korrigierende Herabgruppierung)

Niederwertige Tätigkeiten dürfen dem Beschäftigten grundsätzlich nicht übertragen werden (s. u.). Deren dauerhafte Übertragung kann deshalb nur über eine einvernehmliche Vertragsänderung oder eine Änderungskündigung erfolgen. Bei der Änderungskündigung ist der Änderungskündigungsschutz des § 2 KSchG zu beachten. Korrigierende Herabgruppierungen erfolgen grundsätzlich über das

Direktionsrecht gemäß § 106 GewO. Nur in Ausnahmefällen ist eine Änderungskündigung erforderlich. Voraussetzung ist aber, dass der Arbeitgeber einen Irrtum (objektiven Anwendungsfehler) bei der Anwendung der Eingruppierungsvorschriften des TV-L darlegen und beweisen kann. Es gelten die Grundsätze, die die Rechtsprechung zum BAT entwickelt hat (vgl. Gamisch/Mohr, gEG, IV B.13.3).

Vorübergehende Übertragung höherwertiger Tätigkeiten

Der Arbeitnehmer ist grundsätzlich nur verpflichtet, Tätigkeiten seiner Entgeltgruppe auszuführen. Die Übertragung niederwertiger Tätigkeiten ist nur in sehr engen Grenzen möglich. Das würde entsprechend für höherwertige Tätigkeiten gelten. § 14 TV-L eröffnet aber die Möglichkeit, höherwertige Tätigkeiten vorübergehend zu übertragen.

Gegenüber dem Vorbild des § 24 BAT ist die Vorschrift gestrafft worden: Eine Unterscheidung der sachlichen Gründe (Vertretung oder andere Gründe) wird nicht mehr getroffen.

Das BAG hat seine Rechtsprechung aufgegeben, wonach für die Übertragung ein sachlicher Grund erforderlich ist. Die Rechtmäßigkeit der Übertragung muss nunmehr einer doppelten Billigkeitsprüfung im Sinne des § 315 BGB standhalten:

Das billige Ermessen der Ausübung des Direktionsrechts muss sich auf die Tätigkeitsübertragung „an sich" und die „Nicht-Dauerhaftigkeit" der Übertragung beziehen („doppelte Billigkeit"; siehe z. B. BAG 16.04.2015, 6 AZR 242/14, AP Nr. 2 zu § 14 TVöD).

Den Arbeitnehmer trifft unter diesen Voraussetzungen eine Loyalitätspflicht, die Tätigkeiten auszuüben. Sofern dies einen Monat erfolgt, erhält er eine Zulage.

Die Vorschrift trifft keine ausdrückliche zeitliche Begrenzung für die Übertragung. Das BAG hat in einem Fall zum vergleichbaren § 24 BAT entschieden, dass **keine** zeitliche Grenze, wie lange eine „vorübergehende Übertragung" andauern kann, besteht (vgl. BAG 17.04.2002, 4 AZR 174/01, AP Nr. 23 zu § 24 BAT m. w. N.; BAG 14.12.2005, 4 AZR 474/04, AP Nr. 26 zu § 24 BAT m. w. N.).

Für die Anwendung des § 14 TV-L ist keine Form vorgeschrieben. Die Übertragung kann schriftlich, mündlich oder durch konkludentes (schlüssiges) Verhalten erfolgen. Für den Arbeitnehmer muss deutlich erkennbar sein, dass die Tätigkeit nur vorübergehend ausgeübt wird (vgl. z. B. BAG 16.04.2015, 6 AZR 242/14, AP Nr. 2 zu § 14 TVöD).

Praxis-Tipp:
Eine schriftliche Übertragung sowie einschränkende Zusätze (z. B. „gemäß § 14 TV-L" bzw. „... für die Dauer der Arbeitsunfähigkeit des ...") verdeutlichen die zeitliche Begrenzung.

Die Übertragung gemäß § 14 TV-L unterliegt gemäß § 78 Abs. 1 Nr. 3 BPersVG der Mitbestimmung des Personalrats. In der Vergangenheit wurde die Ansicht vertreten, die Beendigung der vorübergehenden Übertragung einer höherwertigen Tätigkeit ist mitbestimmungsfrei (vgl. Breier/Dassau/Faber, § 14 Rn. 66). Demgegenüber hat das VG Halle die Ansicht vertreten, die Rücknahme ist eine mitbestimmungspflichtige Neu-Eingruppierung (vgl. VG Halle 21.05.2012, 10 A 1/12 HAL, n. v.). Das OVG Sachsen-Anhalt hat diese Entscheidung bestätigt (vgl. OVG Sachsen-Anhalt 12.06.2013, 6 L 3/12, zum BPersVG, rkr., n. v.).

Mitbestimmung

1. Betriebs- und Personalrat

Eingruppierung im Sinne des Tarifrechts umfasst zunächst die Zuordnung des Beschäftigten anhand seiner Tätigkeiten unter die Tätigkeitsmerkmale der Entgeltordnung (§ 12 TV-L). Im Rahmen der Mitbestimmungsgesetze stellt die Eingruppierung einen eigenen Mitbestimmungstatbestand dar. Dabei wird der Begriff der Eingruppierung weiter gefasst. Eingruppierung bedeutet hier die Einsortierung des Beschäftigten in ein kollektives Entgeltschema (zum BPersVG: BVerwG 22.10.2007, 6 P 1.07; zum BetrVG: BAG 14.04.2015, 1 ABR 66/13, AP Nr. 143 zu § 99 BetrVG 1972). Der Umfang der Beteiligungsrechte ist – unabhängig vom anzuwendenden Mitbestimmungssystem – grundsätzlich gleich. Im Detail bestehen aber Unterschiede (zum BetrVG siehe Fitting, § 99 Rn. 104 ff.; einführend zum Personalvertretungsrecht siehe Altvater/Baden/Baunack, § 75 Rn. 22 ff.).

Beteiligungstatbestände				
System	**Eingruppierung**	**Umgruppierung (Höher-/Herabgruppierung)**	**Übertragung höher/niedriger zu bewertender Tätigkeiten**	**Stelleninterview**
BetrVG	Mitbestimmung § 99 Abs. 1	Mitbestimmung § 99 Abs. 1	Mitbestimmung § 99 Abs. 1	Teilnahme § 82 Abs. 2
LPVG NRW	Mitbestimmung § 72 Abs. 1 Nr. 4	Mitbestimmung § 72 Abs. 1 Nr. 4	Mitbestimmung § 72 Abs. 1 Nr. 4	ggf. Teilnahme § 65 Abs. 3 Satz 3
NPersVG	Mitbestimmung § 65 Abs. 2 Nr. 2	Mitbestimmung § 65 Abs. 2 Nr. 2	Mitbestimmung § 65 Abs. 2 Nr. 3; wenn länger als drei Monate	–

Beteiligungstatbestände				
System	**Eingruppierung**	**Umgruppierung (Höher-/Herabgruppierung)**	**Übertragung höher/niedriger zu bewertender Tätigkeiten**	**Stelleninterview**
LPVG BW	eingeschränkte Mitbestimmung § 75 Abs. 1 Nr. 3	eingeschränkte Mitbestimmung § 75 Abs. 1 Nr. 3	eingeschränkte Mitbestimmung § 75 Abs. 1 Nr. 7a; wenn länger als zwei Monate	–
BayPersVG	Mitbestimmung Art. 75 Abs. 1 Nr. 3a	Mitbestimmung Art. 75 Abs. 4, 5	Mitbestimmung Art. 75 Abs. 4, 5; wenn länger als sechs Monate	–
SächsPersVG	eingeschränkte Mitbestimmung § 80 Abs. 1 Nr. 1	eingeschränkte Mitbestimmung § 80 Abs. 1 Nr. 2	eingeschränkte Mitbestimmung § 80 Abs. 1 Nr. 2	–

2. Eingruppierung

Unter einer Eingruppierung wird die Einordnung des einzelnen Arbeitnehmers in ein kollektives Entgeltschema verstanden (zum BPersVG: BVerwG 22.10.2007, 6 P 1.07; zum BetrVG: BAG 17.11.2021, 7 ABR 43/19, AP Nr. 173 zu § 99 BetrVG 1972). Zum Teil wird in diesem Zusammenhang auf die „erstmalige" Zuordnung der vertraglich vereinbarten Arbeitsleistung zu einem kollektiven Entgeltsystem abgestellt. Es wurde aber klargestellt, dass eine mitbestimmungspflichtige Eingruppierung auch vorliegt, wenn sich die Arbeitsaufgaben im Verlauf des Arbeitsverhältnisses wesentlich ändern, so dass eine Überprüfung und ggf. neue Eingruppierung erforderlich wird (sog. Umgruppierung, vgl. auch BAG 29.01.2020, 4 ABR 8/18,

AP Nr. 166 zu § 99 BetrVG 1972 und zum Personalvertretungsrecht: BVerwG 08.11.2011, 6 P 23.10, Der Personalrat 2013, S. 25 f.).

Der Begriff der Eingruppierung umfasst zunächst die Entgeltgruppe und auch die Bestimmung der Fallgruppe (vgl. BAG 21.03.2018, 7 ABR 38/16, AP Nr. 155 zu § 99 BetrVG 1972; BVerwG 08.11.2011, 6 P 24.10).

13

Praxis-Tipp:
Im Mitbestimmungsverfahren hat der Betriebsrat ein Mitbeurteilungsrecht, ob der Arbeitgeber den „Akt der Rechtsanwendung" richtig vollzieht und die Tarifautomatik richtig anwendet (vgl. Gamisch/Mohr, Grundlagen, Kapitel 7.2).

Für die entsprechende Unterrichtung des Personal- bzw. Betriebsrats reicht eine Stellenbeschreibung allein nicht aus. Erforderlich ist darüber hinaus die Darstellung der auf die einzelnen Arbeitsvorgänge bezogenen Bewertungsüberlegungen gemäß § 22 BAT bzw. § 12 TV-L (vgl. zum BAT: Hess. VGH 06.11.2012, 22 A 2203/11.PV, Der Personalrat 2013, S. 330 ff.).

Aus der Sicht des Mitbestimmungsrechts ist zudem die Stufe innerhalb der Entgeltgruppe mitbestimmungspflichtig, soweit die Festlegung der Tarifautomatik und damit der reinen Rechtsanwendung unterliegt (zu den Einzelheiten siehe BVerwG 13.10.2009, 6 P 15.08; BVerwG 22.09.2011, 6 PB 15.11, ZTR 2012, S. 618; BAG 06.04.2011, 7 ABR 136/09, AP Nr. 135 zu § 99 BetrVG 1972; BAG 05.06.2014, 6 AZR 1008/12, zit. nach www.bundesarbeitsgericht.de/entscheidungen).

Zusammenfassend ist also zu berücksichtigen, dass das Mitbestimmungsrecht bei Eingruppierung alle Faktoren, die im Zusammenhang mit einer Eingruppierung zu einem unterschiedlichen Entgelt führen können, umfasst (zum BetrVG siehe z. B. BAG 17.11.2021, 7 ABR 43/19, AP Nr. 173 zu § 99 BetrVG 1972).

3. Umgruppierung

Eine Umgruppierung ist die erneute Einreihung eines Arbeitnehmers in eine im Betrieb geltende Vergütungs- bzw. Entgeltordnung. Weist der Arbeitgeber dem Arbeitnehmer, dessen Eingruppierung bereits erfolgt ist, eine veränderte Tätigkeit zu, ist er gehalten, die Übereinstimmung mit der bisherigen Eingruppierung zu überprüfen. Gelangt er dabei zum Ergebnis, der Arbeitnehmer sei aufgrund der geänderten Tätigkeit einer anderen Vergütungs- bzw. Entgeltgruppe zuzuordnen, liegt eine Umgruppierung vor (zum BetrVG siehe z. B. BAG 29.01.2020, 4 ABR 8/18, AP Nr. 166 zu § 99 BetrVG 1972). So hat der Arbeitgeber den Betriebsrat vor jeder Umgruppierung zu unterrichten und unter Vorlage der erforderlichen Unterlagen Auskunft über die Auswirkungen der geplanten Maßnahme zu geben sowie dessen Zustimmung zu der geplanten Maßnahme einzuholen (§ 99 Abs. 1 Satz 1 BetrVG). Der Arbeitgeber muss den Betriebsrat so unterrichten, dass dieser auf Grund der mitgeteilten Tatsachen in die Lage versetzt wird zu prüfen, ob einer der in § 99 Abs. 2 BetrVG genannten Zustimmungsverweigerungsgründe vorliegt. Zu einer vollständigen Unterrichtung gehören daher die Angabe der bisherigen und der vorgesehenen Vergütungsgruppe sowie die Erläuterung der Gründe, weshalb der Arbeitnehmer anders als bisher eingruppiert ist (vgl. BAG 19.04.2012, 7 ABR 52/10, AP Nr. 60 zu § 99 BetrVG 1972). Vergleichbares gilt auch für das Personalvertretungsrecht (siehe z. B. BVerwG 21.03.2005, 6 PB 8.04, AP Nr. 1 zu § 68 LPVG M-V).

4. Aufgabenänderungen ohne Auswirkungen auf die bisherige Eingruppierung

Fraglich ist, ob der Mitbestimmungstatbestand der Eingruppierung auch greift, wenn sich trotz geänderter Aufgaben und damit anderer prägender Tätigkeiten weder Entgelt- noch Fallgruppe ändert. Auch für diesen Fall hat das Bundesverwaltungsgericht die Mitbestimmung bejaht (BVerwG 08.11.2011, 6 P 23.10, Der Personalrat 2013, S. 25 f.).

Wird also einem Mitarbeiter ein geänderter Arbeitsplatz übertragen, sind unter Eingruppierungsgesichtspunkten drei Varianten möglich:

1. Höhergruppierung
2. Herabgruppierung
3. Bestätigung der bisherigen Eingruppierung

Wichtig: Nach der obigen Rechtsprechung des Bundesverwaltungsgerichts unterliegen alle drei Varianten der Mitbestimmung.

5. Vorübergehende Übertragung höherwertiger Tätigkeiten

Der Mitbestimmung unterliegt auch die vorübergehende Übertragung höherwertiger Tätigkeiten gemäß § 14 TV-L, die eine Versetzung im Sinne der §§ 99, 95 Abs. 3 BetrVG (ebenso Dassau/Wiesend-Rothbrust, § 14 Rn. 7 zur vergleichbaren Rechtslage im TVöD) oder die Übertragung einer höher zu bewertenden Tätigkeit (vgl. z. B. § 72 Abs. 1 Nr. 4 LPVG NRW) darstellt.

Wichtig: Einzelne Länder sehen das Mitbestimmungsrecht nur vor, wenn eine bestimmte Zeitdauer überschritten wird (z. B. mehr als drei Monate gemäß § 65 Abs. 2 Nr. 3 NPersVG oder mehr als sechs Monate gemäß Art. 75 Abs. 4 BayPersVG).

6. Der Weg zur Stellenbeschreibung und korrekten Eingruppierung

Stellenbeschreibungen unterliegen grundsätzlich nicht der Mitbestimmung des Personal-/Betriebsrats (vgl. Gamisch/Mohr, StB, Kapitel 10). Das BAG (20.04.2010, 1 ABR 85/08, AP Nr. 4 zu § 82 BetrVG 1972, NZA 2010, S. 1307) räumt aber dem Betriebsrat aus § 82 Abs. 2 Satz 1 BetrVG ein Beteiligungsrecht bei Stelleninterviews ein. Ob dieses Recht auch Personalräten zusteht, ist fraglich (vgl. Gamisch/Mohr, StI, Kapitel 8.1).

7. Stellenbewertungskommission

Im Zusammenhang mit der Ermittlung der tarifkonformen Eingruppierung hat sich die Arbeit mit paritätisch besetzten Stellenbewertungskommissionen bewährt. Darunter versteht man ein betriebliches Gremium, in dem Funktionsträger des Arbeitgebers (Personal-, Organisations-, Fachabteilung) und Mitglieder des Personal-/Betriebsrats vertreten sind (vgl. Gamisch, NEO, S. 120 ff.). Unseres Erachtens überwiegen die Vorteile, sofern die denkbaren Nachteile beachtet werden (einführend Gamisch/Mohr, StB, Kapitel 10.9.; vertiefend Gamisch/Mohr, gEG, IV C.4; Gamisch, NEO, S. 120 ff.).

Grundvoraussetzung ist, dass alle Mitglieder der Bewertungskommission vergleichbare Kenntnisse des Eingruppierungsrechts haben.

Praxis-Tipp:

Ein „asymmetrischer Wissensstand" der Beteiligten macht eine konstruktive Zusammenarbeit unmöglich.

8. Schulungsanspruch

In diesem Zusammenhang ist darauf hinzuweisen, dass die Arbeitnehmervertretung einen Schulungsanspruch hinsichtlich des Eingruppierungsrechts hat. Das gilt für Seminare zur Stellenbeschreibung entsprechend. Je nach Ausgestaltung der Schulung kann es sich um Grund- oder Spezialschulungen handeln (BVerwG 14.06.2006, 6 P 13.05, Rn. 16, 22, zit. nach https://www.bverwg.de/de/140606B6P13.05.0; BVerwG 10.04.2019, 5 PB 21/18, Rn. 9 ff., zit. nach https://www.bverwg.de/de/100419B5PB21.18.0). Handelt es sich um Spezialschulungen, hat nicht jedes, sondern nur die im Gremium für diese Aufgabe zuständigen Mitglieder einen Anspruch (OVG NRW 19.04.2021, 20 A 78/19.PVL, zit. nach WKRS 2021, 19208).

Zulässige Schulungsthemen sind:

- Stellenbewertung und Eingruppierung nach der Entgeltordnung TVöD-VKA (Dauer: 4 Tage)

  (OVG NRW 19.04.2021, 20 A 781/19.PVL, zit. nach WKRS 2021, 19208)

- Nachweisgesetz (½ Tag)

  (ArbG Frankfurt/Main 29.04.1998, 9 BV 233/97, AiB 1998, S. 703)
- Personalplanung und Arbeitsorganisation

  (OVG Rheinland-Pfalz 09.04.1991, 4 A 11917/90.OVG, PersR 1992, S. 156; Nds. OVG 18.03.1992, 17 L 10/90, PersV 1994, S. 25)

- Gesprächs-, Diskussions-, Verhandlungsführung sowie Sprach- und Argumentationstechnik (z. B. für Stelleninterviews, für die Stellenbewertungskommission)

  (vgl. BAG 24.05.1995, 7 ABR 54/94, AP Nr. 109 zu § 37 BetrVG 1972; BAG 12.01.2011, 7 ABR 94/09, AP Nr. 150 zu § 37 BetrVG)

Schon im eigenen Interesse sollte der Arbeitgeber nicht an der Schulung der Arbeitnehmervertretung sparen.

Dazu gehört, sich nicht auf „Low Budget-Schulungen" zu versteifen. Ein Lernen nach dem sogenannten Nürnberger Trichter wird keinen Erfolg haben. Lernen kann nicht in kürzester Zeit „erzeugt" werden. In der modernen Erwachsenenbildung bzw. Personalentwicklung spricht man in diesem Zusammenhang von der „Erzeugungsdidaktik", die keinen nachhaltigen Erfolg haben wird. Nach einer „Beamershow" im Schnell-Vortrag („200 Bilder in zwei Stunden": Aussage eines Seminarteilnehmers zu einer Veranstaltung zur Umstellung vom BAT auf den TVöD) wird der Beschäftigte – als zuständiger Sachbearbeiter in der Personalabteilung oder als Mitglied einer Stellenbewertungskommission – sicher nicht in der Lage sein, erfolgreich das neue Eingruppierungsrecht zu beherrschen. Den Gegenpol zur sogenannten Erzeugungsdidaktik bildet die „Ermöglichungsdidaktik" (vgl. Gamisch, NEO, S. 103 ff.)

Literaturhinweise

Altvater, L./Baden, E./Baunack, S.: Bundespersonalvertretungsgesetz, Frankfurt/Main 2023

Arnold, R.: Das Santiago-Prinzip – Systemische Führung im lernenden Unternehmen, Hohengehren 2013

Duden: Deutsches Universalwörterbuch, hrsg. von der Dudenredaktion, Berlin 2023

Eichhorn, P./Friedrich, P./Jann, W. (Hrsg.): Verwaltungslexikon, Baden-Baden 2003

Effertz, J.: TV-L Kommentar 2023, Regensburg 2023

Fieg, W./Rothländer, C.: Das ver.di-Modell einer Entgeltordnung zum TVöD und zum TV-L, ZTR 2008, S. 410–420

Fitting, K.: Betriebsverfassungsgesetz, München 2020

Gamisch, A./Mohr, T.: Das gesamte Eingruppierungsrecht für den öffentlichen Dienst, Regensburg, Stand: Januar 2024 (zit. als gEG)

Gamisch, A./Mohr., T.: Das Stelleninterview zur Eingruppierung, Regensburg 2022 (zit. als Stl)

Gamisch, A./Mohr, T.: Eingruppierung Tarifvertrag Versorgung, Regensburg 2024 (zit. als EG TV-V)

Gamisch, A./Mohr, T.: Grundlagen der Eingruppierung TV-L und TVöD, Regensburg 2023 (zit. als Grundlagen)

Gamisch, A./Mohr, T.: Stellenbeschreibung für den öffentlichen und kirchlichen Dienst, Regensburg 2023 (zit. als StB)

Gamisch, A./Mohr, T.: Tarifvertrag Sozial- und Erziehungsdienst, Regensburg 2023 (zit. als TV SuE)

Geyer, M.: Entgeltordnung Lehrkräfte – Tarifvertragliche Regelung der Eingruppierung der Lehrkräfte an allgemeinbildenden und berufsbildenden Schulen der Länder, ZTR 2015, S. 483–490

Gröner, H./Fuchs-Brüninghoff, E.: Lexikon der Berufsausbildung, München 2004

Grunow, D.: Personalbeurteilung, Stuttgart 1976

Herkert, J./Töltl, H.: Berufsbildungsgesetz – Kommentar mit Nebenbestimmungen, Loseblattwerk, Regensburg

Herzberg, B./Schlusen, R.: Tarifvertrag Versorgungsbetriebe, Praxishandbuch zur Einführung und Anwendung des TV-V, Köln, Stand: Juli 2021

Jahn, H.: Gestufte Studiengänge an deutschen Hochschulen, in: Welbers, U. (Hrsg.): Studienreform mit Bachelor und Master, Bielefeld 2003, S. 128–142

Mentzel, W.: Personalentwicklung, München 2018

Reich, A.: Hochschulrahmengesetz, Bad Honnef 2012

Reidelbach, D./Wieland, M./Fattler, N.: Tarifrecht im öffentlichen Dienst, Eingruppierung von A–Z, TVöD, TV-L, Köln, Stand: Dezember 2023

14

Richter, A./Gamisch, A.: Die Stellenbeschreibung als personalwirtschaftliches Führungsinstrument, DÖD 2012, S. 1–7

Richter, A./Gamisch, A.: Die Alternative zum Stelleninterview – Das Training und Coaching der Führungskräfte, RiA 2010, S. 97–103

Richter, A./Gamisch, A.: Die Stellenbeschreibung und das Weisungsrecht, DÖD 2013, S. 1–6

Richter, A./Gamisch, A.: Eine für alle(s)? – Gemeinsamkeiten und Unterschiede der Arbeitsplatz-, Stellen- und Dienstpostenbeschreibung, DÖD 2014, S. 129–134

Richter, A./Gamisch, A.: Training und Coaching der Führungskräfte oder Stelleninterview – Königsweg zur Stellenbeschreibung, AuA 2011, S. 42–45

Richter, A./Gamisch, A.: Was ist neu im alten System? Die neue Entgeltordnung des TV-L, AuA 2012, S. 109–112

Scheuring, O./Steingen, M.: Manteltarifvertrag für Arbeiterinnen und Arbeiter des Bundes und der Länder (MTArb), Loseblattwerk, München

Scholz, C.: Personalmanagement, München 2014

Schwarz-Hahn, S./Rehburg, M.: Bachelor und Master in Deutschland, Empirische Befunde zur Studienstrukturreform, Kassel 2003

Siepmann, H.: Stellenbewertung für Kommunalbeamte, Köln 2010

Steinbuch, P.: Organisation, Ludwigshafen 2001

Steinherr, F.: Auszuübende Tätigkeit, Eingruppierung und Direktionsrecht – eine Bestandsaufnahme anhand der Rechtsprechung des BAG, ZTR 2005, S. 303–310

von Roetteken, T./Rothländer, C. (Hrsg.): HBR Hessisches Bedienstetenrecht, Teilausgabe I Personalvertretungsrecht, Heidelberg 1993 ff.

Waldeyer, H.: Die laufbahnrechtliche Einordnung der Studienabschlüsse der Universitäten und allgemeinen Fachhochschulen, ZBR 2003, S. 17–28

Wienbracke, M.: Juristische Methodenlehre, Heidelberg 2020

Stichwortverzeichnis

15